前　言

公路工程施工组织设计是高等职业院校道路桥梁工程技术专业群——道路桥梁工程技术、建设工程监理、工程造价、高等级公路养护与管理等专业的一门必修课。该课程理论与实践并重,工程性较强。在学习本书内容时,学生应具备一定的专业基础知识,即道路工程测量、道路勘测设计、路基施工技术、路面施工技术、桥隧施工技术等知识。

本书以公路工程施工过程为主线,以施工过程组织管理为重点,结合我国最新颁布的有关规范、标准文件、管理办法的规定及要求编写而成。为适应市场对该专业学生能力的要求,本书尽可能地反映当前公路工程施工组织管理中应用到的新理论、新方法和新技术,使学生在掌握专业理论基础的同时,重点突出工程实际应用能力的培养。

本书按项目式体系进行构建,共分为9个项目,主要包括公路建设的概念、公路工程施工组织设计相关知识及主要内容、资料调查、施工方案的确定、施工进度计划的编制、资源供应计划的编制、施工平面图布置、施工管理计划的编制、指导性公路工程施工组织设计构成及编制。学生不仅要掌握基础理论知识,而且要形成专业技能,为此,本书配有一定数量的案例,并布置了任务。同时,为了满足多媒体教学需要,本书配套开发教学PPT、项目任务参考答案、延伸阅读资料、视频等教学资源。

本书由甘肃交通职业技术学院武彦芳担任主编,甘肃交通职业技术学院伏永祥、甘肃圆陇路桥机械化公路工程有限公司高级工程师吕亮担任副主编。其中,武彦芳编写了项目1—项目8,伏永祥和吕亮编写了项目9。本书由甘肃交通职业技术学院费月英教授担任主审。

鉴于编者理论水平和实践经验有限,书中不足之处在所难免,欢迎广大师生和其他读者批评指正。

编　者

2023年1月

目　录

项目 1 绪 论

1.1 公路建设的内容和特点

现代交通运输由铁路、公路、水运、航空及管道运输等组成。交通运输业是国民经济的重要组成部分,发展国民经济,发展交通运输业,首先必须进行公路建设。公路运输业在整个交通运输业中占的比重较大,它具有机动、灵活、直达、快速、适应性强、服务面广的特点,在社会主义现代化建设中发挥着巨大作用,并且具有良好的发展前景。公路工程施工组织设计,就是在贯彻国家现行技术经济政策、法令、法规的基础上,根据公路施工的特点,有组织、有计划地安排施工过程中的各种要素(人力、材料、机械、资金、施工方法和技术),使得公路工程项目建设的工期尽可能地短,成本尽可能地低,工程项目质量越高越好。

1.1.1 公路建设的内容

公路建设的内容,按其任务和分工不同可以分为以下 3 个方面。

(1)公路工程的小修、保养

公路工程构造物在长期使用过程中,受到行车和自然因素的作用而不断损坏,只有通过定期和不定期的维修保养,才能保证固定资产的正常使用,保证运输生产不间断地进行,使原有的生产能力得到维持。所以,公路工程的小修、保养是实现固定资产简单再生产的重要手段。

(2)公路工程的大修、中修与技术改造

公路工程产品由不同的建筑材料按照不同的施工工艺完成,其产品各部分的功能也不尽相同,这就决定了公路各组成部分的寿命不同。所以,尽管为了保证固定资产的正常使用进行了小修或保养,但是到一定年限某些组成部分就会丧失原有的功能,这时就应进行固定资产的更新工作。公路工程大修、中修就是固定资产的更新,通常与公路工程的技术改造相结合。所以,公路工程大修、中修与技术改造是实现固定资产的简单再生产和部分扩大再生产的重要手段。

(3)公路工程基本建设

为了提升公路运输水平,必须通过新建、扩建、改建、重建等形式实现固定资产扩大再生产。

公路建设通过固定资产的维修、固定资产的更新和技术改造、公路工程基本建设 3 种途径来实现固定资产的简单再生产和扩大再生产。不管哪一种公路建设途径都需要消耗一定的资源(人力、物力、财力等),消耗一定的时间,这就需要公路建设组织者研究如何以最小的成本在最短的时间内完成满意的建筑产品。

以上 3 个方面都属于公路建设的内容,都需要消耗一定的人力、物力、财力,但是在资金来源、管理方式上不完全相同。

（1）资金来源

公路工程的小修、保养及部分大修、中修由养护费开支，是由交通运输部门向有车的单位或个人征收的用于养路的事业费。

公路工程新建、改建、扩建和重建等由基本建设投资开支。基本建设资金主要有国家预算拨款、银行贷款(国内银行、国外银行)、地方投资、个人投资(国内和国外)、经国家批准的自筹资金(如发行债券、股票投资)等。

结合我国交通运输发展和建设资金现状，国家制定了发展交通运输业的政策，建立了国家公路建设特别基金：

①允许集资、贷款；

②对已运营高速公路、大桥实行收费，以偿还本息；

③对已运营高速公路、大桥的经营权允许作为商品出售，以获取资金，再投资公路工程基本建设。

（2）管理方式

公路小修、保养由各地市交通运输部门下属的养路道班、养护公司等养路部门自行安排和管理。高速公路日常养护由各高速公路管理部门负责。

公路大修、中修及技术改造由养路部门提出计划报上级主管部门批准后，自行管理和安排。

新建、改建、扩建和重建的公路工程一般由省、市政府主管部门下达任务。新建高速公路由省级主管部门上报国家主管部门审批。

总之，一切公路工程基本建设活动必须按照国家相关规定和要求进行管理。

1.1.2 公路建设的特点

公路建设的特点包括两个方面：一是公路建筑产品的特点，二是公路工程施工的特点。只有全面了解这两个方面，才能更好地进行施工组织与管理。

1)公路建筑产品的特点

①固定性。公路建筑产品一经建成，其地点不再改变，也不能移动。

②多样性。公路工程的技术标准、技术等级、结构形式、使用功能等的不同，决定了公路产品的组成部分、结构形式复杂多样。

③庞大性。公路工程是线性构造物，跨越的地区广、占地多、形体庞大。

④易损性。公路工程由于暴露于大自然中，在行车和自然因素的作用下容易损坏。

2)公路工程施工的特点

①施工周期长。公路工程包括路基、路面、桥梁、涵洞、隧道、交通工程设施等，建筑产品形体庞大、固定，使得施工周期长，在较长的一段时间内占用大量的人力、物力、财力，直至整个工程完工，才能使用该产品。

②施工流动性大。公路工程产品是线性结构，跨越的地区广，并且工程数量分布不均匀，这就要求建筑材料沿线移动运输，施工人员、机械设备沿线流动作业。公路施工的流动性，给施工企业的生产管理和生活安排带来了很大影响，也带来了施工基地的建立、施工组织形式的选择、

施工运输的经济合理等问题。

③施工协作性高。公路工程产品复杂多样,施工环节比较多,工序复杂,要求不同专业组、不同地点、不同时间的劳动主体及材料、运输必须相互配合、通力协作。因此,施工过程中的综合平衡和调度、严密计划和科学管理就显得特别重要。

④施工过程中干扰因素多。公路工程施工大部分是露天作业,因此受自然条件、外界因素的影响比较大,如气候、地质、施工进度、施工成本等都有很大影响。而且,由于公路部分结构的易损性,需不断进行维修养护,才能维持正常使用性能。

只有了解公路建设的这些特点,才能找到公路施工的规律。研究和遵循这些规律,才能科学地进行施工组织与管理,提高公路建设的经济效益。

1.2 公路工程基本建设

公路工程基本建设是指国民经济建设中新增公路工程固定资产的建设、添置和安装,它是以新建、扩建、改建和重建等方式实现的。在我国经济发展过程中,公路工程基本建设是其中的重要组成部分,为国家的基本建设发挥着重要的作用。

1.2.1 公路工程基本建设的内容

(1)建筑安装工程

建筑安装工程包括两个方面:一方面是建筑工程,指兴工动料的施工活动,是投资额最高的一部分,是基本建设中最复杂的一部分,包括路基、路面、桥梁、涵洞、隧道、交通安全设施、隧道机电和绿化及环境保护工程;另一方面是安装工程,指生产和生活需用的各种机械及设备的安装、调试等工作(如工业生产设备),公路及大型桥梁所需的各种机械、设备、仪器的安装及调试。

(2)设备、工具及器具的购置

设备、工具及器具的购置指为公路营运、管理服务、养护需要等所购置的设备、工具、器具以及为保证新建、改建公路初期正常生产、使用和管理服务所需办公和生活用具的采购或自制。

(3)其他基本建设工作

其他基本建设工作指不属于上述各项的基本建设工作,是为确保基本建设工程的顺利实施和正常运行而进行的工作,如勘察设计、科研试验、土地征用、拆迁安置、人员培训、工程施工监理等。

1.2.2 基本建设项目的划分

基本建设项目可以划分为单项工程、单位工程、分部工程和分项工程。

(1)基本建设项目

基本建设项目又称建设项目,一般指符合国家总体建设计划,能独立发挥生产能力或满足生活需要,其项目建议书经批准立项和可行性研究报告经批准的建设任务,如工业建设中的一座工厂、一座矿山,民用建设中的一个居民区、一幢住宅、一所学校为一个建设项目。

公路工程基本建设项目,一般指建成后可以发挥其使用价值和投资效益的一条公路或一座独立大、中型桥梁或一座隧道。

　　按国家计划及建设主管部门的规定,一个建设项目应有一个总体设计,在总体设计的范围内可以是一个单项工程或若干个单项工程,经济上实行统一核算,行政上实行统一管理,具有独立组织形式的项目法人。

　　基本建设项目可以分批分期进行修建。

　　(2)单项工程

　　单项工程也称工程项目,指建设项目中具有独立的设计文件,建成后可独立发挥生产能力或使用效益的工程项目。如公路建设的单项工程是指独立的桥梁工程、隧道工程,这些工程一般包括与已有公路的接线,建成后可以独立发挥交通功能。但一条路线中的桥梁或隧道,在整个线路未修通前,并不能发挥交通功能,也就不能作为一个单项工程。单项工程是一个建设项目或建设项目的一部分。

　　一个单项工程可以由一个或若干个单位工程组成。

　　(3)单位工程

　　单位工程是单项工程的组成部分,指在单项工程中具有单独设计文件、独立施工条件和结构功能的工程,也可以单独作为一个施工对象的工程,如公路工程中同一合同段内的线路、桥涵等是单位工程。由此可见,单位工程一般不能独立发挥生产能力和使用效益。

　　(4)分部工程

　　分部工程是单位工程的组成部分,一般是按单位工程中的工程结构、主要部位、路线长度、施工特点、材料或施工方法不同所做的分类。

　　在公路建设过程中,如按工程部位可划分为路基、路面,桥梁的上、下部构造等属于分部工程;按工程结构和施工工艺可划分为土石方工程、混凝土工程和砌筑工程等。

　　(5)分项工程

　　分项工程是分部工程的组成部分,是根据分部工程划分的原则,再进一步将分部工程分解成若干个分项工程。分项工程是按照不同的施工方法、不同施工部位、不同材料、不同质量要求和工作难易程度、工序及路线的长度来划分的,它是概算(预算)定额的基本计量单位,故也称为工程定额子目或工程细目。

　　分项工程是指通过较为简单的施工过程就能生产出来,并且可以用适当计量单位计算的"假定"的建筑或安装产品,如 $100 m^3$ 块石基础、$100 m^2$ 水泥混凝土路面、一台某型号龙门吊的安装等。

　　一般来说,分项工程只是建筑或安装工程的一种基本构成要素,是为了确定建筑或安装工程费用而划分出来的一种假定产品,以便作为分部工程的组成部分。因此,分项工程的独立存在是没有意义的,它不像工程项目那样是完整的产品。

1.2.3　基本建设相关单位

　　公路工程基本建设涉及的相关单位、部门很多,需要相关企业、部门的相互协作。为保证工程的顺利实施,在市场经济条件下,根据我国的国情,需要理顺相关企业、部门的责任与义务。

1)公路建设项目法人

　　在公路建设过程中,项目法人又称业主,指既有工程建设需求,又具有该项工程建设相应的建设资金和各种准建手续,在建设市场中发包工程建设的勘察、设计、监理、施工任务,并最终得到建筑产品的政府部门、企事业单位和私营企业。

项目法人责任制,又称业主责任制,是在市场经济体制条件下,根据我国的具体情况,为了建立投资责任约束机制、规范项目法人行为提出的。项目法人负责对项目建设全过程进行管理,主要包括对勘察、设计、征地、拆迁、进度控制、质量控制、投资控制、合同管理等方面进行组织协调和宏观管理。

项目业主的产生,主要有 3 种方式:

①业主即原企事业单位。企业或机关、事业单位投资的新建、扩建、改建工程,则该企业或单位即为项目业主。

②业主是联合投资董事会。由不同投资方参股或共同投资项目,则业主是共同投资方组成的董事会或管理委员会。

③业主是各类开发公司。开发公司自行融资或由投资方协商组建或委托开发的工程管理公司也可成为业主。

业主在项目建设过程中的主要职能是:

①申请、完善公路工程基本建设手续;

②建设项目立项决策;

③建设项目的资金筹措与管理;

④建设项目的招标与合同管理;

⑤建设项目的施工与质量、进度、费用等的控制与管理;

⑥建设项目的竣工验收和试运行;

⑦建设项目运行管理及维护。

2) 施工单位

施工单位指拥有一定数量的建筑装备、流动资金、工程技术人员、经济管理人员,取得建设资质证书和营业执照,能够按照业主的要求提供不同形态的建筑产品,并最终得到相应工程价款的施工企业。

按照其能提供的建筑产品,施工企业可分为不同的专业公司,如路桥、隧道、港口、建筑、水电、铁路、市政工程等专业公司。无论是国内还是按国际惯例,对施工承包企业一般都要实行从业资格管理。施工企业从事建设生产,一般需具备 3 个方面的条件:

①有符合国家规定的注册资本;

②有与其从事的建筑活动相适应的具有法定资格的专业技术人员;

③有从事相应建筑活动所应有的技术装备。

经资格审查合格,取得资质证书和营业执照的施工企业,方可在批准的范围内承包工程。

在我国市场经济体制条件下,施工企业(承包商)需要通过市场竞争(投标)取得施工项目,需要靠自身的实力去赢得市场,得到发展空间。承包商的实力主要包括以下 4 个方面。

①技术方面的实力:有精通本行业的工程师、造价师、项目经理、合同管理等专业人员队伍;有工程施工专业装备,能解决各类工程施工中的技术难题;有承担不同类型项目施工的经验。

②经济方面的实力:具有相当的周转资金用于工程准备,具有一定的融资和垫付资金的能力;具有相当数量的固定资产和为完成工程项目而购入大型设备所需的资金;具有支付各种担保和保险的能力,能承担相应风险的能力。

③管理方面的实力:建筑承包市场属于买方市场,承包商为打开局面,往往需要低利润报价取得项目。这就要求承包商必须在成本控制上下功夫,向管理要效益,并采用先进的施工方法提高工作效率和技术水平。因此,承包商必须具有一批技术过硬的项目经理和管理专家。

④信誉方面的实力:承包商一定要有良好的信誉,它将直接影响企业的生存与发展。要建立良好的信誉,就必须遵守法律法规,承担国外工程能按国际惯例办事,保证工程质量、安全、工期,能认真履约。

3) 工程咨询服务机构

工程咨询服务机构指具有一定注册资金、工程技术、咨询管理人员,取得建设咨询资质和营业执照,能对工程建设提供估算测量、管理咨询、建设监理等智力型服务并获取相应费用的企业。

工程咨询服务企业包括勘察设计、工程造价、工程管理、招标代理、工程监理等多种业务。这类企业主要是向业主提供工程咨询和管理服务,弥补业主对工程建设过程不熟悉的缺陷,在国际上一般称为咨询公司。目前,在我国数量最多且有明确资质标准的是工程勘察设计研究院、工程监理公司和工程造价事务所,招标代理、工程管理和其他咨询类企业近年来也有发展。

咨询单位虽然不是工程承发包的当事人,但其受业主聘用,作为项目技术、经济咨询单位,对项目的实施负有相当重要的作用和责任。咨询单位与业主之间是合同关系,业主聘用咨询工程师作为技术、经济咨询人,为项目进行咨询、勘察、设计、监理和测量,许多情况下,咨询的任务贯穿于工程项目建设的全过程。

4) 勘察设计单位

目前,在我国,工程勘察、设计单位任务贯穿工程项目建设的全过程。根据与项目法人签订的合同,按照我国相关设计规范进行工程的勘察、设计及工程的设计评审工作,根据专家评审意见,提供科学合理的工程可行性研究报告、初步设计、施工图设计及相关的估算、概算、预算和施工组织设计等文件。在工程施工阶段,设计单位参与一些重大工程关键部位的验收工作,同时,根据工程施工的实际情况,参与一些工程变更工作。最后,协助业主单位对工程施工进行竣工验收。

5) 监理单位

我国的工程监理制度,是以国际通用的 FIDIC《土木工程施工合同条件》为基础,结合我国国情,形成项目法人、施工单位、监理单位三方相互制约,以监理单位为核心的管理模式。目前,我国的监理主要在公路施工阶段实施,因此也称为"施工监理"。实施施工监理制度,使建设各方的权利、义务和责任更为合理、明确,有利于增强合同意识,提高管理水平。

实施工程施工监理的依据主要有:

①国家的法律、法规和相关的施工图、施工技术规范;

②项目法人与监理单位签订的监理服务合同;

③项目法人与施工单位签订的施工承包合同;

④相关的会议纪要,经批准的工程变更等。

施工监理贯穿公路工程施工的全过程,其主要内容包括工程质量监理、工程进度监理、工程费用监理、工程安全监理、工程环境监理和合同管理。

6）政府相关部门

公路工程基本建设是大型的投资建设，相关的政府部门主要负责宏观的审批管理工作。公路工程基本建设有严格的审批程序，涉及的政府部门很多，主要由主管部门管理，详细的审批程序可查阅相关的部委文件。

质量监督站（中心）代表政府对工程施工质量进行监督，鉴于工程质量的重要性，对工程采取全面质量保证体系，即"政府监督、法人管理、社会监理、企业自检"。其中，政府监督，指项目法人及项目管理人员、监理单位及监理人员、施工单位及施工人员均应接受政府交通主管部门和公路工程质量监督部门的管理和监督检查。政府监督处于龙头主导地位，强化政府监督作用，可以使质量保证体系有序而高效地运转。法人管理，指项目法人在质量保证体系中处于主体地位，对项目建设全过程的施工质量进行控制、管理。社会监理，指具有法人资格的社会监理单位对工程施工质量进行的抽检。社会监理处于工程管理新体制的核心地位。企业自检，指施工单位项目部在公路工程施工过程中，按照相关的图纸、技术规范等进行检查，把好质量关。企业自检在质量保证体系中是主力。

1.2.4 公路工程基本建设程序

基本建设程序指基本建设项目在建设过程中各项工作进行的先后次序。这个次序指导基本建设工作有计划、有步骤地进行，也是交通主管部门对公路工程项目审批的依据和程序，它是国家对基本建设管理的核心内容。基本建设涉及面广，投资额大，需要内外各个环节的协作配合。完成一项基本建设工程，必须按照一定的程序，依次进行各个方面的工作，才能达到预期的效果，否则就会造成严重的经济损失，给工程带来无法弥补的缺陷。基本建设程序作为管理制度，必须严格地执行。

公路工程基本建设程序是：根据我国公路网建设规划及经济发展的需要，提出项目建议书；进行可行性研究，编制可行性研究报告；经批准后进行初步设计；再经批准后列入国家年度基本建设计划，并进行技术设计和施工图设计；工程施工招投标；设计文件经审核批准后组织施工；施工完成后，进行竣工验收，然后交付使用。这一程序依次进行，逐步实施。

所有新建及改建的大中型公路工程基本建设项目，都要严格按公路工程基本建设程序运行。对于小型项目，可以根据实际情况适当合并或免去部分程序。

现将公路工程基本建设程序各工作的具体内容分述如下。

1）项目建议书

项目建议书编制的依据是国民经济发展的长远规划和公路网总体建设规划，它由交通主管部门按经济发展对公路建设的要求，并在广泛收集和综合各方面意见的基础上提出。项目建议书应对拟建项目的建设目的和要求、主要技术标准、原材料及资金来源等提出文字说明。项目建议书是进行各项前期准备工作和进行可行性研究的依据。

项目建议书是向交通主管部门提交、建议建设该项目的建议性文件。项目建议书经批准后，意味着项目立项完成，可以进行下一步工作。

2）可行性研究

可行性研究是在建设前期对工程项目按规定要求和内容进行的一种考察和鉴定，即对项目建议书中提出的公路建设项目进行全面的、综合的技术经济调查和分析论证,从而做出建设(即"可行")还是放弃(即"不可行")这个项目的判断。因此,可行性研究是基本建设前期工作的重要组成部分,也是建设项目立项决策的主要依据。大中型工程、高等级公路及重点工程建设项目均应进行初步可行性研究和工程可行性研究,小型项目可适当简化。

公路建设项目可行性研究的任务是:在对拟建工程地区社会、经济发展和公路网状况进行充分的调查研究、评价、预测和必要的勘察工作的基础上,对项目建设的必要性、经济合理性、技术可行性、实施可能性,提出综合性研究论证报告。

按可行性研究的工作深度,可行性研究划分为预可行性研究和工程可行性研究两个阶段。预可行性研究,应重点阐明建设项目的必要性,通过踏勘和调查研究,提出建设项目的规模、技术标准,进行简要的经济效益分析。工程可行性研究,应通过必要的测量(高速公路、一级公路必须做)、地质勘探(大桥、隧道及不良地质地段等),在认真调查研究、具有一定资料的基础上,对不同建设方案从技术上、经济上进行综合论证,提出推荐建设方案。工程可行性研究报告经审批后作为初步测量及编制设计文件的依据。工程可行性研究阶段的投资估算与初步设计概算之差,应控制在10%以内。

公路建设项目可行性研究报告的主要内容有:建设项目的依据、历史背景;建设地区综合运输网的交通运输现状和建设项目在交通运输网中的地位及作用;原有公路技术状况及适应程度;论述建设项目所在地区的经济特征;研究建设项目与经济发展的内在联系;预测交通量、运输量的发展水平;建设项目的地理位置、地形、地质、气候、水文等自然特征;筑路材料来源及运输条件;论证不同建设方案的路线起讫点和主要控制点、建设规模、标准,提出推荐意见;评价建设项目对环境的影响;测算主要工程数量、征地拆迁数量,估算投资,提出资金筹措方式;提出勘测设计、施工计划安排;确定运输成本及有关经济参数,进行经济评价、敏感性分析,收费公路、桥梁、隧道还需做财务分析;评价推荐方案,提出存在问题和有关建议。

编制可行性研究报告,应严格执行国家的各项政策、规定和交通运输部颁布的技术标准、规范等。可行性研究报告的文件,应符合《公路建设项目可行性研究报告编制办法》的规定。

3)设计文件

(1)初步设计

公路工程基本建设项目一般采用两阶段设计,即初步设计和施工图设计。对技术简单、方案明确的小型建设项目,也可以采用一阶段设计,即施工图设计。对技术复杂、基础资料缺乏和不足的建设项目,或建设项目中的特大桥、互通式立体交叉、隧道、高速公路和一级公路的交通工程及沿线设施中的机电设备工程等,必要时采用三阶段设计,即初步设计、技术设计和施工图设计。在高速公路和一级公路的各阶段,还应进行总体设计。

初步设计应根据批复的可行性研究报告、勘测设计合同及勘测资料进行编制。初步设计的目的是确定设计方案,因此,必须进行充分的方案比选,确定合理的设计方案。

选定方案时,应对路线的走向、控制点和方案进行现场核查,征求沿线地方政府和项目法人的意见,基本落实路线布置方案;一般应进行纸上定线,赴实地核对,落实并放出必要的控制线位桩。对难以取舍、投资影响大或地形特殊的复杂困难地段的路线、特大桥、隧道、立体交叉枢纽的位置等,一般应选择两个以上的方案进行同深度、同精度的测设和方案比选,优选提出推荐方案。

设计方案选定后,拟订修建原则,计算工程数量和主要材料数量,提出施工方案的意见,编制设计概算,提供文字说明及相关的图表资料。初步设计文件经审核批复后,即作为订购主要材料、机具、设备,安排有关重大科研试验项目,联系征用土地、拆迁,进行施工准备,编制施工图设计文件和控制建设项目投资等的依据。

（2）技术设计和施工图设计

按三阶段设计的项目,需进行技术设计。技术设计应根据初步设计的批复意见、勘测设计合同的要求,对重大、复杂的技术问题通过科学试验、专题研究,加深勘测调查及分析比较,解决初步设计中尚未解决的问题,落实技术方案,计算工程数量,提出修正的施工方案,编制修正设计概算,批准后作为编制施工图设计的依据。设计概算是初步设计文件和技术设计文件的重要组成部分。经批准的概算应是建设项目投资的最高限额。

两阶段（或三阶段）施工图设计应根据初步设计（或技术设计）的批复意见、勘测设计合同,进一步审定的修建原则、设计方案及技术决策加以具体化和深化,通过现场定线勘测,确定路线及结构物的具体位置和设计尺寸,最终确定各项工程数量,提出文字说明和适应施工需要的图表资料及施工组织计划,并编制施工图预算。一阶段施工图设计应根据批复的可行性研究报告、勘测合同和定测、详勘资料进行编制。

施工图设计文件一般由以下 13 部分及附件组成:总体设计;路线;路基、路面;桥梁、涵洞;隧道;路线交叉;交通及沿线设施;环境保护与景观设计;其他工程;筑路材料;施工组织计划;施工图预算;附件及基础资料。

4) 列入年度基本建设计划

当建设项目的初步设计和设计概算报上级审核批准后,才能列入国家基本建设年度计划,这是国家对基本建设实行统一管理的措施。年度计划是年度建设工作的指令性文件,一经确定后,如需要增加投资额或调整项目时,必须上报原审批机关批准。

项目列入国家基本建设年度计划后,项目法人根据国家发展和改革委员会颁发的年度基本建设计划控制数额,按照初步设计文件编制本单位的年度基本建设计划。项目法人年度计划报经上级批准后,再编制物资、劳动力、财务计划,这些计划分别经主管部门审查平衡后,作为国家安排生产、分配物资、调配劳动力和财政拨款（或贷款）的依据。计划落实后,即可组建工程管理单位,并通过招投标或其他方式落实施工单位。

5) 施工准备

公路工程施工面广,为了保证施工的顺利进行,建设主管部门、项目法人、勘测设计单位、施工单位、监理单位和工程所在地的相关单位及部门都应在施工准备阶段做好充分的准备工作。

项目法人应根据建设进度需求组建专门的项目管理部门,办理登记及征地、拆迁补偿工作,做好施工沿线各有关单位和部门的协调工作,抓紧配套工程项目的落实等工作。勘测设计单位,应按照与业主协议和相关的技术规范要求,按时提供各种图纸资料,做好施工图的会审及移交工作。施工单位应组织人员、机具进场,进行施工测量,修筑便道及生产、生活用临时设施,组织材料及技术物资的采购、加工、运输、供应、储备,做好施工图纸的接收工作,熟悉图纸并进行现场核对,编制实施性施工组织设计等工作。

6) 工程施工

施工准备工作完成后,进入工程施工阶段。在建设项目的整个施工过程中,施工单位根据与项目法人签订的施工承包合同,应严格执行有关的施工技术规程、试验规范和设计要求,确保工程质量和工程施工进度要求,安全施工,并进行计量、支付工作。坚持科学、合理的施工管理,大力推广应用新技术、新工艺,在保证工程质量和工期的前提下,降低工程施工成本。同时,做好施工记录,建立技术档案,做好项目部内部的日常管理工作。

7)竣(交)工验收、交付使用

竣(交)工验收是公路工程基本建设的最后一个程序。工程竣(交)工验收是一项细致、严肃的工作,必须从国家和人民的利益出发,由施工单位进行竣工资料(测量资料、质检资料、计量资料、实验资料、竣(交)工决算等)的编制汇总工作。竣(交)工验收工作由项目法人主持,按照《关于基本建设项目竣工验收暂行规定》《公路工程竣(交)工验收办法》《公路工程竣(交)工验收办法实施细则》的要求对基本建设工程进行竣(交)工验收。

工程验收合格后,按有关规定办理移交手续。

8)公路建设项目后评价

公路建设项目后评价指在公路通车运营2~3年后,用系统工程的方法,对建设项目决策、设计、施工直至通车运营的各阶段工作及其变化的成因,进行全面的跟踪、调查、分析和评价的工作。

公路建设项目后评价报告的主要内容包括建设项目的过程评价、建设项目的效益评价、建设项目的影响评价和建设项目的目标持续性评价。通过公路建设项目后评价达到肯定成绩、总结经验、研究问题、吸取教训、提出建议、改进工作、不断提高项目决策水平和投资效果的目的。

1.3 公路工程施工

施工组织设计是以施工项目为对象编制的,用以指导施工的技术、经济和管理的综合性文件。为编制科学、合理的施工组织设计文件,必须了解公路工程施工程序。

施工单位接受施工任务后,依次经历开工前的规划组织准备阶段和现场条件准备阶段、正式施工阶段、竣工验收阶段等,按设计要求完成施工任务。对于不同规模、不同性质的具体工程项目,各阶段的工作内容不尽相同。

1)承接施工任务

施工企业获得施工任务通常有两种方式:第一种是参与工程的施工投标,中标后获得任务。在我国的市场经济条件下,施工企业主要以参加投标的方式获得施工工程。第二种是协商承包(议标)方式。

施工企业通过工程施工招投标,获得施工任务,从法律角度讲,是以签订工程承包合同加以确认的。因此,施工企业接受的工程项目,必须与项目法人签订工程施工承包合同,明确双方的技术、经济责任,互相制约、互相促进,共同保证按质、按量、按期完成工程项目的建设任务。合同一经签订,就具有法律效力,双方都应认真履行。

工程施工承包合同的主要内容应包括:工程概况、承包方式、工程质量、开(竣)工日期、工程造价、工程变更的程序、材料供应、工程支付办法及细则与结算办法、违约责任、争议的解决办法、奖惩条款(即双方的权利和义务)等。由于工程承包合同的条款内容涉及工程经营管理的各个方面,所以要求合同条款既要遵守有关法律法规的要求,又要符合工程实际情况,既要防止合同条款表达含混不清,以免引起不必要的争执,又要用词准确、简明扼要,便于执行和检查,相关的条款内容可参阅《公路工程标准施工招标文件》(2018 年版)。

2) 施工准备工作

(1) 组织准备

施工企业在签订施工承包合同后,根据合同内容,可着手进行施工准备工作。施工企业的施工准备工作千头万绪,涉及面广,必须有计划、按步骤、分阶段地进行,才能在较短的时间内为工程开工创造必要的条件。准备工作的基本任务是深入了解施工的开工条件,根据工程的特点、进度要求,合理安排施工力量,从人力、物资、技术和施工组织等方面为工程施工创造一切必要的开工条件。

施工组织准备工作是前期准备工作的重要内容,其主要任务是组建施工项目经理部、组建施工队伍等。

①组建项目经理部。项目经理部是具体实施施工现场协调、管理的一次性临时组织机构,项目经理部的协调、指挥、技术指导等能力直接影响工程施工的各个方面。因此,项目经理部的设置,应本着精干高效、业务熟练,具有一定的施工管理经验的原则配置人员(含技术方面的人员)。

②组建施工队伍。根据工程进度需要,对先开工的工程要选择确定施工队伍(含专业施工队伍),并签订劳务承包合同或专业承包合同。根据施工队伍担负工程的具体情况,结合施工队伍的特点、技术装备情况、技术熟练程度、施工能力等方面,进行技术培训和相关的施工图、施工技术规范的学习等。

(2) 技术准备

签订的施工承包合同、施工技术规范和设计文件是工程施工最重要的依据,因此技术人员要熟悉相关的施工技术规范,核对设计文件和了解合同条款,其目的有:

①掌握工程的全貌,熟悉施工图纸、技术资料和合同条款,形成对所承包工程整体、全面的掌控。

②找出设计图纸中存在的问题,并向业主和设计单位提出。现场核对时,如发现设计有错误或不合理之处,应提出修改意见并上报。

③根据设计图纸和工程现场的一些情况,初步提出施工场地规划(预制厂、库房、工区划分、临时便道、施工队驻地等),也可以设计几种方案。结合签订的施工承包合同条款、技术规范,比选一些重要工程的施工方法和措施。

④详细调查工程施工现场情况。调查的内容主要有:工程所在地的地形、地貌、地质、水文、气候条件;施工场地的水源、电源及地方材料、生活物资供应状况;施工期间可供利用的房屋数量;当地劳动力资源、运输条件和运输工具;当地民俗、民风、生活习惯等。

⑤编制实施性施工组织设计。根据施工技术规范、施工图设计文件、合同条款及详细的工程现场情况,编制实施性施工组织设计。实施性施工组织设计是指导施工的重要技术文件。公路工程施工是野外作业,其产品为线性构造物,跨越地区广,各地自然地理状况和施工条件差异很大,不可能采用一种固定的、一成不变的施工方案和施工方法,每项工程的施工都需要通过深

入细致地分析、讨论、研究,结合施工经验,比选和确定科学、合理的施工方案及施工组织方法,因此,必须认真做好实施性施工组织设计的编制。

(3)施工现场条件准备

经过现场核对后,依据设计文件和实施性施工组织设计,认真做好施工现场的准备工作。

①核对落实合同条款中业主提供的现场条件。内容主要包括:征用土地(含施工临时用地)、施工红线内的建筑物、地下及架空的障碍物的拆迁和青苗树木补偿工作;业主提供的出入施工现场的通道;设计单位的设计交底工作;业主提供的"三通一平"等。

②施工现场搭建、租赁临时生产及生活设施。内容主要包括:修建红线内的施工便道、便桥,搭盖工棚;根据施工组织设计修建预制场、机修厂地、沥青拌和基地、混凝土搅拌站等大型临时设施(先期开工必需的);临时供电、供水的安装及架设。

③技术准备工作。测量工作:可靠、准确的施工测量是施工的重要保障,根据设计资料、交桩记录,工程测量人员要实施的测量内容主要有导线的复测与加密、水准点的复测与增设、与相邻施工单位的联测、中线的复测等。试验工作:要筹建工地实验室,经验收合格后进行前期开工工程相关试验,为施工提供可靠的依据和质量保证。主要包括建材试验、土击实试验、砂浆及混凝土配合比试验等。确定落实先开工工区的施工方案以及相应的施工员、技术负责人,相应的施工队伍、建筑材料、机械设备、机具等。

④先开工项目需要的人员、机具、设备、材料陆续进场。施工准备工作基本就绪后,即可组建施工机构,集结施工队伍,运送材料、机具。当施工队伍进场后,应及时做好开工前的思想政治动员、技术学习和安全教育工作。机具、物资进场后,要按计划存放和妥善保管。

⑤提出开工报告。按照施工承包合同的要求,准备工作完成后,达到开工条件,就向施工监理方提出开工报告。开工报告必须按规定的格式实事求是地填写,待监理方核实后签发开工令。

3)公路工程施工

公路工程施工过程需花费大量人力、物力、财力,业主投资的主要费用花费在工程施工上。公路施工是一项复杂的系统工程,必须科学、合理地组织,建立正常、顺畅的施工秩序,有效地使用劳动力、材料、机具、资金等,尽量减少不必要的窝工、返工。施工中既要协调好工程质量、施工进度和费用三方面的相互关系,又要尽量减少破坏、避免环境污染,安全生产,确保优质、高效、低耗、安全地全面完成施工任务。在工程施工环节中,施工单位项目经理部要与很多单位、部门协调,为保证工程的顺利施工应处理好相互之间的关系。

在施工准备工作完成、提交开工报告之后,才能按批准的日期开始正式施工(在监理工程师的许可下,部分工程可以提前开工)。施工应严格按照施工图、相关的施工技术规范要求施工,根据实际情况,如需工程施工变更,填写好变更申请(理由要充分)按照合同要求上报审批。

4)公路工程交(竣)工验收

公路工程验收分为交工验收和竣工验收两个阶段。交(竣)工验收的依据包括:

①批准的工程可行性研究报告;

②批准的工程初步设计、施工图设计及变更设计文件;

③批准的招标文件及合同文件;

④行政主管部门的有关批复、批示文件;

⑤交通运输部颁布的公路工程技术标准、规范、规程及国家有关部门的相关规定。

（1）交工验收

交工验收是指检查施工合同的执行情况,评价工程质量是否符合技术标准及设计要求,是否可以移交进行下一阶段施工或是否满足通车要求,对各参建单位工作进行初步评价。交工验收由项目法人(建设单位)负责。

公路工程(合同段)进行交工验收应具备以下条件:

①合同约定的各项内容已完成;

②施工单位按交通运输部制定的《公路工程质量检验评定标准》及相关规定的要求对工程质量自检合格;

③监理工程师对工程质量的评定合格;

④质量监督机构按交通运输部规定的公路工程质量鉴定办法对工程质量进行检测(必要时可委托有相应资质的检测机构承担检测任务),并出具检测意见;

⑤交工文件已按交通运输部规定的内容编制完成;

⑥施工单位、监理单位已完成本合同段的工作总结。

公路工程合同段符合交工验收条件后,经监理工程师同意,由施工单位向项目法人(建设单位)提出申请,项目法人(建设单位)应及时组织对该合同段进行交工验收。

交工验收的主要工作内容是:

①检查合同执行情况;

②检查施工自检报告、施工总结报告及施工资料;

③检查监理单位独立抽检资料、监理工作报告及质量评定资料;

④检查工程实体,审查有关资料,包括主要产品质量的抽(检)测报告;

⑤核查工程完工数量是否与批准的设计文件相符,是否与工程计量数量一致;

⑥对合同是否全面执行、工程质量是否合格做出结论,按交通运输主管部门规定的格式签署合同段交工验收证书;

⑦按交通运输部规定的办法对设计单位、监理单位、施工单位的工作进行初步评价。

项目法人(建设单位)负责组织公路工程各合同段的设计、监理、施工等单位参加交工验收。拟交付使用的工程,应邀请运营、养护管理单位参加。

参加交工验收单位的主要职责是:

①项目法人(建设单位)负责组织各合同段参建单位完成交工验收工作的各项内容,总结合同执行过程中的经验,对工程质量是否合格做出结论。

②设计单位负责检查已完成的工程是否与设计相符,是否满足设计要求。

③监理单位负责完成监理资料的汇总、整理,协助项目法人检查施工单位的合同执行情况,核对工程数量,科学公正地对工程质量进行评定。

④施工单位负责提交交工资料,完成交工验收准备工作。

⑤项目法人(建设单位)组织监理单位按《公路工程质量检验评定标准》的要求对各合同段的工程质量进行评定。

⑥监理单位根据独立抽检资料对工程质量进行评定,当监理单位按规定完成的独立抽检资

料不能满足评定要求时,可以采用经监理单位确认的施工自检资料。

工程质量等级评定分为合格和不合格。分项工程、分部工程、单位工程质量评定应符合《公路工程质量检验评定标准》的规定。

（2）竣工验收

竣工验收是综合评价工程建设成果,对工程质量、参建单位和建设项目进行综合评价。竣工验收由交通主管部门按项目管理权限负责。交通运输部负责国家级、部级重点公路工程项目中100 km以上的高速公路、独立特大型桥梁和特长隧道工程的竣工验收工作;其他公路工程建设项目,由省交通主管部门负责竣工验收工作。

公路工程进行竣工验收应具备以下条件:

①通车试运营两年后;

②交工验收提出的工程质量缺陷等遗留问题已处理完毕,并经项目法人(建设单位)验收合格;

③工程决算已按交通运输部规定的办法编制完成,竣工决算已经审计,并经交通主管部门或其授权单位认定;

④竣工文件已按交通运输部规定的内容完成;

⑤对需要进行档案、环保等单项验收的项目,已经有关部门验收合格;

⑥各参建单位已按交通运输部规定的内容完成各自的工作报告;

⑦质量监督机构已按交通运输部规定的公路工程质量鉴定办法对工程质量检测鉴定合格,并形成工程质量鉴定报告。

公路工程符合竣工验收条件后,项目法人(建设单位)应按照项目管理权限及时间要求向交通主管部门申请验收。

竣工验收的主要工作内容是:

①成立竣工验收委员会;

②听取项目法人、设计单位、施工单位、监理单位的工作报告;

③听取质量监督机构的工作报告及工程质量鉴定报告;

④检查工程实体质量,审查有关资料;

⑤按交通运输部规定的办法对工程质量进行评分,并确定工程质量等级;

⑥按交通运输部规定的办法对参建单位进行综合评价;

⑦对建设项目进行综合评价;

⑧形成并通过竣工验收鉴定书。

竣工验收委员会由交通主管部门、公路管理机构、质量监督机构、造价管理机构等单位代表组成。大中型项目及技术复杂工程,应邀请有关专家参加。

项目法人、设计单位、监理单位、施工单位、接管养护等单位参加竣工验收工作。

竣工验收委员会负责对工程实体质量及建设情况进行全面检查。按交通运输部规定的办法对工程质量进行评分,对各参建单位进行综合评价,对建设项目进行综合评价,确定工程质量和建设项目等级,形成工程竣工验收鉴定书。

（3）技术总结

交(竣)工验收通过后,施工单位应认真做好工程施工的技术总结,以利于不断提高施工技术、管理水平。对于施工中采用的新技术和重大技术革新项目,以及施工组织、技术管理、工程质量、安全工作等方面的成绩,应进行专题总结并予以推广应用。

(4)建立技术档案

技术档案包括设计文件、施工图表、原始记录、竣工文件、验收资料、专题施工技术总结等。在工程交(竣)工验收后,由施工单位汇集整理、装订成册,按管理等级建档保存,以备今后查用。

思考练习题

1.按任务和分工的不同,公路建设包括哪 3 个方面的内容?

2.公路建设有哪些特点?

3.公路工程基本建设的定义是什么?

4.公路工程基本建设的内容构成是什么?

5.公路工程基本建设项目的组成及各组成部分的含义是什么?

6.参与公路工程基本建设的有哪些基层单位?

7.什么是公路工程基本建设程序?公路工程基本建设程序包括哪几个阶段?

8.公路工程基本建设的设计阶段应如何划分?

9.公路工程施工程序包括哪几个阶段?

项目2　基本概念

2.1　公路工程施工组织设计相关知识

2.1.1　施工组织设计相关概念

1) 施工组织设计

《建筑施工组织设计规范》(GB/T 50502—2009)中定义,施工组织设计(construction organization plan)是以施工项目为对象编制,用以指导施工的技术、经济和管理的综合性文件。

施工组织设计是我国在工程建设领域长期沿用下来的名称,西方国家一般称之为施工计划或工程项目管理计划(策划)。《建设工程项目管理规范》(GB/T 50326—2017)对项目管理策划作了如下术语解释:"项目管理策划应由项目管理规划策划和项目管理配套策划组成。项目管理规划应包括项目管理规划大纲和项目管理实施规划。"《建设项目工程总承包管理规范》(GB/T 50358—2017)规定,项目部应在项目初始阶段开展项目策划工作,并编制项目管理计划和项目实施计划。施工组织设计既不是这两个阶段的某一阶段内容,也不是两个阶段内容的简单合成,它是综合了施工组织设计在我国长期使用的惯例和各地方的实际使用效果而逐步积累的内容精华。

施工组织设计按编制对象可分为施工组织总设计、单位工程施工组织设计和施工方案。

施工组织总设计(general construction organization plan)是以若干单位工程组成的群体工程或特大型项目为主要对象编制的施工组织设计,对整个项目的施工过程起统筹规划、重点控制的作用。

单位工程施工组织设计(construction organization plan for unit project)是以单位(子单位)工程为主要对象编制的施工组织设计,对单位(子单位)工程的施工过程起指导和制约作用。需要说明的是,对于已经编制了施工组织总设计的项目,单位工程施工组织设计应是施工组织总设计的进一步具体化,直接指导单位工程的施工管理和技术经济活动。

施工方案(construction scheme)是以分部(分项)工程或专项工程为主要对象编制的施工技术与组织方案,用以具体指导其施工过程。施工方案在某些时候也被称为分部(分项)工程或专项工程施工组织设计,但考虑到通常情况下施工方案是施工组织设计的进一步细化,是施工组织设计的补充,施工组织设计的某些内容在施工方案中不需赘述,因而《建筑施工组织设计规范》(GB/T 50502—2009)将其定义为施工方案。

2) 施工组织设计的动态管理

施工组织设计的动态管理（dynamic management of construction organization plan）是指在项目实施过程中，对施工组织设计的执行、检查和修改的适时管理活动。

建筑工程具有产品的单一性，同时作为一种产品，又具有漫长的生产周期。施工组织设计是工程技术人员运用以往的知识和经验，对建筑工程施工预先设计的一套运作程序和实施方法，但由于人们知识经验的差异以及客观条件的变化，施工组织设计在实际执行中，难免会遇到不适用的部分，这就需要针对新情况进行修改或补充。同时，作为施工指导书，又必须将其意图贯彻给具体操作人员，使操作人员按指导书进行作业，这是一个动态的管理过程。

3) 施工部署

施工部署（construction arrangement）是指对项目实施过程作出的统筹规划和全面安排，包括项目施工主要目标、施工顺序及空间组织、施工组织安排等。

施工部署是施工组织设计的纲领性内容，施工进度计划、施工准备与资源配置计划、施工方法、施工现场平面布置和主要施工管理计划等施工组织设计的组成内容都应该围绕施工部署的原则编制。

4) 项目管理组织机构

项目管理组织机构（project management organization）是施工单位为完成施工项目建立的项目施工管理机构。

项目管理组织机构是施工单位内部的管理组织机构，是为某一具体施工项目而设立的，其岗位设置应和项目规模相匹配，其组成人员应具备相应的上岗资格。

5) 施工进度计划

施工进度计划（construction schedule）是指为实现项目设定的工期目标，对各项施工过程的施工顺序、起止时间和相互衔接关系所作的统筹策划和安排。

施工进度计划要保证拟建工程在规定的期限内完成，保证施工的连续性和均衡性，节约施工费用。编制施工进度计划需依据建筑工程施工的客观规律和施工条件，参考工期定额，综合考虑资金、材料、设备、劳动力等资源的投入。

6) 施工资源

施工资源（construction resources）是指为完成施工项目所需要的人力、物资等生产要素。

施工资源是工程施工过程中所必须投入的各类资源，包括劳动力、建筑材料和设备、周转材料、施工机具等。施工资源具有有用性和可选择性等特征。

7) 施工现场平面布置

施工现场平面布置（construction site layout plan）是指在施工用地范围内，对各项生产、生活设施及其他辅助设施等进行规划和布置。

施工现场就是建筑产品的组装厂，由于建筑工程和施工场地的千差万别，使得施工现场平面布置因人、因地而异。合理布置施工现场，对保证工程施工顺利进行具有重要意义。施工现场平面布置应遵循方便、经济、高效、安全、环保、节能的原则。

8）进度管理计划

进度管理计划（schedule management plan）是指保证实现项目施工进度目标的管理计划，包括对进度及其偏差进行测量、分析、采取的必要措施和计划变更等。

施工进度计划的实现离不开管理和技术上的具体措施。另外，在工程施工进度计划执行过程中，由于各方面条件的变化经常使实际进度脱离原计划，这就需要施工管理者随时掌握工程施工进度，检查和分析进度计划的实施情况，及时进行必要的调整，保证施工进度总目标的完成。

9）质量管理计划

质量管理计划（quality management plan）是指保证实现项目施工质量目标的管理计划，包括制订、实施、评价所需的组织机构、职责、程序以及采取的措施和资源配置等。

工程质量目标的实现需要具体的管理和技术措施，根据工程质量形成的时间阶段，工程质量管理可分为事前管理、事中管理和事后管理，质量管理的重点应放在事前管理。

10）安全管理计划

安全管理计划（safety management plan）是指保证实现项目施工职业健康安全目标的管理计划，包括制订、实施所需的组织机构、职责、程序以及采取的措施和资源配置等。

建筑工程施工安全管理应贯彻"安全第一、预防为主、综合治理"的方针。施工现场的大部分伤亡事故是由于没有安全技术措施、缺乏安全技术知识、不做安全技术交底、安全生产责任制未落实、违章指挥、违规作业造成的。因此，必须建立完善的施工现场安全生产保证体系，才能确保施工的安全和健康。

11）环境管理计划

环境管理计划（environment management plan）是指保证实现项目施工环境目标的管理计划，包括制订、实施所需的组织机构、职责、程序以及采取的措施和资源配置等。

建筑工程施工过程中，不可避免地会产生施工垃圾、粉尘、污水以及噪声等环境污染，制订环境管理计划就是要通过可行的管理和技术措施，使环境污染降到最低。

12）成本管理计划

成本管理计划（cost management plan）是指保证实现项目施工成本目标的管理计划，包括成本预测、实施、分析、采取的必要措施和计划变更等。

建筑产品生产周期长，这增加了施工成本控制的难度。成本管理的基本原理就是把计划成本作为施工成本的目标值，在施工过程中定期地比较实际值与目标值，通过比较找出实际支出额与计划成本之间的差距，分析产生偏差的原因，并采取有效的措施加以控制，以保证目标值的实现或减小差距。

施工组织设计还可以按照编制阶段的不同，分为投标阶段施工组织设计和实施阶段施工组织设计，即指导性施工组织设计和实施性施工组织设计。《建筑施工组织设计规范》（GB/T 50502—2009）在施工组织设计的编制与管理上对这两个阶段的施工组织设计没有分别规定，但在实际操作中，编制投标阶段施工组织设计，强调的是符合招标文件要求，以中标为目的；编制实施阶段施工组织设计，强调的是可操作性，同时鼓励企业技术创新。本项目主要对编制实施阶段施工组织设计进行介绍,投标阶段施工组织设计见项目9(指导性公路工程施工组织设计构成及编制)。

2.1.2　施工组织设计的编制原则

我国工程建设程序可归纳为4个阶段:投资决策阶段、勘察设计阶段、项目施工阶段、竣工验收和交付使用阶段。施工组织设计的编制必须遵循工程建设程序,并应符合下列原则:

①符合施工合同或招标文件中有关工程进度、质量、安全、环境保护、造价等方面的要求。

②积极开发、使用新技术和新工艺,推广应用新材料和新设备。

③坚持科学的施工程序和合理的施工顺序,采用流水施工和网络计划等方法,科学配置资源,合理布置现场,采取季节性施工措施,实现均衡施工,达到合理的经济技术指标。

④采取技术和管理措施,推广建筑节能和绿色施工。

⑤与质量、环境和职业健康安全3个管理体系有效结合。

为保证持续满足过程能力和质量保证的要求,国家鼓励企业进行质量、环境和职业健康安全管理体系的认证制度。目前,这3个管理体系的认证在我国建筑行业中已较普及,并且不少企业已建立了企业内部管理体系文件。编制施工组织设计时,不应违背上述管理体系文件的要求。

2.1.3　施工组织设计的编制依据

施工组织设计应以下列内容作为编制依据:

①与工程建设有关的法律、法规和文件;

②国家现行有关标准和技术经济指标;

③工程所在地区行政主管部门的批准文件,建设单位对施工的要求;

④工程施工合同或招标投标文件;

⑤工程设计文件;

⑥工程施工范围内的现场条件,工程地质及水文地质、气象等自然条件;

⑦与工程有关的资源供应情况;

⑧施工企业的生产能力、机具设备状况、技术水平等。

2.1.4　施工组织设计的编制和审批规定

(1)施工组织设计的编制

施工组织设计应由项目负责人主持编制,可根据需要分阶段编制和审批。有些分期分批建设的项目跨越时间很长,还有些项目地基基础、主体结构、装修装饰和机电设备安装并不是由一个总承包单位完成,此外还有一些特殊情况(如图纸不能及时到位)的项目,在征得建设单位同意的情况下,施工单位可分阶段编制施工组织设计。

(2)施工组织设计的审批

施工组织总设计应由总承包单位技术负责人审批;单位工程施工组织设计应由施工单位技术负责人或技术负责人授权的技术人员审批,施工方案应由项目技术负责人审批;重点、难点分部(分项)工程和专项工程施工方案应由施工单位技术部门组织相关专家评审,施工单位技术负责人批准。

《建设工程安全生产管理条例》(国务院令第 393 号)规定,对下列达到一定规模的危险性较大的分部(分项)工程编制专项施工方案,并附安全验算结果,经施工单位技术负责人、总监理工程师签字后实施:

①基坑支护与降水工程。

②土方开挖工程。

③模板工程。

④起重吊装工程。

⑤脚手架工程。

⑥拆除爆破工程。

⑦国务院建设行政主管部门或者其他有关部门规定的其他危险性较大的工程。

以上所列工程中涉及深基坑、地下暗挖工程、高大模板工程的专项施工方案,施工单位还应当组织专家进行论证、审查。除上述《建设工程安全生产管理条例》中规定的分部(分项)工程外,施工单位还应根据项目特点和地方政府部门有关规定,对具有一定规模的重点、难点分部(分项)工程进行相关论证。

《公路水运工程安全生产监督管理办法》(中华人民共和国交通运输部令 2017 年第 25 号)规定,施工单位应当在施工组织设计中编制安全技术措施和施工现场临时用电方案,对下列危险性较大的工程应当编制专项施工方案,并附安全验算结果,经施工单位技术负责人、监理工程师审查同意签字后实施,由专职安全生产管理人员进行现场监督:

①不良地质条件下有潜在危险性的土方、石方开挖。

②滑坡和高边坡处理。

③桩基础、挡墙基础、深水基础及围堰工程。

④桥梁工程中的梁、拱、柱等构件施工等。

⑤隧道工程中的不良地质隧道、高瓦斯隧道、水底海底隧道等。

⑥水上工程中的打桩船作业、施工船作业、外海孤岛作业、边通航边施工作业等。

⑦水下工程中的水下焊接、混凝土浇筑、爆破工程等。

⑧爆破工程。

⑨大型临时工程中的大型支架、模板、便桥的架设与拆除;桥梁、码头的加固与拆除。

⑩其他危险性较大的工程。

必要时,施工单位对前款所列工程的专项施工方案,还应当组织专家进行论证、审查。

由专业承包单位施工的分部(分项)工程或专项工程的施工方案,应由专业承包单位技术负责人或技术负责人授权的技术人员审批;有总承包单位时,应由总承包单位项目技术负责人核准备案。

规模较大的分部(分项)工程和专项工程的施工方案应按单位工程施工组织设计进行编制和审批。有些分部(分项)工程或专项工程(如主体结构为钢结构的大型建筑工程),其钢结构分部规模很大且在整个工程中占有重要的地位,需另行分包。遇有这种情况的分部(分项)工程或专项工程,其施工方案应按施工组织设计进行编制和审批。

2.1.5　施工组织设计动态管理的规定

施工组织设计应实行动态管理,并符合相应规定。项目施工过程中,发生以下情况之一时,施工组织设计应及时进行修改或补充:

①工程设计有重大修改。当工程设计图纸发生重大修改时(如地基基础或主体结构的形式发生变化、装修材料或做法发生重大变化、机电设备系统发生大的调整等),需要对施工组织设计进行修改;对工程设计图纸的一般性修改,视变化情况对施工组织设计进行补充;对工程设计图纸的细微修改或更正,施工组织设计不需调整。

②有关法律、法规、规范和标准实施、修订和废止。当有关法律、法规、规范和标准开始实施或发生变更,并涉及工程的实施、检查或验收时,施工组织设计需要进行修改或补充。

③主要施工方法有重大调整。由于主客观条件的变化,施工方法有重大变更,原来的施工组织设计已不能正确地指导施工时,需要对施工组织设计进行修改或补充。

④主要施工资源配置有重大调整。当施工资源的配置有重大变更,并且影响到施工方法的变化或对施工进度、质量、安全、环境、造价等造成潜在的重大影响时,需对施工组织设计进行修改或补充。

⑤施工环境有重大改变。当施工环境发生重大改变(如施工延期造成季节性施工方法变化、施工场地变化造成现场布置和施工方式改变等),致使原来的施工组织设计已不能正确地指导施工时,需对施工组织设计进行修改或补充。

经修改或补充的施工组织设计应重新审批后实施。

项目施工前,应进行施工组织设计逐级交底;项目施工过程中,应对施工组织设计的执行情况进行检查、分析并适时调整。施工组织设计应在工程竣工验收后归档。

2.2　公路工程施工组织设计研究的对象及任务

2.2.1　公路工程施工组织设计研究的对象

公路工程施工组织设计是研究公路基本建设过程中众多要素的合理组织与安排的学科。

公路基本建设需要有一定的劳动力、劳动资料和劳动对象,这也是公路基本建设不可缺少的三要素。

公路基本建设是一个建设项目从立项到竣工验收、交付使用各阶段的实施过程,其中最为复杂的环节是施工过程,该过程离不开人、材料、机械、资金、技术等,即劳动力和劳动资料。建筑产品即为劳动对象,公路建筑产品有路基、路面、桥梁、涵洞、隧道、排水工程、防护工程、安全设施等。

具体来讲,公路工程施工组织设计就是统筹考虑整个施工过程,即对人力、材料、机械、资金、技术、环境等主要要素进行合理的组织与安排,以实现有计划、有组织、均衡的施工,使其达到工期短、质量优、成本低的目的。

2.2.2　公路工程施工组织设计的任务

为保证工程质量、控制施工进度及工程造价,工程项目在开工前必须完成以下具体任务。

①开工前的准备工作,如核对设计文件、补充调查资料、先遣人员进场等。

②计算工程数量,避免重算、漏算,确定劳动力、机械台班、各种材料、构件等的需要量及供应方案。

③确定施工方案,选择施工机械。

④安排施工顺序。

⑤编制施工进度计划,确定每季度(或每月或每10日)人力、材料、机械需要量。

⑥编制施工平面布置图,确定设备停放、料场、仓库、拌和场、预制场、办公区、生活区等的位置。

⑦制订确保工程质量及安全生产的技术组织措施。

从以上任务中可以看出,公路工程施工组织设计在工程项目建设过程中极为重要。施工组织设计的合理性直接决定工程项目的工期、质量及成本。

2.2.3 公路工程施工组织设计的作用和地位

现代交通运输业包括公路、铁路、航空、管道及水运5种运输方式,各有其适用性及特点。因为公路运输具有机动、灵活、直达、迅速、适应性强、服务面广等优点,所以在整个现代交通运输业中占有较大比重。

发展公路运输业,首先必须进行公路工程项目建设。公路工程项目建设周期长、规模大、投资额大、技术复杂、分工细、协作面广、机械化和自动化程度高,为保证公路工程建设在一定时间内顺利完成,且使人力、材料、机械、资金最大程度发挥效力,就要求公路工程施工组织设计编制人员根据工程特点、自然条件、周围环境、资源情况等对工程项目进行科学、合理的安排,使之在一定时间和空间内能有组织、有计划、有秩序地进行,使其达到工期短、质量优、成本低的目的。

(1)公路工程施工组织设计在公路基本建设中的作用

公路建设是一个复杂的系统工程,从规划、设计、施工到竣工及养护,每一个过程都离不开施工组织设计的组织与安排。

在公路规划阶段,要设想提出建设方案,供上级主管部门立项时审批。在设计阶段,无论采用何种类型的设计,每一阶段都必须编制相应的施工组织设计文件(即在初步设计阶段拟订施工方案,在技术设计阶段修正施工方案,在施工图设计阶段编制施工组织计划)供施工单位参考。随着我国社会主义市场经济体制的形成和发展,施工任务主要通过参加投标在建筑市场中公平竞争而取得,投标文件中不可缺少的一部分内容就是施工组织设计,被称为技术标,也被称为指导性施工组织设计。指导性施工组织设计主要由文字说明和图表构成,其编制质量的好坏直接关系到施工单位能否中标。施工阶段是公路建设过程中最为复杂的一个环节,在此阶段要编制实施性施工组织设计,也是最关键、最重要的一步。

在公路建设市场中,对项目工期和工程质量不断提出更高要求,因此施工组织设计要科学、合理,不能固守常规,要适应社会的发展。目前,机械化施工已成为主要的公路施工方法,它具有施工成本低、施工工期短、工程质量优等优点,所以在编制施工组织设计时应优先考虑安排机械化施工组织设计。

所以,公路工程施工组织设计贯穿公路建设的全过程,在施工阶段尤为重要,可降低施工成本、缩短施工工期,保证工程质量。

（2）公路工程施工组织设计在公路养护管理中的作用

公路建设是国家基础设施建设，是根据国民经济和社会发展对交通运输的要求建立适应中国国情的现代交通运输体系。对于公路建设者来说，最关键的：一是加快高速公路建设，提高整个路网技术等级；二是加强已建成公路的养护管理，改善路网结构，保障公路畅通。其中，公路养护是为了保持路网完好，并不断使其得到改善，延长其使用寿命。显而易见，一手抓建设，一手抓养护，建养并重、协调发展，是公路事业发展的客观要求。公路越发展，越需要养护，技术越进步，越要实行现代化的养护。

据统计，截至 2020 年底，全国公路通车里程 519.8 万千米，其中高速公路里程 16.1 万千米。在大规模、高潮式的公路建设之后，公路养护工程数量越来越大，如何适应公路事业对养护工作提出的新要求，成为当务之急。根据交通运输部《公路养护工程市场准入暂行规定》《"十四五"公路养护管理发展纲要》等文件精神，为保证公路的运输质量与路用性能，一般干线公路养护大修、中修工程、桥梁检测与旧桥加固工程也已由内部招标转向市场化进行公开竞争，择优选择施工单位。这种管理模式的转变，增强了养护管理人员的市场竞争意识，给公路养护管理单位带来新的生机和活力。

公路养护大中修工程和新建公路工程的建设程序基本一致，其各阶段的公路施工组织设计文件同样遵循公路基本建设各阶段的施工组织设计要求。由于管理模式的转变，对工程质量的要求和对养护投资的控制，使得施工单位对施工组织设计的科学性、合理性、适应性更加重视。因为施工组织设计不仅影响公路养护大中修工程的质量与施工工期，而且决定着施工单位的经济效益。

2.2.4　我国公路建设市场的发展

我国自实行改革开放政策以来，公路建设管理逐步由计划管理模式向市场管理模式转变，公路建设的招标承包制也应运而生。公路建设市场是我国社会主义市场体系的组成部分，国家统一管理，依据国家有关法律、行政法规、制度所要求的行为准则进入市场，各方必须共同遵守。

①市场准入规定：市场主体各方进入市场必须具有相应的基本条件（资格、资质、相应的实力、经验和信誉等）。

②市场竞争规则：保证各市场主体能够在平等、诚实信用的原则基础上进行竞争。

③市场交易规则：公开、公正、公平交易。

按照以上原则，建立起统一开放、竞争有序的市场秩序，排除地区保护和部门分割的现象。实践证明，只有切实遵守市场运行规则，在统一规定的条件下进行公平竞争，才能促进工程项目建设质量、效率的不断提高，从而获得良好效益，使公路建设步入良性循环的轨道，实现与国际接轨。

2.3　公路工程施工组织设计的内容

《建筑施工组织设计规范》（GB/T 50502—2009）条款说明中只对施工组织设计的基本内容加以规定，根据工程的具体情况，施工组织设计的内容可以添加或删减。该规范并不对施工组织设计的具体章节顺序加以规定。一般情况下，建议按照规范顺序为好，编制顺序体现工作程序关系、体现工作的重要程度,建议将"主要施工管理计划"分别列出。

2.3.1　施工组织设计的基本内容

施工组织设计(施工组织总设计、单位工程施工组织设计和施工方案)应包括编制依据、工程概况、施工部署、施工进度计划、施工准备与资源配置计划、主要施工方法、施工现场平面布置及主要施工管理计划等基本内容。

(1)工程概况

工程概况包括以下内容:

①本项目的性质、规模、建设地点、结构特点、建设期限、分批交付使用的条件、合同条件。

②本地区地形、地质、水文和气象情况。

③施工力量、劳动力、机具、材料、构件等资源供应情况。

④施工环境及施工条件等。

(2)施工部署及施工方案

施工部署及施工方案包括以下内容:

①根据工程情况,结合人力、材料、机械设备、资金、施工方法等条件,全面部署施工任务,合理安排施工顺序,确定主要工程的施工方案。

②对拟建工程可能采用的几个施工方案进行定性、定量的分析,通过技术经济评价,选择最佳方案。

(3)施工进度计划

①施工进度计划反映了最佳施工方案在时间上的安排,采用计划的形式使工期、成本、资源等方面,通过计算和调整达到优化配置,符合项目目标的要求。

②使工程有序地进行,使工期、成本、资源等通过优化调整达到既定目标,在此基础上编制相应的人力和时间安排计划、资源需求计划和施工准备计划。

(4)施工平面图

施工平面图是施工方案及施工进度计划在空间上的全面安排。它把投入的各种资源、材料、构件、机械、道路、水电供应网络、生产和生活活动场地及各种临时工程设施合理地布置在施工现场,使整个现场能有组织地进行文明施工。

(5)主要技术经济指标

技术经济指标用以衡量组织施工的水平,它对施工组织设计文件的技术经济效益进行全面评价。

2.3.2　施工组织设计的分类及其内容

1)施工组织总设计

(1)工程概况

工程概况应包括项目主要情况和项目主要施工条件等。

项目主要情况应包括下列内容:

①项目名称、性质、地理位置和建设规模。项目建设性质可分为新建、扩建、改建和重建等。建设规模可包括路线长度,互通服务区数量,互通大小,桥梁、隧道、路面等规模、造价等。

②项目的建设、勘察、设计和监理等相关单位的情况。

③项目设计概况。简要介绍项目各单位工程、主要设计项目及设计内容。

④项目承包范围及主要分包工程范围。

⑤施工合同或招标文件对项目施工的重点要求。

⑥其他应说明的情况。

项目主要施工条件应包括下列内容（要充分调查现场情况）：

①说明项目建设地点的气温、雨、雪、风和雷电等气象变化情况以及冬、雨期的期限和冬期土的冻结深度等情况。

②说明项目施工区域水准点和绝对标高；地质构造、土的性质和类别、地基土的承载力、地震级别和烈度等情况；河流流量和水质、最高洪水和枯水期的水位等情况；地下水位的高低变化情况，含水层的厚度、流向、流量和水质等情况。

③说明施工区域地上、地下的各类管线埋置位置和深度，以及相邻的地上、地下建（构）筑物位置、结构情况。

④说明项目施工必经施工道路的路况、附近可利用河流的情况等。

⑤说明建设项目的主要材料、特殊材料和生产工艺设备供应条件和交通运输条件。

⑥说明当地供电、供水、供热和通信情况。根据当地供电、供水、供热和通信情况，按照施工需求描述相关资源提供能力及解决方案。

⑦其他与施工有关的主要因素。

（2）总体施工部署

①宏观部署。施工组织总设计应对项目总体施工作出下列宏观部署：

a.确定项目施工总目标，包括进度、质量、安全、环境和成本目标。

b.根据项目施工总目标的要求，确定项目分阶段（期）交付的计划。建设项目可以划分为一个或若干个单项工程，单项工程可以分解为若干个单位工程，单位工程又可以分解为若干个分部分项工程。根据项目施工总目标的要求，可将建设项目划分为分期（分批）投产或交付使用的独立交付系统。在保证工期的前提下实行分期分批建设，既可使各具体项目迅速建成、尽早投入使用，又可在全局上实现施工的连续性和均衡性，减少暂设工程数量，降低工程成本。

c.确定项目分阶段（期）施工的合理顺序及空间组织。根据确定的项目分阶段（期）交付计划，合理地确定每个单位工程的开竣工时间，划分各参与施工单位的工作任务，明确各单位之间分工与协作的关系，确定综合的和专业化的施工组织，保证先后投产或交付使用的系统都能够正常运行。

②项目施工的重点和难点分析。对于不同的工程项目，施工工期、地理位置、技术要求、关键施工技术和工艺，以及项目施工的重点和难点是不同的。但在项目实施前要分析施工的重点和难点，作为管理的重点。

③明确项目管理组织机构形式。总承包单位应明确项目管理组织机构形式，并宜采用框图的形式表示。项目管理组织机构形式应根据施工项目的规模、复杂程度、专业特点、人员素质和地域范围确定。大中型项目宜设置矩阵式项目管理组织，远离企业管理层的大中型项目宜设置事业部式项目管理组织，小型项目宜设置直线职能式项目管理组织。

④项目施工中开发和使用的新技术、新工艺部署。根据现有的施工技术水平和管理水平，

对项目施工中开发和使用的新技术、新工艺应作出规划并采取可行的技术、管理措施来满足工期和质量等要求。

⑤主要分包项目施工单位的要求。分包项目施工单位的资质资格必须符合国家有关标准规定,资质等级满足施工要求。为确保工程总目标的实现,分包单位必须建立健全各项规章制度及质量保证体系,完善质量保证措施,确保施工质量,严格自控好每道施工工序。

(3)施工总进度计划

①施工总进度计划的编制。施工总进度计划应依据施工合同、施工进度目标、有关技术经济资料,并按照总体施工部署确定的施工顺序和空间组织等进行编制。施工总进度计划可采用网络图或横道图表示,并附必要说明。

②施工总进度计划的内容。施工总进度计划的内容应包括:编制说明,施工总进度计划表(图),分期(分批)实施工程的开、竣工日期及工期一览表等。施工总进度计划宜优先采用网络计划,网络计划应按国家现行标准《网络计划技术》(GB/T 13400—2009)系列及行业标准《工程网络计划技术规程》(JGJ/T 121—2015)的要求编制。

(4)施工准备与资源配置计划

①施工准备。施工准备应包括技术准备、现场准备和资金准备等。根据施工开展顺序和主要工程项目施工方法,编制总体施工准备工作计划,技术准备、现场准备和资金准备应满足项目分阶段(期)施工的需要。

技术准备包括施工过程所需技术资料的准备、施工方案编制计划、试验检验及设备调试工作计划等;现场准备包括现场生产、生活等临时设施,如临时生产、生活用房,临时道路,材料堆放场,临时用水、用电和供热、供气等的计划;资金准备应根据施工总进度计划编制资金使用计划。

②资源配置计划。主要资源配置计划应包括劳动力配置计划和物资配置计划等。

劳动力配置计划应按照各工程项目工程数量,并根据总进度计划,参照《公路工程概算定额》(JTG /T 3831—2018)或者《公路工程预算定额》(JTG /T 3832—2018)及有关资料确定。目前,施工企业在管理体制上已普遍实行管理层和劳务作业层的两层分离,合理的劳动力配置计划可减少劳务作业人员不必要的进、退场或避免窝工状态,进而节约施工成本。劳动力配置计划应包括下列内容:

a.确定各施工阶段(期)的总用工量。

b.根据施工总进度计划确定各施工阶段(期)的劳动力配置计划。

物资配置计划应根据总体施工部署和施工总进度计划确定主要物资的计划总量及进、退场时间。物资配置计划是组织建筑工程施工所需各种物资进、退场的依据,科学合理的物资配置计划既可保证工程建设的顺利进行,又可降低工程成本。物资配置计划的内容包括主要工程材料计划、生产工艺设备需要量计划、工程施工主要周转材料配置计划、施工机具配置计划、测量器具配置计划等。

(5)主要施工方法

施工组织总设计要制订一些单位(子单位)工程和主要分部(分项)工程所采用的施工方法。这些工程通常是建筑工程中工程量大、施工难度大、工期长、对整个项目的完成起关键作用的建(构)筑物,以及影响全局的主要分部(分项)工程。

制订主要工程项目施工方法是为了进行技术和资源的准备工作,同时也为了施工进程的顺利开展和现场的合理布置,对施工方法的确定要兼顾技术工艺的先进性和可操作性以及经济上的合理性。

①施工组织总设计应对项目涉及的单位(子单位)工程和主要分部(分项)工程所采用的施工方法进行简要说明。

②对脚手架工程、起重吊装工程、临时用水用电工程、季节性施工等专项工程所采用的施工方法应进行简要说明。

(6)施工总平面布置

①施工总平面布置的原则:

a.平面布置科学合理,施工场地占用面积少。

b.合理组织运输,减少二次搬运。

c.施工区域的划分和场地的临时占用应符合总体施工部署和施工流程的要求,减少相互干扰。

d.充分利用既有建(构)筑物和既有设施为项目施工服务,降低临时设施的建造费用。

e.临时设施应方便生产和生活,办公区、生活区和生产区宜分离设置。

f.符合节能、环保、安全和消防等要求。

g.遵守当地主管部门和建设单位关于施工现场安全文明施工的相关规定。

②施工总平面布置图的编制要求。施工总平面布置应按照项目分期(分批)施工计划进行布置,并绘制总平面布置图。一些特殊的内容(如现场临时用电、临时用水布置等),在总平面布置图不能清晰表示时,也可单独绘制平面布置图。

平面布置图绘制应有比例关系,各种临时设施应标注外围尺寸,并应有文字说明。应根据项目总体施工部署,绘制现场不同施工阶段(期)的总平面布置图;施工总平面布置图的绘制应符合国家相关标准要求并附必要说明。

③施工总平面布置图的内容。现场所有设施、用房应由总平面布置图表述,避免采用文字叙述的方式,图中应包含下列内容:

a.项目施工用地范围内的地形状况。

b.全部拟建的建(构)筑物和其他基础设施的位置。

c.项目施工用地范围内的加工设施、运输设施、存储设施、供电设施、供水供热设施、排水排污设施、临时施工道路和办公、生活用房等。

d.施工现场必备的安全、消防、保卫和环境保护等设施。

e.相邻的地上、地下既有建(构)筑物及相关环境。

2)单位工程施工组织设计

(1)工程概况

工程概况的内容应尽量采用图表进行说明,应包括工程主要情况、各专业设计简介和工程施工条件等,主要包括下列内容:

①工程名称、性质和地理位置。

②工程的建设、勘察、设计、监理和总承包等相关单位的情况。

③工程承包范围和分包工程范围。

④施工合同、招标文件或总承包单位对工程施工的重点要求。

⑤其他应说明的情况。

（2）施工部署

工程施工目标应根据施工合同、招标文件以及本单位对工程管理目标的要求确定，包括进度、质量、安全、环境和成本等目标。各项目标应满足施工组织总设计中确定的总体目标。

施工部署中的进度安排和空间组织应符合下列规定：

①工程主要施工内容及其进度安排应明确说明，施工顺序应符合工序逻辑关系。施工部署应对本单位工程的主要分部（分项）工程和专项工程的施工作出统筹安排，对施工过程的里程碑节点进行说明。

②施工流水段应结合工程具体情况进行划分。单位工程的划分一般按照《公路工程建设项目概算预算编制办法》（JTG 3830—2018），将公路工程划分为路基工程、路面工程、桥梁涵洞工程、隧道工程、交叉工程、交通工程及沿线设施、临时工程、绿化及环境保护工程、其他工程9个项目。施工流水段划分应根据工程特点及工程量进行合理划分，并应说明划分依据及流水方向，确保均衡流水施工。

③应对工程施工的重点和难点进行分析，包括组织管理和施工技术两个方面。工程的重点和难点对于不同工程和不同企业具有一定的相对性，某些重点、难点工程的施工方法可能已通过有关专家论证成为企业工法或企业施工工艺标准，此时企业可直接引用。重点、难点工程的施工方法选择应着重考虑影响整个单位工程的分部（分项）工程，如工程量大、施工技术复杂或对工程质量起关键作用的分部（分项）工程。

④工程管理的组织机构形式应按照《建筑施工组织设计规范》（GB/T 50502—2009）的规定执行，并确定项目经理部的工作岗位设置及其职责划分。

⑤对工程施工中开发和使用的新技术、新工艺应作出部署，对新材料和新设备的使用应提出技术及管理要求。

⑥对主要分包工程施工单位的选择要求及管理方式应进行简要说明。

（3）施工进度计划

单位工程施工进度计划应按照施工部署的安排进行编制。施工进度计划是施工部署在时间上的体现，反映了施工顺序和各个阶段工程进展情况，应均衡协调、科学安排。

施工进度计划可采用网络图或横道图表示，并附必要说明。一般工程编制横道图即可，对工程规模较大、工序比较复杂的工程宜采用网络图表示，可通过对各类参数的计算，找出关键线路，选择最优方案。

（4）施工准备与资源配置计划

施工准备应包括技术准备、现场准备和资金准备等。

①技术准备应包括施工所需技术资料的准备、施工方案编制计划、试验检验及设备调试工作计划等。

a.主要分部（分项）工程和专项工程在施工前应单独编制施工方案。施工方案可根据工程进展情况，分阶段编制完成；对需要编制的主要施工方案应制订编制计划。

b.试验检验及设备调试工作计划应根据现行规范、标准中的有关要求及工程规模、进度等实际情况制订。

②应根据现场施工条件和实际需要,准备现场生产、生活等临时设施。

③应根据施工进度计划编制资金使用计划。

资源配置计划应包括劳动力配置计划和物资配置计划等。

①劳动力配置计划应包括下列内容:

a.确定各施工阶段用工量。

b.根据施工进度计划确定各施工阶段劳动力配置计划。

②物资配置计划应包括下列内容:

a.主要工程材料和设备的配置计划应根据施工进度计划确定,包括各施工阶段所需主要工程材料、设备的种类和数量。

b.工程施工主要周转材料和施工机具的配置计划应根据施工部署和施工进度计划确定,包括各施工阶段所需主要周转材料、施工机具的种类和数量。

(5)主要施工方案

单位工程应按照《公路工程质量检验评定标准 第一册 土建工程》(JTG F80/1—2017)中分部(分项)工程的划分原则,对主要分部(分项)工程制订施工方案。

对脚手架工程、起重吊装工程、临时用水用电工程、季节性施工等专项工程,采用的施工方案应进行必要的验算和说明。

(6)施工现场平面布置

施工现场平面布置图应参照《建筑施工组织设计规范》(GB/T 50502—2009)的规定并结合施工组织总设计,按不同施工阶段分别绘制。

施工现场平面布置图应包括下列内容:

①工程施工场地状况;

②拟建建(构)筑物的位置、轮廓尺寸等;

③工程施工现场的加工设施、存储设施、办公和生活用房等的位置和面积;

④布置在工程施工现场的垂直运输设施、供电设施、供水供热设施、排水排污设施和临时施工道路等;

⑤施工现场必备的安全、消防、保卫和环境保护等设施;

⑥相邻的地上、地下既有建(构)筑物及相关环境。

3)施工方案

(1)工程概况

工程概况应包括工程主要情况、设计简介和工程施工条件等。

①工程主要情况应包括分部(分项)工程或专项工程名称,工程参建单位的相关情况,工程的施工范围,施工合同、招标文件或总承包单位对工程施工的重点要求等。

②设计简介应主要介绍施工范围内的工程设计内容和相关要求。

③工程施工条件应重点说明与分部(分项)工程或专项工程相关的内容。

(2)施工安排

施工安排包括施工目标、施工顺序的确定,重点、难点工程主要管理和技术措施,工程管理组织机构及岗位职责等。

①工程施工目标包括进度、质量、安全、环境和成本等目标,各项目标应满足施工合同、招标文件和总承包单位对工程施工的要求。

②工程施工顺序及施工流水段应在施工安排中确定。

③应针对工程的重点和难点,进行施工安排并简述主要管理和技术措施。

④工程管理的组织机构及岗位职责应在施工安排中确定并应符合总承包单位的要求。根据分部(分项)工程或专项工程的规模、特点、复杂程度、目标控制和总承包单位的要求设置项目管理机构。该机构应配备齐全各种专业人员,完善项目管理网络,建立健全岗位责任制。

（3）施工进度计划

分部(分项)工程或专项工程施工进度计划应按照施工安排,并结合总承包单位的施工进度计划进行编制。施工进度计划的编制应内容全面、安排合理、科学实用,在进度计划中应反映出各施工区段或各工序之间的搭接关系、施工期限和开始、结束时间。同时,施工进度计划应能体现和落实总体进度计划的目标控制要求,并通过编制分部(分项)工程或专项工程进度计划进而体现总进度计划的合理性。

施工进度计划可采用网络图或横道图表示,并附必要说明。

（4）施工准备与资源配置计划

施工准备应包括下列内容:

①技术准备:包括施工所需技术资料的准备、图纸深化和技术交底的要求、试验检验和测试工作计划以及与相关单位的技术交接计划等。

②现场准备:包括生产、生活等临时设施的准备以及与相关单位进行现场交接的计划等。

③资金准备:编制资金使用计划等。

资源配置计划应包括下列内容:

①劳动力配置计划:确定工程用工量并编制专业工种劳动力计划表。

②物资配置计划:包括工程材料和设备配置计划、周转材料和施工机具配置计划,以及计量、测量和检验仪器配置计划等。

（5）施工方法及工艺要求

施工方法是指工程施工期间所采用的技术方案、工艺流程、组织措施、检验手段等。它直接影响施工进度、质量、安全以及工程成本,其内容应比施工组织总设计和单位工程施工组织设计的相关内容更细化,主要包括:

①对易发生质量通病、易出现安全问题、施工难度大、技术含量高的分项工程(工序)等应作出重点说明。

②对工程中推广应用的新技术、新工艺、新材料和新设备,可以采用目前国家和地方推广的,也可以根据工程具体情况由企业创新。对企业创新的技术和工艺,要制订理论和试验研究实施方案,并组织鉴定评价。

③根据施工地点的实际气候特点,提出具有针对性的施工措施。施工过程中,还应根据气象部门的预报资料,对具体措施进行细化。

4) 施工管理计划

《建筑施工组织设计规范》(GB/T 50502—2009)对施工管理计划作了如下解释和规定:施工管理计划应包括进度管理计划、质量管理计划、安全管理计划、环境管理计划、成本管理计划以及其他管理计划等内容。施工管理计划在目前多作为管理和技术措施编制在施工组织设计中,这是施工组织设计必不可少的内容。施工管理计划涵盖很多方面的内容,可根据工程的具体情况加以取舍。编制施工组织设计时,各项管理计划可单独成章,也可穿插在施工组织设计的相应章节中。各项管理计划的制订,应根据项目的特点有所侧重。

思考练习题

1.《建筑施工组织设计规范》(GB/T 50502—2009)是如何定义施工组织设计的?

2.施工组织设计按编制对象可分为哪几种?

3.什么是进度管理计划、质量管理计划、成本管理计划、安全管理计划、环境管理计划?

4.什么是施工资源、施工现场平面布置?

5.我国工程项目建设程序可归纳为哪 4 个阶段?

6.施工组织设计的编制应符合什么原则?

7.施工组织设计的编制依据是什么?

8.施工组织设计应由谁负责编制,谁审批?

9.《公路水运工程安全生产监督管理办法》(交通运输部令 2017 年第 25 号)中规定,施工单位应当对哪些危险性较大的工程编制专项施工方案?专项施工方案经谁同意签字后实施,由谁进行现场监督?

10.施工组织设计应实行动态管理,在什么情况下,应及时进行修改或补充?

11.公路基本建设的三要素是什么?

12.公路施工组织设计的任务是什么?

13.简述施工组织设计的分类及其内容。

14.施工管理计划应包括哪些内容?

项目3 公路工程施工组织设计资料调查

由于公路施工产品类型多、投资巨大、生产周期长、受外界及自然因素影响大、需要协调的问题复杂，因此要编制出切实可行的公路工程施工组织设计。施工前必须掌握准确可靠的原始资料，有计划、有步骤地认真做好原始资料的调查、收集和分析工作。在此基础上，才能正确地制订施工方案、合理地安排施工进度，才能科学地做好各项资源供应和施工现场部署工作。

编制设计阶段的施工组织设计文件所进行的原始资料调查，是在公路勘察设计阶段由勘察设计单位组成的调查组，与公路勘察设计资料调查同时进行的。编制施工阶段的施工组织设计文件所进行的原始资料调查，是在公路施工项目投标前或公路施工准备阶段，由施工单位组成的调查组，结合公路工程招标文件或签订的公路工程施工合同进行实地勘察或复核定线工作进行的，是对设计阶段调查结果的复核和补充。设计阶段和施工阶段的调查方法和内容基本相同，都要深入现场，通过实地勘察、座谈访问、查阅历史资料，并采取必要的测试手段获得所需数据和资料，但是深度有所不同。

资料调查工作的基本要求是：访问有记录、座谈有纪要、协商有协议、调查有证明、国家政策有文件。同时要特别注意资料的真实性、可靠性、科学性和时效性。

3.1 自然条件调查

1) 地形、地貌调查

地形、地貌调查重点是对工程沿线、大中桥位、隧道、附属加工厂、大型土石方地段、工程困难地段的地形、地貌展开调查。调查资料可作为选择施工用地、布置施工平面图、规划临时设施、掌握障碍物及其数量等的依据。

2) 工程地质调查

工程地质调查是通过实验、观察和地质勘探等手段，确定工程沿线的地质情况（包括地层构造、土质的类别及土层厚度、土的性质、承载力及地震级别等）。调查资料用于选择路基土石方施工方法、复核地基基础设计及其施工方案、确定特殊路基处理措施、选定自采加工材料的料场、制订障碍物的拆除计划等。

3) 水文地质调查

（1）地下水文

地下水文调查包括地下水的最高、最低水位，地下水的水质分析及化学成分分析，地下水对基础有无冲刷、侵蚀影响等。调查资料用于判定水质及其侵蚀性质和施工注意事项、研究确定降低地下水位的措施、选择基础施工方案、复核地下排水设计。

（2）地面水文

地面水文调查包括临近江河湖泊距施工现场的距离，汛期和枯水期地面水的最高水位、流量及航道深度，水质分析等。调查资料用于制订水下工程施工方案、确定施工季节、复核地面排水设计、确定临时供水的措施。

4）气象资料调查

（1）降雨

降雨调查包括全年的降雨量、雨季期、日最大降雨量、年雷暴日数等。调查资料用于确定雨期施工措施、工地排水及防洪方案，确定全年施工作业的有效工作天数及桥涵下部构造的施工季节。

（2）气温

气温调查包括冬季最低气温、冬季期月数、夏季最高气温及全年平均气温。调查资料用于确定冬期施工项目及防冻措施，夏季防暑降温措施，估计混凝土、水泥砂浆的强度增长情况，选择水泥混凝土工程、路面工程及砌筑工程的施工季节。

（3）风力及风向

风力及风向调查包括当地最大风力、主导风向、风速及大风季节。调查资料用于布置临时设施，确定高空作业及吊装的方案与安全措施。

5）其他自然条件调查

其他自然条件的调查包括地震、泥石流、滑坡等。调查它们对基础和路基的影响，以便采取专门的施工保障措施。

3.2　施工条件调查

1）建设地区的能源及生活物资供应调查

能源一般指水源、电源、燃料资源等。调查内容主要有施工及生活用水与当地的水源间的距离、地点、水压、水质及水费等，施工及生活用电的电源位置、路径、容量、电压及电费等，施工及生活用物资、燃料的供应及价格情况等。

2）建设地区的交通运输条件调查

交通运输方式主要有公路、铁路、航空、管道、水运等。调查内容主要有公路沿线及邻近地区的铁路、公路、河流的位置，车站、码头到工地的距离和卸货与储存能力，装卸费和运杂费的标准，公路与桥梁的最大承载力，航道的运输能力，当地汽车修理厂的情况及水平，民间运输能力。

3）筑路材料调查

此类调查资料可作为确定筑路材料的供应计划、加工方式、储存和堆放场地及建造临时设施的依据。调查的内容主要包括以下两个方面：

（1）外购材料

外购材料调查包括调查外购材料的供应及发货地点、规格、单价、可供应数量，运输方式及运输费用等。

（2）地方材料

地方材料调查包括调查地方材料的产地、分布情况、质量、单价、运输方式、运输距离及运输费用等。

（3）自采加工材料

自采加工材料调查包括调查自采加工材料的料场分布、料场选择、加工场地位置、可开采数量、运距等。

4) 供水、供电、通信情况调查

供水情况调查包括施工当地供水位置、供水数量、水压、水质、水费，输水管道的长度或工地自选水源的可能性，其水质、引水方式、投资费用及设施。对于供电，应了解当地电源供电的位置、容量、电压、电费、每月停电次数，如需自行发电，还应了解发电设备、燃料、投资费用等。对于通信，应了解当地邮电机构设置和通信能力的情况。若当地有能力为施工提供水、电及通信服务，应签订相应的协议书，便于有关部门提前做好准备。

5) 劳动力及生活设施调查

此类调查资料是制订劳动力安排计划、建造临时设施的依据。调查的内容主要包括以下3个方面：

（1）劳动力

劳动力调查主要指调查公路沿线可利用的劳动力数量、技术水平，还应了解当地民风民俗、村规民约等情况。

（2）生活设施

生活设施调查包括调查公路沿线有无可利用的房屋，面积有多大；可供作临时施工用房的地点、面积、设备情况；公路沿线的文化教育、生活、医疗、消防、治安情况及其支援能力。

（3）环境条件

环境条件调查主要指调查公路沿线、工地附近有无有害气体、液体、污水及地方性疾病等。

6) 建筑基地情况调查

调查的内容包括建设地区附近有无商品混凝土搅拌站和预制构件厂，有无建筑机械化基地、机械租赁站及修配厂，有无木材加工厂、采石厂、金属结构及配件加工厂等。调查资料可用作确定构配件、半成品及成品等货源的加工供应方式和运输组织计划的依据。

3.3　施工单位能力调查

在公路设计阶段，施工单位尚不明确，应向建设单位调查落实施工单位的情况。对施工单位，主要调查其施工能力，如施工技术人员数量及类别、施工工人人数及水平、机械设备的装备情况、施工单位的资质等级及近几年的施工业绩等。对实行招投标的工程，在设计阶段一般不能明确施工单位。编制施工组织设计时，应从工程设计的角度出发，提出优化的、最合理的意见作为依据。在施工阶段，施工单位已确定，则施工单位能调动的施工力量及技术装备水平，都是编制施工组织设计的依据。

3.4 施工干扰因素调查

在施工项目组织管理过程中,会不断受到各种不利因素的干扰,这些干扰因素有随时发生的可能性,影响项目的实施和控制目标的实现。这些干扰因素多来自施工过程中的以下5个方面。

1)人为的干扰因素

人为的干扰因素主要包括项目管理者的决策失误,如计划不周、指挥不当、监控不力、责任不清、信息沟通不及时、施工组织计划制订不合理、按标准执行检查检验不到位或力度不够、缺乏责任性、缺乏施工经验等。总之,人是项目的核心和管理的主体,人是最主要的施工干扰因素。

2)材料的干扰因素

材料的干扰因素包括材料的品种、数量、规格不符合设计要求,材料的质量未达标,供应不及时,市场价格波动,材料进入现场后抽检试验环节出现问题,材料堆放、储存、使用不当,以及预制品构件在原材料、制作、检验、运输、保护时限、使用过程中出现的问题等。

3)机械设备的干扰因素

机械设备的干扰因素包括进场之初主要设备选用决策不当,到位不及时,维修保养不当以致故障频发,盲目或违规操作,缺乏统一协调指挥而导致的质量或安全事故,机械设备数量不能满足生产需要,使用效率低下等。

4)资金方面的干扰因素

资金方面的干扰因素主要包括施工过程中资金不能及时到位,工人工资不能按时足额发放而影响工作积极性;材料款不到位,影响材料的按时供应导致延误工期、造成窝工;重要工序由于"停工待料",不能按进度计划执行,严重者甚至造成重大质量隐患或返工,引起人力、资金的二次损耗,造成工程施工的恶性循环。

5)环境方面的干扰因素

环境方面的干扰因素主要是指施工当地恶劣的气候条件、地质条件,导致工程不能按计划正常进展。场地狭窄、征地范围受限而导致的工作面不能完全展开,生产能力未能得到充分的发挥,以及在施工过程中所应注意的环保、交通、文物保护等问题。

思考练习题

1.公路工程施工组织设计资料调查工作的基本要求是什么?

2.自然条件调查包括哪些内容?

3.施工条件调查包括哪些内容?

4.施工单位能力调查包括哪些内容?

5.施工干扰因素来自施工过程的哪些方面?

项目 4　施工方案的确定

施工方案是指对工、料、机等生产要素所作的总体设想和安排。施工方案是编制施工组织设计首先要考虑的问题,也是决定其他内容的基础。施工方案的好坏,在很大程度上决定了施工组织设计的编制质量。因此,确定一个先进合理、切实可行的施工方案,是公路工程施工组织设计重要的内容。

4.1　施工方案的选择

1)选择施工方案的基本要求

①切实可行。制订施工方案首先必须从实际出发,一定要符合当前的实际情况,有实现的可能性。

②满足合同要求的工期。施工方案必须保证竣工时间符合业主和合同规定的要求,并争取提前完成。

③确保工程质量和施工安全。制订施工方案应充分考虑工程质量和施工安全,并提出保证工程质量和施工安全的技术组织措施,使施工方案完全符合技术规范和安全规程的要求。

④施工费用最低。在制订施工方案时,尽量采用降低施工费用的一切正当、有效的措施,使工料消耗和施工费用降到最低。

2)施工方案选择的内容

施工方案包括的内容很多,概括起来主要有施工顺序的安排、施工方法的确定、施工机械的选择、施工作业的组织 4 个方面。前两项属于施工方案的技术方面的内容,后两项属于施工方案的组织方面的内容。

4.2　施工方法的确定

施工方法是施工方案的核心内容,它对工程的实施具有决定性的作用。施工方法在技术上必须保证工程质量、提高劳动生产率、加快施工进度及充分利用施工机械的要求,做到技术上先进、经济上合理。因此,选择施工方法应考虑以下 5 个方面的问题:

①必须具备实现的可能性。

②应满足合同工期的要求。

③应进行多种可能方案的经济比较,力求降低成本。

④应能够保证施工质量和安全。

⑤应尽量采用机械化施工,提高机械化施工水平,以便加快施工进度。

在遵循以上要求的基础上,科学、合理地选择施工方法,采用现代化的施工技术和管理手段,使工程项目取得更好的经济效果。

4.3　施工顺序的安排

施工顺序的安排是编制施工方案的主要内容。施工顺序安排得好,可以加快施工进度,减少人工和机械的停歇时间,并能充分利用工作面,避免施工干扰,达到科学地、均衡地、连续地施工。安排施工项目的施工顺序,应遵循和考虑以下 6 个方面的问题:

①首先要考虑影响全局的关键工程的合理施工顺序。

②统筹考虑各分部、分项工程之间的关系。

③考虑施工顺序对施工质量的影响。

④安排施工顺序必须符合施工工艺要求。

⑤考虑当地的气候条件和水文要求。

⑥合理安排施工顺序,缩短工期、降低成本。

4.4　施工机械的选择

施工方法一经确定,机械设备的选择就应以满足施工方法的要求为基本原则,而正确选择施工机械能使施工方法更为先进、合理。因此,施工机械的选择,在很大程度上决定了施工方案的优劣,所以施工机械选择时应注意以下 6 个方面。

1)根据施工条件选择机械的类型

选择施工机械必须符合施工现场的地质、地形等条件及施工进度等要求,这是合理选择施工机械的重要依据。

2)在施工企业可供的范围内选择

尽管某种施工机械在各方面都很合适,但该施工企业没有或购置不划算,就不能作为可选择的方案。

3)根据经济性原则来选择施工机械

施工机械在使用过程中有损耗费、运行费。为了减少施工过程中发生的费用,不能大机小用,不能使用多功能的机械设备来完成单一的工作,一定要以满足施工需要为目的。

4)遵循主导施工机械和辅助施工机械合理配合的原则

选择施工机械时,一定要保证主导施工机械的充分利用,再来配置辅助施工机械。如在土方工程施工中,使用单斗挖掘机挖土时,需要配置几台自卸汽车运输,自卸汽车的数量必须保证挖掘机连续不断地工作而不致因等车造成停歇。同时,自卸汽车的数量也必须与挖掘机单斗容量相匹配,以保证充分发挥挖掘机的效力。

5）从全局出发,统筹考虑选择施工机械

从全局出发就是不仅考虑本项工程施工的需要,也要考虑所承担的同一施工现场其他工程施工的需要。

6）购置机械和租赁机械的选择

根据工程量的大小与企业资金情况,对施工需要的机械是购置还是租赁,要进行比较选择。

4.4.1　路基工程施工主要机械设备的配置

1）配置种类

路基工程施工机械设备主要包括推土机、装载机、挖掘机、铲运机、平地机、压路机、凿岩机及石料破碎和筛分设备,应根据工程的作业要求,选择不同的机械设备。

2）根据作业内容选择施工机械

①对于清基和料场准备等路基施工前的准备工作,选择的机械与设备主要有推土机、挖掘机、装载机和平地机等;遇有沼泽地段的土方挖运任务,应选用湿地推土机。

②对于土方开挖工程,选择的机械与设备主要有推土机、装载机、挖掘机、铲运机和自卸汽车等。

③对于石方开挖工程,选择的机械与设备主要有挖掘机、推土机、移动式空气压缩机、凿岩机、爆破设备等。

④对于土石填筑工程,选择的机械与设备主要有推土机、铲运机、羊足碾、压路机、洒水车、平地机和自卸汽车等。

⑤对于路基整形工程,选择的机械与设备主要有平地机、推土机和挖掘机等。

4.4.2　路面基层施工主要机械设备的配置

1）选型及组合原则

①达到计划生产量,确保工期。

②充分利用主机的生产能力。

③主导机械与辅助机械及运输工具之间的工作能力要保持平衡,使机械得到合理的配合利用。

④进行比较和核算,使机械设备经营费用降到最低。

2）机械配置

①基层材料的拌和设备:集中拌和(厂拌)采用成套的稳定土拌和设备,现场拌和(路拌)采用稳定土拌和机。

②摊铺平整机械:拌和料摊铺机、平地机、石屑或厂料撒布车。

③装运机械:装载机和运输车辆。

④压实设备:压路机。

⑤清除设备和养护设备:清除机、洒水车。

4.4.3　沥青路面施工主要机械设备的配置

1) 沥青混凝土搅拌设备的配置

根据工作量和工期选择设备的生产能力和移动方式,一般生产能力要相当于摊铺能力的 70% 左右。沥青混合料拌和厂一般包括原材料存放场地、沥青储存及加热设备、搅拌设备、试验室及办公用房。高等级公路一般选用生产量高的强制间歇式沥青混凝土搅拌设备。高等级公路路面的施工机械应优先选择自动化程度较高和生产能力较强的机械,以摊铺、拌和为主导机械,并与自卸汽车、碾压设备配套作业,通过优化组合,使沥青路面施工全部实现机械化。

2) 沥青混凝土摊铺机的配置

通常每台摊铺机的摊铺宽度不宜超过 7.5 m,可以按照摊铺宽度选用、确定摊铺机的台数。

3) 沥青路面压实机械配置

沥青路面压实机械配置有光轮压路机、轮胎压路机和双轮双振动压路机。

4.4.4　水泥混凝土路面施工主要机械设备的配置

水泥混凝土路面施工设备主要有混凝土搅拌楼、装载机、运输车、布料机、挖掘机、吊车、滑膜摊铺机、整平梁、拉毛养护机、切缝机、洒水车等,通常按施工方法配置。

(1) 滑膜式摊铺施工

水泥混凝土搅拌楼容量应满足滑膜摊铺机施工速度 1 m/min 的要求;高等级公路施工宜选配宽度为 7.5~12.5 m 的大型滑膜摊铺机;远距离运输宜选混凝土运输车;可配备一台轮胎式挖掘机辅助布料。

(2) 轨道式摊铺施工

除水泥混凝土生产和运输设备外,还要配备卸料机、摊铺机、振捣机、整平机、拉毛养护机等。

4.4.5　桥梁工程施工主要机械设备的配置

1) 通用施工机械

①常用的有各类吊车、各类运输车辆和自卸汽车等。

②桥梁工程的混凝土生产与运输机械主要有混凝土搅拌站、混凝土运输车、混凝土泵和混凝土泵车。

2) 下部施工机械

①预制桩施工机械:常用的施工设备有蒸汽打桩机、液压打桩机、振动沉拔桩机、静压沉桩机等。

②灌注桩施工机械:根据施工方法的不同配置不同的施工机械。

a.全套管施工法:相应配置全套管钻机。

b.旋转钻施工法:相应配置有钻杆旋转机和无钻杆旋转机(潜水钻机)。

c.旋挖钻孔法:相应配置旋挖钻孔机。

d.冲击钻孔法:相应配置冲击钻机。

e.螺旋钻孔法:相应配置螺旋钻孔机。

3)上部施工机械

①顶推法:主要施工设备有油泵车、大吨位千斤顶、导向装置等。

②滑模施工方法:主要施工设备有滑移模架、卷扬机油泵、油缸、钢模板等。

③悬臂施工方法:主要施工设备有吊车、悬挂用专门设计的挂篮设备等。

④预制吊装施工方法:主要施工设备有各类吊车或卷扬机、万能杆件、贝雷架等。

⑤满堂支架现浇法:主要施工设备有各类万能杆件、贝雷架和各类轻型钢管支架等。

另外,对跨海大桥的施工需配置相应的专业施工设备,如打桩船、浮吊、搅拌船等。

4.4.6　隧道工程施工主要机械设备的配置

1)不同施工方法的机械配置不同

由于隧道的类型不同,使用施工机械也不相同,有的隧道使用一般的土石方机械即可施工,有的隧道需使用专用施工机械,如使用全断面掘进机(TBM)、壁式掘进机、液压冲击锤等。盾构法施工盾构的形式多样,按开挖方式的不同,可分为手工挖掘式、半机械挖掘式、机械化挖掘式3种;机械化盾构也有多种形式,主要有刀盘式、行星轮式、铲斗式、钳爪式、铣削壁式和网格切割式盾构。所以,根据施工方法的不同,需配备不同的设备,下面主要介绍暗挖施工法的机械配置。

2)暗挖施工法的机械配置

①钻孔机械:风动凿岩机、液压凿岩机、凿岩台车。

②装药台车。

③找顶及清底机械。

④初次支护机械:锚杆台车、混凝土喷射机、混凝土喷射机械手。

⑤注浆机械:钻孔机、注浆机。

⑥装渣机械:轮胎式装载机、履带式装载机、扒爪装岩机、铲斗装岩机。

⑦运输机械:自卸汽车、矿车。

⑧二次支护衬砌机械:模板衬砌台车(混凝土搅拌站、搅拌运输车、混凝土运输泵)。

4.5　公路工程施工方案编制要点

4.5.1　路基工程施工方案编制要点

路基工程施工组织设计重点考虑以下内容:确定施工方法和土方调配,编制施工进度计划,编制工地运输施工组织计划,确定各工程队施工所需的机械数量。

(1)土方调配

根据路基横断面计算出土石方的"断面体积",经复核后,即可进行土石方调配。调配时需考虑技术经济条件,尽量在经济合理的范围内移挖作填,使路堑和路堤中土石方数量达到平衡,减少废方与借方。在全部土石方合理调配后,即可得出路基土石方施工方数量。

在平原地区的路基施工中,路基填方为主导工序,土方调配应重点处理好摊铺、碾压以及与桥涵施工的关系,做到分段施工,使工作面得到充分利用。

(2)施工方法的选择

按照土的种类、土方数量、运距、施工机械等具体条件,并根据工程期限和各种施工方法的技术经济指标来确定施工方法,正确地选用土方机械。土方调配与施工方法的选择密切相关,互为影响,必须同时考虑,最后的调配结果应与所选用机械的经济运距相适应。

(3)施工进度计划的编制

施工方法和土方调配确定以后,即可计算得出路基工程的施工方数量,然后根据所采用的施工定额,求出劳动力的工日数量和施工机械的台班数量。其次,根据路基工程的施工期限安排工地的施工日期和施工程序,将路基土石方专业施工队所承担的施工地段具体按各种土方施工机械(如推土机、铲运机、挖土机等)所施工的地段划分为施工分段。该施工分段将开挖路堑与填土路堤的地点规划在一段,成为完整的挖、运、填、压的工作循环。

对于高填深挖大量集中的重点土石方工程,须详细进行所选定的不同施工方法的开挖设计和填筑设计,并绘制每一工作循环的平面布置略图。此外,还应编制工人和机具的供应计划,以及筹划所需的机具修理、水电供应和施工所需的其他办公与生活用品的供应组织,以保证工程的顺利开展。

4.5.2 路面工程施工方案编制要点

在确定施工方案和进度计划时,除了与施工组织总设计内容基本相同外,还要根据路面工程自身特点,充分考虑以下因素:

①路面各结构层的质量检验和材料准备以及实验路段。在施工组织设计时,要考虑进行各个结构层的质量检验。考虑好路面材料的采购、场外运输、试验路段的铺筑,以便获取数据。

②按均衡流水法组织施工。路面工程各结构层之间的施工采用线性流水作业方式。在编制施工组织设计的进度计划时,应考虑路面工程施工工序之间的逻辑关系。各结构层的施工可以采用搭接流水方式以加快施工进度。因此,要分析各结构层之间的施工进度,根据施工进度选择搭接类型[前道工序进度快于后道工序时选用开始到开始(STS)的类型,否则用完成到完成(FTF)的类型],并根据各结构层施工进度和所需要的工作面大小计算搭接时距,同时还要考虑各结构层进行质量检验所需的时间等。

③路面与基底统筹兼顾。

④路面施工的特殊技术要求。路面的各种结构层有其特殊的技术要求,以及各种"缝"的施工要求和注意事项。特别注意对于沥青结构层和水泥混凝土结构层的技术要求,以及设备的配置与施工时间的关系。

⑤布置好堆料点、运料线、行车路线。由于路面用料数量很大,且对各结构层的平整度有一定的要求,所以对于堆料地点、运料路线以及机械的行驶路线都应予以适当的规定,即做好工地运输组织。

⑥主要施工机械的数量和规格。拌和设备的生产能力与材料的初凝时间或者温度要求应相适应,从而决定机械的数量和规格等。例如,所需的机械设备有摊铺集料设备、拌和设备(路

拌)、整形设备、碾压设备、养护设备。应注意在时间上是否能衔接上。

⑦劳动力、其他设备、材料供应计划。

4.5.3 桥涵工程施工方案编制要点

桥涵工程包括基础及下部构造、上部构造、防护工程、引道工程等分部工程。每个分部工程又分为若干个分项工程,如基础及下部构造分为明挖基础、桩基、管柱、承台、沉井、桩的制作、钢筋加工安装、墩台安装等分项工程。

桥涵工程施工方法与施工顺序在结构设计时已基本确定。例如,桥梁主体工程包括下部工程、上部建筑以及附属工程(河床加固、锥体护坡等)。例如,桥墩(台)的施工顺序为挖基、立模板、基础片石混凝土、基础回填土、墩(台)身混凝土、绑扎钢筋、墩(台)帽混凝土、锥坡填土、浆砌片石护坡。又如,涵管的施工顺序为挖基、砌基础、安装管节、砌洞口、防水层、进出口铺砌、回填土。

桥梁的下部施工时,如果设备或模板数量有限,可采用流水施工方式组织施工。当采用流水施工时,应注意流水施工的相关时间参数,如流水节拍、流水步距、技术间隙时间等。

4.5.4 隧道工程施工方案编制要点

隧道工程施工方案的编制,除了与施工组织总设计内容基本相同外,还要根据隧道工程施工的自身特点,重点考虑以下内容。

1)洞口场地平面布置

以洞口为中心的施工场地总平面布置应注意结合工程规模、工期、地形特点、弃渣场和水源等情况,本着因地制宜、充分利用地形、合理布置、统筹安排的原则进行,并应符合下列要求:

①以洞口为中心,布置施工场地。施工场地应事先规划,分期安排,并减少与现有道路的交叉与干扰。

②铺道运输的弃渣线、编组线和联络线,应形成有效的循环系统。

③长隧道洞外应有大型机械设备安装、维修和存放的场地。

④机械设备、附属车间、加工场地应相对集中。仓库应靠近公路,并设有专用线。

⑤合理布置大堆材料(砂石料)、施工备用品及回收材料堆放场地位置。

⑥生活服务设施应集中布置在宿舍、保健和办公用房附近。

⑦运输便道、场区道路和临时排水设施等,应统一规划,做到合理布局,形成网络。

⑧危险品库房按有关安全规定办理。

2)不同岩层段的开挖和出渣方案及方法

编制山岭公路隧道时,确定掘进循环进尺时注意下列问题:

①掘进需考虑的有关因素:围岩类别、机具设备、隧道月掘进进尺要求。

②在有大型机具设备的条件下进尺的选择:软弱围岩开挖时,爆破开挖一次进尺不能过大,应控制在一定的范围内;中硬度及以上的完整围岩开挖时,一般可采用深孔爆破,适当增加进尺以加快进度;坚硬完整的围岩开挖时,应根据周边炮眼的外插角及允许超挖量确定其进尺。

③钻爆作业设计。

④风、水、电等临时设施的设计:在编制隧道工程施工组织设计时,可选用的机械通风方式有风管式、风墙式、巷道式。

⑤弃渣场设计。

⑥劳动力组织与计划。

⑦施工机具设备配置与劳动组织。

⑧施工监测分析系统的设计与组织。

思考练习题

1.什么是施工方案? 选择施工方案的基本要求有哪些?

2.施工方案包括哪4个方面?

3.选择施工方法应考虑哪几个方面的问题?

4.安排施工顺序应遵循和考虑的问题有哪些?

5.选择施工机械应注意的问题有哪些?

项目5 施工进度计划的编制

5.1 编制施工进度横道图

5.1.1 公路工程施工过程相关知识

1)公路工程施工过程的概念

公路工程施工过程就是生产公路建筑产品的过程,是劳动者利用劳动工具作用于劳动对象的过程,是由一系列的施工活动组成的。为了更有效地组织施工生产,必须首先研究施工过程的内容。施工生产过程的内容是相互联系的劳动过程和自然过程的结合。公路工程施工过程有两方面的含义:一是劳动过程,施工过程离不开人、材料、施工机械等;二是自然过程,如水泥混凝土的凝结硬化过程、乳化沥青分裂过程等。

根据劳动过程的性质及在基本建设中起的作用不同,可将公路工程施工过程划分为以下4种:

(1)施工准备过程

施工准备过程是指建筑产品在投入生产前所进行的全部生产技术准备工作(如可行性研究、勘察设计、施工准备等)。

(2)基本施工过程

基本施工过程是指直接为完成建筑产品而进行的生产活动,即施工现场所发生的施工活动(如路基施工、路面施工、桥涵施工等)。

(3)辅助施工过程

辅助施工过程是指为保证基本施工过程的正常进行所必需的各种辅助生产活动(如动力的生产、机械设备的维修、材料的加工等)。

(4)服务施工过程

服务施工过程是指为基本施工过程和辅助施工过程提供各种服务的过程(如原材料、成品、半成品、机具、燃料等的采购与运输等)。

2)公路工程施工过程的要素

组织公路工程施工,必须研究公路工程施工过程的最小要素,以满足施工组织、计划、控制与管理等工作的需要。

《公路工程建设项目概算预算编制办法》(JTG 3830—2018)将公路工程划分为临时工程、

路基工程、路面工程、桥梁涵洞工程、隧道工程、交叉工程、交通工程及沿线设施、绿化及环境保护工程、其他工程 9 个项目。每个项目又细分为若干个分部、分项工程。如独立大桥工程,又划分为桥头引道、基础、下部构造、上部构造、沿线设施、调治及其他工程、临时工程 7 个分部工程。

公路工程施工过程是将上述项目分部、分项工程按照施工工艺流程组织施工。为了更好地管理公路工程施工过程,使施工组织设计做得更科学、合理,原则上将施工过程依次划分如下:

(1)动作与操作

动作是指工人或施工机械在施工生产时一次完成的最基本施工活动,若干个相互关联的动作组成操作。完成一个动作所耗用的时间和占用的空间是制定定额的重要原始数据。

(2)工序

工序是指施工技术相同,在劳动组织上不可分割的施工过程,工序由若干个操作组成。从施工工艺流程看,同一工序在工人数量、施工地点、施工工具及材料等方面均不发生变化。如果上述因素中某个因素发生改变,就意味着从一道工序转入另一道工序。施工组织往往以工序为最基本对象。工序是《公路工程预算定额》(JTG/T 3832—2018)的最小子目或称工程细目,也是施工组织设计时最小的施工过程要素。

(3)操作过程

操作过程是由若干个在技术上相互关联的工序所组成的,可以相对独立完成的某一分部、分项工程。

如对整个路面工程而言,包括路槽、路肩、垫层、基层、面层等操作过程;其中垫层又包括铺筑、整平、洒水、碾压等工序;每一道工序又可分为若干个动作与操作。

3)公路工程施工过程的组织原则

影响公路工程施工过程组织的因素很多(如施工地点、施工性质、施工生产类型、建筑产品的结构、材料、施工机械设备条件、自然条件等),而施工过程的组织灵活多样,没有完全相同的模式。但是,不管施工过程的组织怎样变化,为了降低工程成本,缩短施工工期,保证工程质量,公路工程施工过程的组织都应遵守以下基本原则。

(1)施工过程的连续性

施工过程的连续性是指建筑产品的施工过程各阶段、各工序的进行在时间上是紧密衔接的,不发生各种不合理的中断现象。表现为在施工过程中,劳动生产力始终处在不停工的施工状态中,劳动对象始终处于被加工的状态中,这种加工可以是施工的状态,也可以是检验的状态,或者是自然过程(如水泥混凝土的凝结硬化)。

保持和提高施工过程的连续性,可以缩短施工工期、降低施工成本。

(2)施工过程的协调性

施工过程的协调性(也称比例性),是指建筑产品的施工过程各阶段、各工序之间,在生产能力上要保持一定的比例关系,各施工环节的工人数、生产效率、设备数量等都必须互相协调,不发生脱节和比例失调的现象(如某专业队人数多、生产能力强,造成产品过剩,而另一专业队人数少、生产能力较差、产品供应跟不上,这就属于比例失调,施工过程中应当避免)。在施工过程中,由于材料(如品种变化、货源改变等)、采用新工艺、自然因素的变化等影响,都会使实际生产能力发生变化,造成生产能力比例失调。因此,施工组织工作必须根据变化了的情况,及时采取措施,调整各种比例关系,保证施工过程的协调性。

协调性是保证施工过程能够连续进行的前提,能使施工生产过程中人力和机械设备得到充分利用,避免产品在各个施工阶段和工序之间的停顿和等待,从而缩短施工工期。

（3）施工过程的均衡性

施工过程的均衡性（也称节奏性）,是指施工过程的各个环节都要按照施工计划的要求,在一定时间内生产出相等或递增数量的产品,使各生产班组或设备的任务量保持相对稳定（即各施工段劳动量大致相等）,不发生时松时紧现象（即使用同一种材料、机械或半成品的项目不要安排在同一时间施工）。如果施工中做到均衡性,就能充分利用机械设备和工时,避免突击赶工造成的各种损失,有利于保证生产质量,降低生产成本,调配劳动力和机械设备。

实现施工生产的均衡性,必须保持生产的比例性,加强计划管理,强化生产指挥系统,做好施工技术和物资准备。

（4）施工过程的经济性

施工过程的经济性是指施工过程除了满足技术要求外,必须讲求经济效益,要用最小的劳动消耗,尽量取得较大的生产成果。如果在施工组织中做到了连续性、协调性和均衡性,就基本上实现了施工过程的经济性。

基于以上4点可以看出,连续性、协调性、均衡性和经济性是相互制约、相互关联的。施工组织过程中,连续性、协调性和均衡性安排得好,施工过程的经济性自然就能保证。在编制施工组织设计时,必须全面衡量上述4个方面的要求,根据实际情况协调安排。

5.1.2　公路工程施工基本作业方法

1）施工过程时间组织的类型

在施工过程中,把施工对象（工程项目）按自然形态或者人为地划分为若干个部分,这些部分称为施工段。根据施工段的划分数量和施工工序的分解数量,公路工程施工过程时间组织类型主要有4种:单施工段单工序型、单施工段多工序型、多施工段多工序型、混合型。

（1）单施工段单工序型

单施工段单工序型是指施工任务不能划分或不需要划分为若干个施工段,只有一个施工段,且在这单一的施工段施工时需要一道工序就完成了施工任务。这是公路工程施工过程时间组织最简单、最基本的一种类型。

（2）单施工段多工序型

单施工段多工序型是指施工任务不能划分或不需要划分为若干个施工段,只有一个施工段,在这单一的施工段施工时需要完成 $n(n>1)$ 道工序的施工过程。例如一座独立的涵洞,无法划分施工段,但需多道工序才能完成施工任务。

（3）多施工段多工序型

多施工段多工序型是指施工任务可以划分为多个施工段,每个施工段又需要完成 $n(n>1)$ 道相同工序的施工过程。例如一段线路工程,每 1~2 km 划分一个施工段,每个施工段又有几道工序完成。

（4）混合型

混合型是指在一个施工任务中,含有单施工段单工序型、单施工段多工序型和多施工段多工序型中的两种或者三种类型,这是施工过程中最常见的一种类型。

例如一项施工任务中,既有路线工程,又有独立涵洞或小桥。路线工程可划分由若干个施工段若干道工序完成,而独立涵洞或小桥只能作为一个施工段分解为若干道工序完成施工任务。此为公路工程施工过程时间组织的混合型。

2) 施工过程时间组织的基本作业方法

公路工程是线性分布的工程,具有固定性、分散性等特点。在公路工程施工组织方面,具有集中与线性分布的双重性质,且多属于多工段多工序生产组织类型。因此,施工过程时间组织是通过作业班组在施工对象间进行作业的运动方式实现的。

在公路施工过程中,公路工程施工的时间组织有 3 种基本作业方法:顺序作业法、平行作业法和流水作业法。在编制公路工程施工组织设计时,这 3 种作业方法既可以单独运用,也可以综合运用。顺序作业法、平行作业法和流水作业法既可以用横道图表示,也可以用网络图表示。下面以横道图为例讲解 3 种基本作业方法。

3) 绘制施工进度横道图

横道图是一种最简单、运用最广泛的传统进度计划管理方法,尽管有许多新的、更科学先进的进度计划管理技术,但横道图在工程建设领域的应用仍非常普遍。

横道图有两种形式,一种是横向工段式,其表头为工作(工序),横道表示施工段;另一种是横向工序式,其表头为施工段,横道表示工作(工序)。

通常,绘制的横道图表头为工作(工序)及其简要说明,即为横向工段式的施工进度横道图,项目进展表示在时间表格上。按照所表示工作的详细程度,时间单位可以为小时、天、周、月等。这些时间单位经常用日历表示,此时可表示非工作时间,如停工时间、法定假日、假期等。根据横道图使用者的要求,工作可按照时间先后、责任、项目对象、同类资源等进行排序。

横道图也可将工作简要说明直接放在横道上。横道图可将最重要的逻辑关系标注在内,但是,如果将所有逻辑关系均标注在图上,则横道图简洁性的最大优点将丧失。

横道图适用于小型项目或大型项目子项目的进度计划编制,或用于计算资源需要量和概要预示进度,也可用于其他计划技术的表示结果。

横道图计划表中的进度线(横道)与时间坐标相对应,这种表达方式较直观,易看懂计划编制的意图。但是,施工进度横道图也存在一些问题,如:

①工作(工序)之间的逻辑关系可以设法表达,但不易表达清楚。

②适用于手工编制施工进度计划。

③不易确定进度计划的关键工作、关键线路与工作时差。

④进度计划调整只能通过手工进行,其工作量较大。

⑤难以编制规模大的进度计划系统。

【案例 5.1】　4 座小涵洞的施工任务(假定 4 座小涵洞的劳动量相等,施工条件、技术配备、工程数量等完全相同)。

【分析】　4 座小涵洞按自然形态形成 4 个施工段,可把每一个施工段划分成 3 道工序,即基础、洞身、洞口。下面分别采用顺序、平行、流水 3 种基本作业方法完成该施工任务,并绘制施工进度横道图。

(1)绘制顺序作业施工进度横道图

顺序作业法是指不管施工对象划分为多少个施工段,每个施工段需要几道工序才能完成,都只组织一个施工队。这一个施工队从第一个施工段开始作业依次完成各道工序的施工任务,再转入下一个施工段依次完成各道工序的施工任务,直至完成所有施工段各道工序的施工任务的一种施工作业组织方法,如图 5.1 所示。

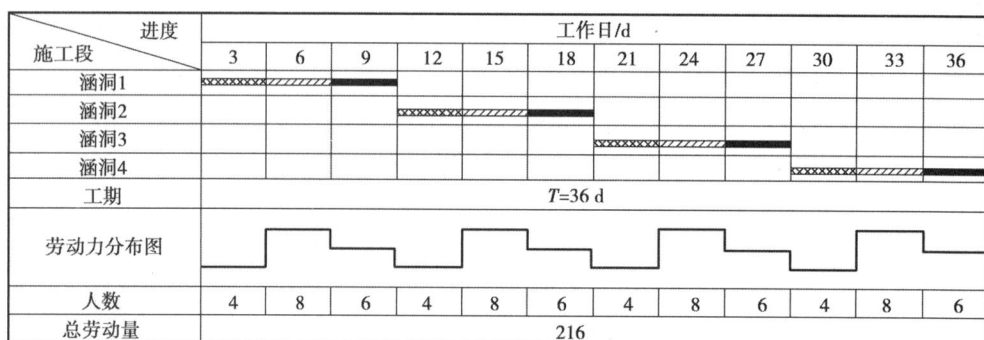

进度\施工段	工作日/d											
	3	6	9	12	15	18	21	24	27	30	33	36
涵洞1												
涵洞2												
涵洞3												
涵洞4												
工期	$T=36\ d$											
劳动力分布图												
人数	4	8	6	4	8	6	4	8	6	4	8	6
总劳动量	216											

工序图例：xxxxxxx　4人　基础　　///////　8人　洞身　　■■■■■　6人　洞口

图 5.1　顺序作业施工进度横道图

由图 5.1 可以看出,顺序作业法有以下特点：

①不能充分利用工作面去争取时间,所以工期长。

②施工队不能实现专业化施工,不利于提高工程质量和劳动生产效率,机械设备不能充分利用。

③劳动力需要量波动大,不利于现场资源供应与调配。

④单位时间内需要投入施工现场的资源数量较少,有利于资源供应的组织工作。

⑤因为只有一个施工队在施工,所以施工现场的组织管理工作比较简单。

由此可见,顺序作业法适用于工期不紧张的小型工程项目。

(2)绘制平行作业施工进度横道图

平行作业法是指施工任务划分为几个施工段就组织几个施工队,即施工队数等于施工段数。各施工队在各个施工段同时开工、平行生产、同时完工的一种施工作业组织方法,如图 5.2 所示。

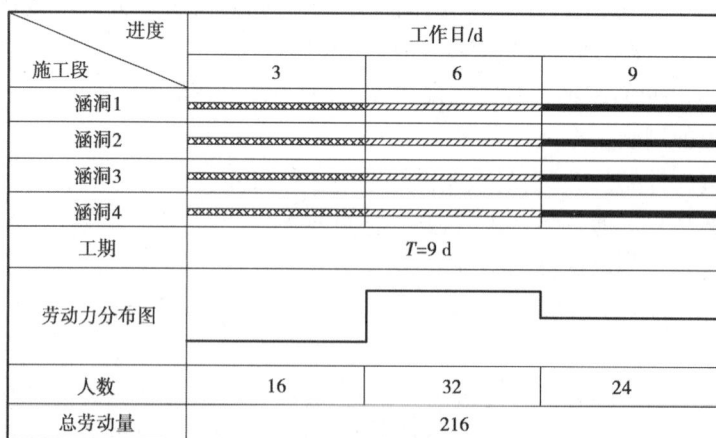

进度\施工段	工作日/d		
	3	6	9
涵洞1			
涵洞2			
涵洞3			
涵洞4			
工期	$T=9\ d$		
劳动力分布图			
人数	16	32	24
总劳动量	216		

工序图例：xxxxxxx　4人　基础　　///////　8人　洞身　　■■■■■　6人　洞口

图 5.2　平行作业施工进度横道图

由图 5.2 可以看出,平行作业法有以下特点:

①充分利用了工作面,缩短了工期。

②施工队不能实现专业化施工,不利于提高工程质量和劳动生产效率。

③协调性、均衡性差,劳动力需要量出现高峰。

④单位时间内需要投入施工现场的资源成倍增长,给材料供应及人力、机械设备调度等带来困难。

⑤因为施工队数多、人员集中,所以施工现场的组织管理工作较复杂。

由此可见,只有在施工任务十分紧迫,工期紧张,工作面允许及资源充足,能保证供应的条件下,才能使用平行作业法。

(3)绘制流水作业施工进度横道图

流水作业法是指当施工任务划分为若干个施工段,每个施工段都由 $n(n>1)$ 道工序完成时,就根据各工序的工艺要求组织 n 个专业施工队。同一专业施工队(同一工序)在各施工段相隔一定的时间依次投入施工生产,不同专业施工队(不同工序)在同一施工段相继开展施工生产的一种施工作业组织方法,如图 5.3 所示。

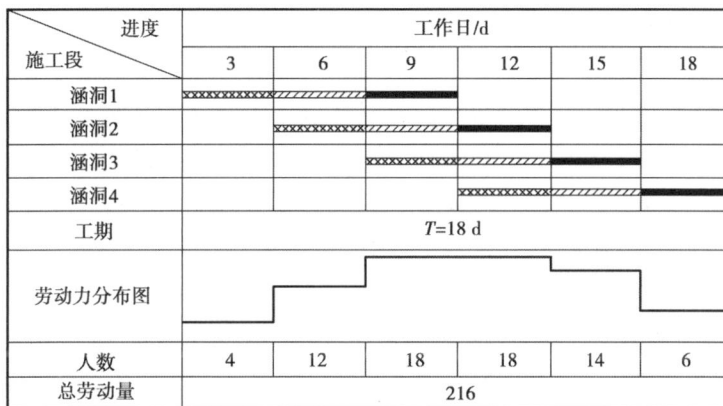

进度 施工段	工作日/d					
	3	6	9	12	15	18
涵洞1						
涵洞2						
涵洞3						
涵洞4						
工期	$T=18$ d					
劳动力分布图						
人数	4	12	18	18	14	6
总劳动量	216					

工序图例:×××××× 4人 基础　//////// 8人 洞身　▬▬▬▬ 6人 洞口

图 5.3　流水作业施工进度横道图

由图 5.3 可以看出,流水作业法的工期比顺序作业法的工期短,比平行作业法的工期长。通过比较可以看出,流水作业法消除了以上两种作业法的缺点。其特点是:

①由于流水作业法科学地利用了工作面,所以总工期比较合理。

②施工队采用专业化施工,可使工人的操作技术水平由不熟练到熟练,由熟练到精通,不断提高,为进行技术改造、革新创造了条件,更能保证工程质量,同时获得更高的劳动生产效率。

③专业施工队连续作业,相邻专业施工队之间搭接紧凑,体现了施工的连续性。

④单位时间内需要投入施工现场的资源数量较为均衡,有利于资源供应的组织工作。

⑤施工有节奏,为文明施工和施工现场的科学管理创造了条件。

由此可见,采用流水作业法组织施工,施工段的数量和工作面的大小必须满足一定的要求,流水作业法才能更好地发挥它的优越性。

以上是在假定施工条件、技术水平、工程数量等完全相同的条件下,仅就 3 种时间安排基本作业方法的施工工期和劳动力需要量进行比较,而实际工程中的情况要复杂得多。

图5.1—图5.3都是横向工序式的施工进度横道图,所谓横向工序式是施工进度图表中纵向表示施工段,而横向图例表示工序生产进展情况的一种图式。若施工进度图表中纵向表示工序,而横向图例表示施工段生产进展情况的图式称为横向工段式的施工进度横道图。

【任务1】　结合案例5.1,思考:能不能分别绘制顺序、平行、流水作业横向工段式的施工进度横道图? 若能,请绘制。

5.1.3　组织公路工程施工流水作业

通过3种基本作业方法(即顺序作业法、平行作业法、流水作业法)的相互比较,可以看出,流水作业法是一种比较科学的组织施工的方法,它建立在合理分工、紧密协作和大批量生产的基础上。在公路工程施工过程中,将建筑产品施工的各道工序分配给不同的专业施工队去完成,每个专业施工队按照确定的施工次序在不同的时间相继在各个施工段进行相同的施工生产,由此形成了专业队、施工机械和材料供应的移动路线,称为流水线。以流水形式组织施工作业,可使整个施工过程始终连续、均衡、协调地进行。不论是分部、分项工程,还是单位、单项工程,都可以组织流水作业,按流水作业法组织施工。

1)组织流水作业的基本方法

（1）划分施工段

划分施工段,就是把劳动对象(工程项目)按自然形态或人为地划分成劳动量大致相等的若干段。例如,一个标段上有若干座小涵洞,可以把每一座小涵洞看成一个施工段,这就自然形成了若干个施工段;如果把一个标段的路线工程部分,每几千米划分为一个施工段,就属于人为地把劳动对象划分成了若干个施工段。

不同的施工段在施工过程安排中有一定的施工次序,同一项目施工次序不同施工工期有可能不同。施工段的施工次序是施工组织者根据实际情况人为安排的,称为组织关系,又被称为工作逻辑关系中的软逻辑。

（2）分解工序

分解工序就是把劳动对象(工程项目)的施工过程,按照施工工艺流程分解成若干道工序或操作过程,每道工序或操作过程分别按工艺原则组建专业施工队,即有几道工序,原则上就应该有几个专业施工队。

在确定的施工方案下,施工工艺流程基本确定,故施工工艺流程称为工艺关系,又被称为工作逻辑关系中的硬逻辑。

（3）确定施工顺序

确定施工顺序就是各个专业施工队按照一定的施工次序,依次地、连续地由一个施工段转移到下一个施工段,不间断地完成同工序施工任务的过程。例如,某路线工程的施工过程是施工准备、施工放样、路基施工、路面施工,即可看作4道工序,每道工序可组织一个或多个专业施工队,每个专业施工队按照施工段间的施工次序,由一个施工段转移到下一个施工段,直至完成本工序各工段的施工任务。

（4）确定流水时间参数

施工单位根据能达到的生产力水平和流水强度,确定流水节拍和流水步距,有时还有技术间隙时间和组织间歇时间,从而确定施工总工期。

（5）施工段之间、工序之间尽可能连续

为了缩短工期，提高经济效益，减少施工工人和施工机械不必要的闲置时间，施工段上各相邻工序之间或同一工序在相邻施工段之间开展作业的时间，应尽可能地相互衔接起来。

【案例 5.2】　某工程项目有 5 道涵洞，对其基础施工采用流水作业法。

【分析】　①5 座涵洞，自然形成 5 个施工段；

②将基础施工分解成 3 道工序，即施工放样、挖基坑、砌基础；

③分别组织 3 个专业施工队，即施工放样 3 人、挖基坑 4 人、砌基础 8 人；

④施工工艺：施工放样→挖基坑→砌基础；施工顺序（默认次序）：涵洞 1→涵洞 2→涵洞 3→涵洞 4→涵洞 5。

具体施工组织安排如图 5.4 所示，此图为横向工段式的施工进度横道图。

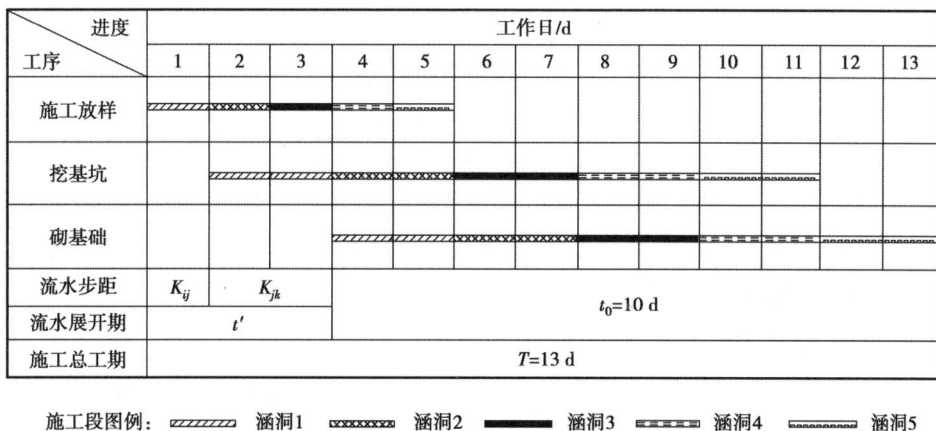

图 5.4　流水作业施工进度横道图

由图 5.4 可知：当施工放样专业施工队在涵洞 1 的施工任务完成后，施工放样专业施工队就可以由涵洞 1 施工段转移到涵洞 2 施工段开展作业；同时，涵洞 2 施工段的施工放样和涵洞 1 施工段的挖基坑作业可以在不同的工作面同时进行施工。即同一工序在不同施工段依次开展作业，不同工序在不同工段同时开展作业，依次进行下去，形成流水作业。

2) 流水作业法的主要参数

流水作业法组织施工时，施工过程的连续性、均衡性和协调性取决于流水作业法的参数及参数之间的关系。一般将流水作业法的参数分为空间参数、工艺参数和时间参数 3 类。

（1）空间参数

①工作面 A。执行任何一项施工任务，都要占用一定范围的空间。在组织流水作业时，用工作面、施工段两个参数表达流水作业在空间布置上所处的状态，这些参数称为空间参数。

某一专业工种的工人或某种型号的施工机械在进行施工操作时所占用的活动空间称为工作面。工作面的大小决定了最多能安置多少个工人或布置多少台施工机械进行施工操作，它反映空间组织的合理性。工作面有两层含义：一是，某一专业工种的工人或某种型号的施工机械在进行施工操作时所占用的活动空间，即实际操作工作面；二是，某工种的一个工人或某种型号的一台机械所必须具备的工作空间，由最小工作面确定。工作面的布置以缩短施工工期、发挥工人和机械的生产效率为目的，并遵守安全技术和施工技术规范的规定。

②施工段数 m。前面已提出施工段的概念,现在介绍划分施工段的目的及注意事项。

a.划分施工段的目的如下:

• 多创造工作面,为下道工序尽早开工创造条件。

• 为不同的工序(不同工种的专业施工队)能在不同的工作面上平行作业创造条件。只有划分施工段,才能展开流水作业。

b.划分施工段的注意事项如下:

• 人为地划分施工段时,尽可能使各施工段劳动量大致相等,相差不宜超过 15%。

• 施工段的划分应考虑施工规模、资源供应等,通常以主导工序的施工组织为依据。

• 施工段的划分应考虑施工对象的结构完整性,如大型人工构造物以伸缩缝、沉降缝为界划分施工段。一般的工程结构应在受力最小而又不影响工程质量、结构外观的位置划分施工段。

• 施工段的划分要考虑各专业施工队有合适的工作面,过大,影响工期;过小,不能充分发挥人工、机械的生产效率。

（2）工艺参数

任何一项施工任务的实施,都由若干不同种类和特性的工序(施工过程)组成,每一道工序都有其特定的施工工艺。在组织流水作业时,用工序(施工过程)和流水强度这两个参数来表达流水作业施工工艺开展顺序及特征,这些参数称为工艺参数。

①工序数 n。根据具体情况,把一个工程项目(分部工程)分解为若干道具有独自施工工艺特点的施工过程,称为工序,工序数常用 n 来表示。例如,桥梁钻孔灌注桩的施工可以分解为埋护筒、钻孔、灌混凝土等;预制混凝土构件可以分解为绑扎钢筋、支立模板、浇筑混凝土。每一道工序由专业施工队来承担施工。

工序数要根据构造物的复杂程度和施工方法来确定。分解工序时,应注意以下问题:

a.工序分解的粗细程度,应以流水作业进度计划的性质为依据。对于实施性施工组织设计的流水作业进度计划,工序应分解得细一些,可分解到分项工程。对于控制性施工组织设计的流水作业进度计划,工序应分解得粗一些,可以是单位工程,甚至是单项工程。

b.结合所选择的施工方案分解工序。如钢筋混凝土结构的现场浇筑与预制安装,沥青混凝土路面的机械摊铺施工与人工摊铺施工,二者分解施工工序是不同的。

c.分解工序应重点突出,抓住主要工序,不宜太细,使流水作业进度计划简明扼要(如路面工程可以划分为底基层、基层、面层)。

d.一个流水作业进度计划内的所有工序应按施工工艺流程(或施工的先后次序)排列,所采用的工序名称应与现行定额的项目名称一致。

②流水强度 V。流水强度又称流水能力或生产能力,每一工序(专业班组)在单位时间内所完成的工程量(如瓦工组在每工作班砌筑的圬工体积数量)称为流水强度。流水强度越大,专业队应配备的机械、需用的人工及材料等也就越多,工作面也相应增大,施工工期将会缩短。流水强度按下列公式计算:

a.机械施工时的工序流水强度按式(5.1)计算:

$$V_i = \sum_{i=1}^{x} R_i C_i \tag{5.1}$$

式中　V_i——工序 i 的机械作业流水强度；

　　　R_i——某种类施工机械的台数；

　　　C_i——该种类施工机械的台班产量定额（时间定额的倒数）；

　　　x——投入同一工序的主导施工机械种类。

b.人工操作时的工序流水强度按式（5.2）计算：

$$V_i = R_i C_i \tag{5.2}$$

式中　V_i——工序 i 的人工作业流水强度；

　　　R_i——某专业班组的人数；

　　　C_i——该专业工人日产量，即产量定额（时间定额的倒数）。

（3）时间参数

每一工序（施工过程）的完成都要消耗时间。在组织流水作业时，用流水节拍、流水步距、流水展开期、流水稳定期、技术间隙时间、组织间歇时间和总工期 7 个参数来表达流水作业在时间组织中所处的状态，这些参数统称为时间参数。

①流水节拍 t_i。流水节拍是指一道工序（专业施工队）在一个施工段上开展作业的持续时间。在图 5.4 中，施工放样工序在各施工段上的流水节拍值都等于 1 d，挖基坑工序在各施工段上的流水节拍值都等于 2 d，砌基础工序在各施工段上的流水节拍值也都等于 2 d。

当施工段数确定后，流水节拍的长短影响总工期。而影响流水节拍长短的因素有施工方案、施工段的工程数量、专业施工队的人数、机械台数、每天的作业班次等。从理论上讲，流水节拍越短越好。但在实际工程中，由于工作面的限制，流水节拍 t_i 有一个最小值 t_{min}。流水节拍有以下计算方法：

a.定额法。在实际工程中，根据实际拥有的工人人数和机械台数按式（5.3）确定流水节拍 t_i：

$$t_i = \frac{Q_i S}{Rn} \tag{5.3}$$

式中　Q_i——某施工段 i 工序的工程数量；

　　　S——某工序 i 的时间定额；

　　　R——每班施工人数或机械台数；

　　　n——作业班次数。

b.工期反算法。如果施工任务紧迫，必须在规定期限内完成施工任务，可采用倒排工期的方法求流水节拍。首先根据要求的总工期 T 倒排进度，确定某一工序（施工过程）的施工作业总持续时间 T_i，再根据施工段数 m 反求流水节拍 t_i：

$$t_i = \frac{T_i}{m} \tag{5.4}$$

然后检查反求的流水节拍 t_i 是否大于或等于最小流水节拍 t_{min}，如果不满足，可通过调整施工段数和专业队人数及作业班次，再综合考虑其他因素重新确定。t_{min} 的计算公式为：

$$t_{min} = \frac{A_{min} Q_i S}{A} \tag{5.5}$$

式中　A_{min}——每个工人或每台机械所需的最小工作面；

A——一个施工段实际具有的工作面；

Q_i——某施工段 i 工序的工程数量；

S——某工序 i 的时间定额。

公式(5.5)是在 i 工序每天只能安排 1 个工作班次，即不能倒班的情况下，考虑安排资源最大量，即每个人或每台机械安排最小工作面，使得流水节拍最小化。

②流水步距 K_{ij}。流水步距是指两相邻工序的专业施工队相继投入同一施工段开始工作的间隔时间，即开始时间之差，通常用 K_{ij} 表示。在图 5.4 中，施工放样专业施工队第 1 天开始作业，挖基坑专业施工队第 2 天开始作业，则这两个专业施工队之间的流水步距 $K_{ij}=1$。

流水步距 K_{ij} 的大小，对总工期有很大影响。在施工段数目和流水节拍确定的条件下，流水步距越大，总工期就越长。确定流水步距时，在考虑正确的施工顺序、合理的技术间隙、组织间歇、适当的工作面和施工的均衡性的同时，一般还应遵循以下原则：

a.采用最小的流水步距，即相邻两工序在开工时间上最大限度、合理地衔接，以缩短工期。

b.流水步距要能满足相邻两工序在施工顺序上相互制约的关系。

c.尽量保证各专业施工队都能连续作业。

d.确定流水步距要保证工程质量，满足安全施工的要求。

③流水展开期 t'。从第一个专业施工队开始作业起，到最后一个专业施工队开始作业止，其时间间隔称为流水展开期，常用 t' 表示。显然，流水展开期是能够让全部专业施工队都进入流水作业状态的一个时间参数。一般情况下，从此时起有一段时间每天的资源需要量保持不变，各专业施工队完成相应的工作量，开始了连续、均衡而紧凑的流水作业阶段。由图 5.4 可知，流水展开期 t' 的数值等于各流水步距之和。

④流水稳定期 t_0。流水稳定期是指最后一个专业施工队从开始作业起，到完成各施工段工作任务为止花费的时间。

⑤技术间隙时间 C。在组织流水作业时，不仅要考虑专业施工队之间的协调配合及施工质量、施工安全等，而且还要根据材料特点和工艺要求，考虑合理的工艺等待时间，然后下一个专业施工队才能施工，这个等待时间称为技术间隙时间（如混凝土的凝结硬化、油漆的干燥等）。

⑥组织间歇时间 Z。在流水作业中，由于施工安排或施工组织的原因，造成流水步距以外增加的间歇时间称为组织间歇时间（如施工过程中的检查、验收，施工人员和施工机械的转移等需用的时间都是组织间歇时间）。

⑦总工期 T。在流水作业中，施工任务从开工到完成需要的时间为总工期。由图 5.4 可知，总工期 T 为流水展开期 t' 和流水稳定期 t_0 之和。

【任务 2】　结合案例 5.2，完成以下任务：

①根据图 5.4，确定流水作业施工组织的各个参数；

②绘制流水作业横向工序式施工进度横道图，确定流水作业施工组织的各个参数，并与①的结果进行比较，看有什么不同？

5.1.4　流水作业的类型及特点

由于工程建筑物、构筑物的复杂程度不同，同时受地理环境影响不同，这就造成了流水参数的差异。公路工程施工过程根据流水节拍的不同,可将流水作业施工分为有节拍流水作业和无节拍流水作业。其中,有节拍流水作业是同一工序的流水节拍值在各施工段相等的流水作业类型;无节拍流水作业是施工任务的流水节拍无规律的施工组织类型。

1)有节拍流水作业分类及总工期

有节拍流水作业分为全等节拍流水、成倍节拍流水和分别流水。

(1)全等节拍流水

全等节拍流水又称稳定节拍流水。在组织流水作业时,如果所有工序(施工过程)在各个施工段上的流水节拍值彼此都相等,这种组织方式的流水作业称为全等节拍流水。

【案例 5.3】　完成 4 个构件的预制工作(假定 4 个构件劳动量相等,施工条件、技术配备、工程数量等完全相同,所有工序在任意施工段的工作持续时间都为 1 天)。

【分析】　4 个构件自然形成 4 个施工段,可把每个施工段的任务分解成 3 道工序,即模板、钢筋和混凝土。所有工序在任意施工段的工作持续时间都为 1 天,为有节拍流水作业的全等节拍流水,如图 5.5 所示。

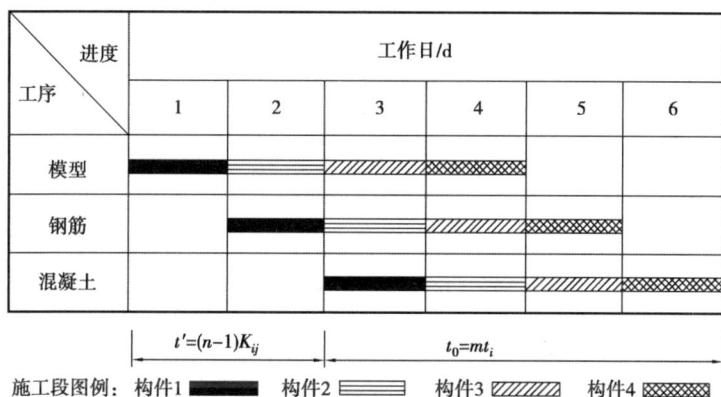

图 5.5　全等节拍流水施工进度横道图

由图 5.5 可以看出,全等节拍流水有以下特点:

①流水节拍彼此相等,流水步距彼此相等;而且两者的数值也相等,即 $t_i = K_{ij} =$ 常数,这也是组织全等节拍流水作业的条件。

②按每一道工序各组织一个专业施工队,即专业施工队的数目等于工序数 n。

③每个专业施工队都能连续作业,施工段没有空闲,实现了连续、均衡而又紧凑的施工,是一种理想的施工组织方式。但在实际工程中,这种情况并不多见。

总工期计算如下:

由图 5.5 可知,流水展开期 t' 为各专业施工队(即工序)之间的流水步距 K_{ij} 值之和。因此,专业施工队(即工序)数为 n 时,流水步距就有 $n-1$ 个,则:

$$t' = (n-1)K_{ij} \tag{5.6}$$

最后一个专业施工队(即工序)应在每个施工段上依次作业,它的全部作业时间 t_0 应为:

$$t_0 = mt_i \tag{5.7}$$

式中各符号意义同前。

在不考虑技术间隙时间 C 和组织间歇时间 Z 的情况下,全等节拍流水作业的总工期 T 等

于 t' 与 t_0 之和,即:

$$T=t'+t_0 \tag{5.8}$$

也即:

$$T=(n-1)K_{ij}+mt_i=(n+m-1)t_i=(n+m-1)K_{ij} \tag{5.9}$$

式中各符号意义同前。

【任务3】 结合案例 5.3,判断图 5.5 是施工进度横道图的哪一种图式?并请将其转化为另一种图式。

(2)成倍节拍流水

相同工序的流水节拍值在各施工段上都相等,不同工序的流水节拍值彼此不相等,但在所有流水节拍值中有一个最大公约数,其他流水节拍值是最大公约数的整倍数关系,这种组织方式的流水作业称为成倍节拍流水。

【案例 5.4】 某施工项目划分为 3 个施工段,每个施工段的施工任务分解为 3 道工序(即挖基础、砌墙身、回填土),各工序在各施工段的作业持续时间如表 5.1 所示。

表 5.1 作业持续时间表(即流水节拍表)

单位:d

流水节拍 工序	施工段 	施工段 1	施工段 2	施工段 3
挖基础		2	2	2
砌墙身		6	6	6
回填土		4	4	4

【分析】 同一道工序在各施工段的流水节拍值相等,不同工序在各施工段的流水节拍值不相等,但有最大公约数为 2(6 是 2 的 3 倍,4 是 2 的 2 倍),这种施工组织为有节拍流水作业的成倍节拍流水作业,如图 5.6 所示。

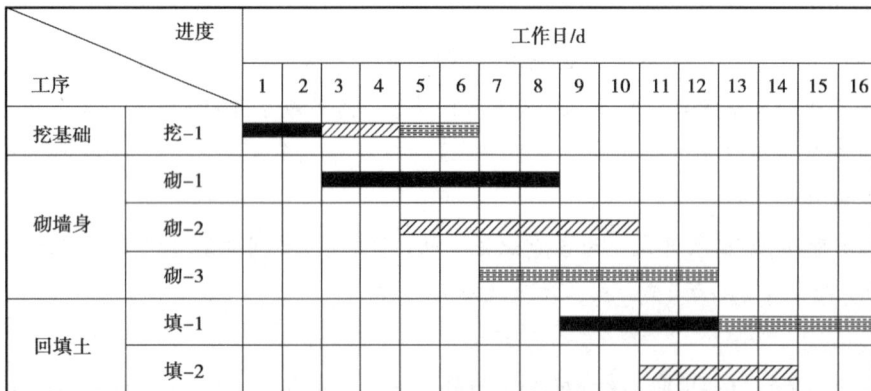

施工段图例: ■ 施工段1   ▨ 施工段2   ▦ 施工段3

图 5.6 成倍节拍流水施工进度横道图

由图 5.6 可以看出,成倍节拍流水有以下特点:

①相同工序的流水节拍值在各施工段上都相等,不同工序的流水节拍值彼此不相等,但在流水节拍值中有一个最大公约数 K_K,其他流水节拍值是最大公约数的整倍数关系;并且各专业施工队相继间隔一定的时间 K_K 开工,称 K_K 为公共流水步距。

②专业施工队的数目大于工序数。

③各专业施工队都能保持连续施工,施工段没有空闲,整个施工过程是连续、均衡的,各专业施工队按自己的节奏施工。

如果仍按全等节拍流水作业组织施工,则会造成专业队窝工或作业面闲置,从而导致总工期延长。为了使各专业施工队仍能连续、均衡地依次在各施工段上作业,应按成倍节拍流水作业组织施工。其步骤如下:

①求各工序流水节拍值的最大公约数 K_K。与原流水步距 K_{ij} 意义不同,K_K 是作为按成倍节拍流水作业组织施工的一个参数,是各道工序中所有专业施工队都共同遵守的一个"公共流水步距"。

②求各工序的专业施工队数目 b_i。每道工序流水节拍值 t_i 是 K_K 的几倍,就相应安排几个专业施工队,即专业施工队数目 $b_i = t_i / K_K$。

③求专业施工队数目的总和 n'。$n' = \sum b_i = \sum t_i / K_K$,各工序所有专业施工队就依次间隔 K_K 时间投入施工生产。这样,才能保证均衡、连续的施工作业。

④计算总工期 T。将 $n = n'$,$K_K = K_{ij}$ 代入式(5.9)得:

$$T = (n+m-1)K_{ij} = (n+m'-1)K_K \tag{5.10}$$

(3)分别流水

分别流水是指相同工序的流水节拍值在各施工段上相等,而不同工序的流水节拍值相互不完全相等,也不存在最大公约数 K_K 的流水组织类型。

组织分别流水作业时,要完全实现连续性(即专业施工队不停工的施工状态,施工对象不间断的被加工状态)是做不到的。所以为了降低施工成本,应保证专业施工队的连续施工状态;或者为了达到缩短施工工期的目的,在工作开展的过程中只要具备开工条件就开工(即开工要素法或紧凑法)。

【案例 5.5】 4 个构件的施工任务,由模板、钢筋和混凝土 3 道工序完成,各工序在各构件的作业持续时间如表 5.2 所示。

表 5.2 作业持续时间表(即流水节拍表)

单位:d

工序＼施工段＼流水节拍	构件 1	构件 2	构件 3	构件 4
模板	2	2	2	2
钢筋	4	4	4	4
混凝土	3	3	3	3

【分析】 同一道工序在各施工段的流水节拍值相等,不同工序的流水节拍值不完全相等,也不存在最大公约数 K_K。这种施工组织为有节拍流水作业的分别流水。

由于流水步距是一个变数,其作图不能像全等节拍流水作业,也不能像成倍节拍流水作业,因此,分别流水作业作图有它自身的特点。对于分别流水作业作图,可以采用两种方法,即专业队连续作业法和紧凑法(即开工要素法),如图5.7所示。

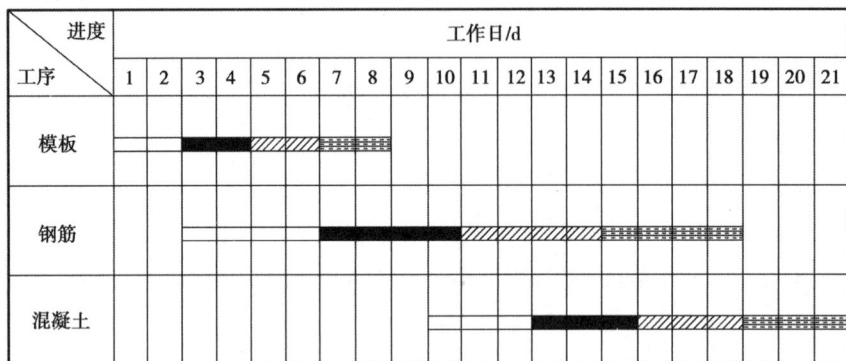

施工段图例:　□构件1　■构件2　▨构件3　▦构件4

(a)专业队连续作业法

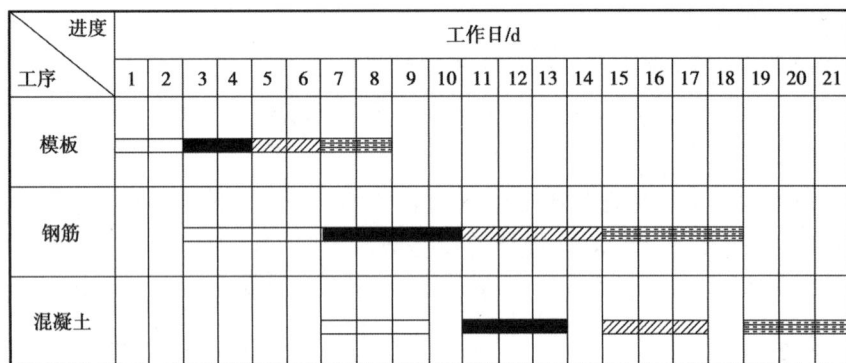

施工段图例:　□构件1　■构件2　▨构件3　▦构件4

(b)紧凑法(开工要素法)

图5.7　分别流水施工进度横道图

由图5.7可见,总工期都等于21 d,即 $T=21$,不同的组织方法,总工期相同(这是一个特例)。一般来说,若项目工期紧,应采用工期短的施工组织方法,否则,应使专业队连续作业,这样才经济合理。但是,该案例工期相同,应采用前一种组织方法,既能实现专业施工队连续作业又缩短工期。

分别流水作业施工总工期的确定,一般采用作图法。但当按紧凑法组织施工时,也可以用直接编阵法求得最短施工总工期。

● 紧凑法。此法也称为"开工要素法"。实际工程中,若要求施工工期最短,并未要求是否连续施工,可以通过直接编阵法求得最短施工总工期。

直接编阵法计算工期的原则是:只要具备开工要素就开工,具体计算如表5.3所示。

表 5.3　作业持续时间表(即流水节拍表)

单位:d

工序＼流水节拍＼施工段	构件 1	构件 2	构件 3	构件 4
模板	2(2)	2(4)	2(6)	2(8)
钢筋	4(6)	4(10)	4(14)	4(18)
混凝土	3(9)	3(13)	3(17)	3(21)

说明:

对于第一行各新元素(括号中的值),可以直接累加得到。因为对于模板工序而言,所有施工段上的工作面都是闲置的,只要当生产力要素具备就可以开工,所以可以直接用旧元素值加左边新元素值。也就是说,到第 8 天末,模板工序(施工专业队)就完成了所有施工段的施工任务。

对于第一列(即首施工段构件 1)各新元素,也是直接用旧元素值加上面新元素值得到该新元素值。因为所有工序(专业施工队)都是停工的状态,即生产力要素具备;只要有工作面就可以开工,所以可直接用旧元素加上面新元素值。即每累加一个数,也就是一道工序已完成了在首施工段构件 1 的操作。

对于其他新元素值,用旧元素值加上面和左边两新元素中的较大值(之所以加较大值是为了具备开工要素,工作面和生产力二者缺一不可开工,上面的数值说明有无工作面,左边的数值说明有无生产力),得到该新元素值,从第二行起顺序进行,直至完成每行的累加。

【任务 4】　案例 5.5 中,图 5.7 是施工进度横道图的哪一种图式?请将其转化为另一种图式。

【任务 5】　4 座涵洞的施工任务,由基础、洞身和洞口 3 道工序完成,各施工工序在各涵洞的作业持续时间如表 5.4 所示。

表 5.4　作业持续时间表(即流水节拍表)

单位:d

工序＼流水节拍＼施工段	涵洞 1	涵洞 2	涵洞 3	涵洞 4
基础	2	2	2	2
洞身	3	3	3	3
洞口	1	1	1	1

思考:该施工任务如果按流水作业法组织施工,是有节拍流水作业吗?如果是,是哪一种有节拍流水作业类型?试绘制施工进度横道图。

2)无节拍流水作业组织及总工期

无节拍流水作业是指同一工序的流水节拍值在各施工段上不完全相等,并且不同工序的流水节拍值相互也不完全相等的施工组织类型。

对于公路工程来说,沿线工程量并非均匀分布(如大、中型桥梁或路基土、石方的高填、深挖等属于集中型工程)。在实际工程中,各专业施工队在施工机械和劳动力固定的条件下,流水作业速度不可能总保持一致。所以,有节拍流水作业并非常见,大多是无节拍流水作业。

无节拍流水作业的作图与分别流水作业一样,也有两种方法,即专业队连续作业法(潘特考夫斯基法)和紧凑法(开工要素法)。

无节拍流水作业的施工总工期,一般是通过作图确定。为了求得最短的施工总工期,首先必须对施工段进行排序,然后才能通过作图确定其最短总工期。无节拍流水作业施工组织流程如图5.8所示。

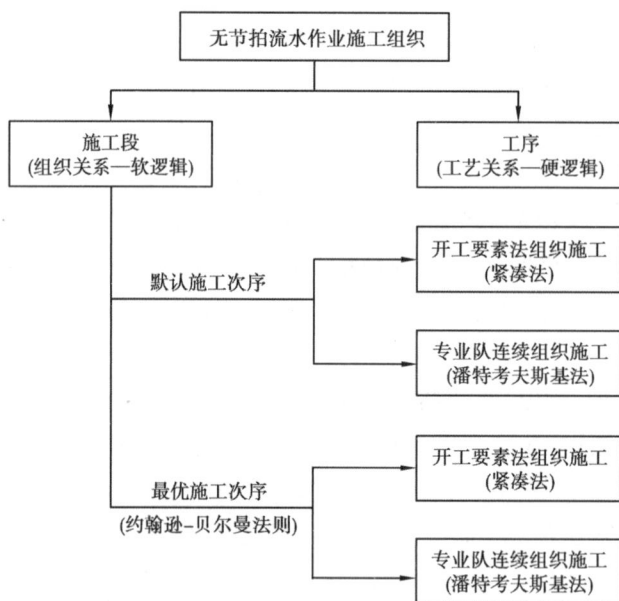

图 5.8　无节拍流水作业施工组织流程图

(1)紧凑法(即开工要素法)

任何一道工序开工时,必须具备工作面和生产力(工人、施工机械、材料等资源)两个开工要素,二者缺一不可。开工要素法就是按照只要具备开工要素就开工组织施工生产的方法。

为了使流水施工组织总工期最短,在作图时,各相邻工序之间尽量紧凑衔接,即尽量使所排工序向作业开始方向靠拢(一般向作业图的左端),所以开工要素法也称为紧凑法。

(2)专业队连续作业法

在流水作业施工组织中,可使各个专业施工队在各施工段间连续作业,以避免"停工待面"和"干干停停"。这样尽管不能保证总工期最短,但提高经济效益是肯定的。专业队实现连续作业,不等于总工期最短;但总工期最短,不等于不能实现连续作业。

为了组织在总工期尽可能短的条件下,各专业施工队能在各个施工段间进行连续作业,必须确定各相邻工序的专业施工队间的最小流水步距 K_{ijmin}。最小流水步距 K_{ijmin} 可以用潘特考夫斯基法或者"纸条串法"确定。

①潘特考夫斯基法。此法也称为"累加数列,错位相减,取大差法"。下面举例介绍其具体应用。

【案例 5.6】　4 个构件的预制工作,各工序各施工段的流水节拍如表 5.5 所示,试进行无节拍流水作业组织(专业队连续作业),并求总工期。

①作表。按施工段和施工工艺流程,将各工序专业施工队在各施工段上的流水节拍值,列于表 5.5 中。

②求首施工段上各相邻工序专业施工队间的最小流水步距 $K_{ij\min}$。

表 5.5　4 个构件的作业持续时间表(即流水节拍表)

单位:d

流水节拍　　施工段 m　工序 n	构件 1(A)	构件 2(B)	构件 3(C)	构件 4(D)
模板(a)	2	3	3	2
钢筋(b)	2	2	3	3
混凝土(c)	3	3	3	2

首先,求 $K_{ab\min}^{A}$:

将 a 工序的 t_a 依次累计相加,可得数列:2,5,8,10;

将 b 工序的 t_b 依次累计相加,可得数列:2,4,7,10;

将 a 工序的累加数列和 b 工序的累加数列错位相减,即:

$$
\begin{array}{rrrrr}
a: & 2 & 5 & 8 & 10 \\
b: -) & & 2 & 4 & 7 & 10 \\
\hline
& 2 & 3 & 4 & 3 & -10
\end{array}
$$

则所得差值中的最大数 4,即为 a,b 两工序的最小流水步距 $K_{ab\min}^{A}=4$。

同理,求 $K_{bc\min}^{A}$:

$$
\begin{array}{rrrrr}
b: & 2 & 4 & 7 & 10 \\
c: -) & & 3 & 6 & 9 & 11 \\
\hline
& 2 & 1 & 1 & 1 & -11
\end{array}
$$

则所得差值中的最大数 2,即为 b,c 两工序的最小流水步距 $K_{bc\min}^{A}=2$。

③绘制流水作业施工进度横道图。根据求得的最小流水步距和流水节拍表(表 5.5),绘制流水作业施工进度横道图,如图 5.9 所示。此外,还可以绘制施工进度斜道图,如图 5.10 所示。

④结论:由图 5.9、图 5.10 可得总工期 $T=17$ d。若采用紧凑法组织施工,可得较短施工总工期 $T=16$ d,如表 5.6 所示用直接编阵法求施工总工期。在实际工程中,可根据具体要求选取施工组织方法。

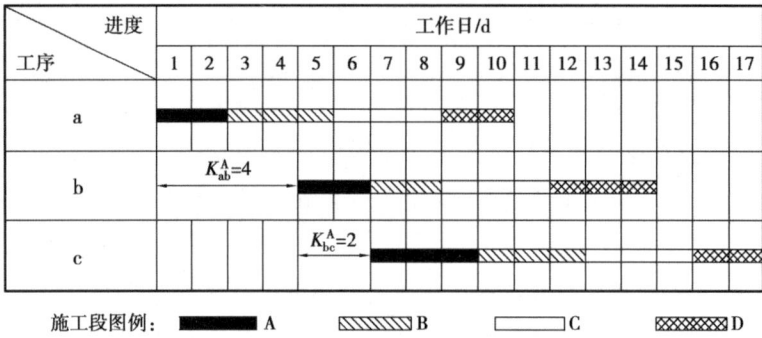

图 5.9　专业施工队连续作业施工进度横道图

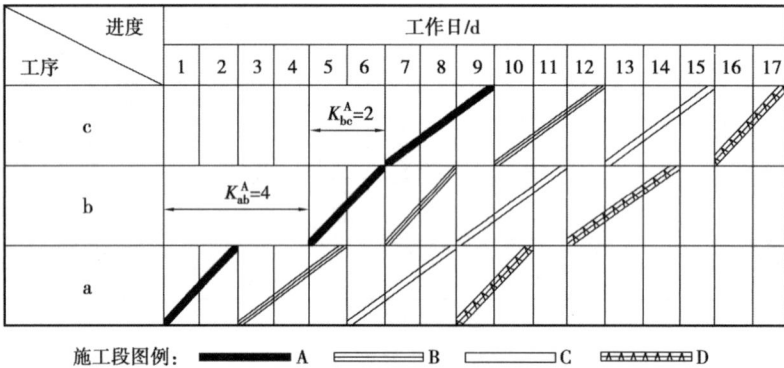

图 5.10　专业施工队连续作业施工进度斜道图

表 5.6　4 个构件的流水节拍表

单位:d

施工段 m / 流水节拍 / 工序 n	构件 1(A)	构件 2(B)	构件 3(C)	构件 4(D)
模板(a)	2(2)	3(5)	3(8)	2(10)
钢筋(b)	2(4)	2(7)	3(11)	3(14)
混凝土(c)	3(7)	3(10)	3(14)	2(16)

②纸条串法。此法只适用于横向工段式的施工进度横道图。以图 5.9 为例来说明纸条串法求 $K_{ij\min}^{A}$ 的步骤:

a.作流水节拍表,列于表 5.5 中。

b.绘制"流水作业施工进度横幅图"的图框,填好施工进度日历和工序名称(以下简称施工进度图)。

c.将首工序即 a 工序,在各个施工段上的流水节拍值直接连续地绘于施工进度图上,并标注施工段名称。

d.将 b 工序在各施工段上的流水节拍值连续地绘在纸条上,并标注施工段名称。然后将纸条在"施工进度图"的 b 工序行由左向右调整,调整的原则是相同施工段不能重叠(重叠说明两个不同的专业施工队在同一个施工段作业。也就是说,上一道工序还没有完工,还不具备工作面,下一道工序的专业施工队就进入了现场),但要做到衔接最紧凑。调整好后,将纸条固定。

e.将 c 工序在各个施工段上的流水节拍值连续地绘在纸条上,并重复上述操作,调整好后将纸条固定。

若还有更多的工序,可以一直重复上述操作。实践证明,纸条串法简捷、直观、准确、不必计算。

【任务6】　请应用纸条串法完成案例 5.6 的任务,对比纸条串法与潘特考夫斯基法,其结论是否一样,为什么?

【任务7】　4 座涵洞基础施工任务,由施工放样、挖基坑、砌基础、回填土 4 道工序构成。各工序专业施工队在各涵洞的施工作业持续时间如表 5.7 所示。试组织专业队连续作业,并分别绘制施工进度横道图和斜道图。

表 5.7　涵洞基础施工作业持续时间表(流水节拍表)

单位:d

流水节拍　　施工段 m　　工序 n	涵洞 1(A)	涵洞 2(B)	涵洞 3(C)	涵洞 4(D)
施工放样(a)	2	1	2	1
挖基坑(b)	4	3	3	4
砌基础(c)	3	3	4	4
回填土(d)	2	3	3	2

5.1.5　无节拍流水作业施工次序的确定

公路工程施工由于受作业条件、工程复杂程度及外界因素的影响,流水作业并不会按理想的状态有规律地进行,而最为常见的是无节拍的流水作业。在前面已经提到,在确定无节拍流水作业的施工总工期时,必须先对施工段排定施工次序,否则,将不能求得最短施工总工期。

如果有 m 个施工段,每个施工段都有 n 道施工工艺相同的工序,那么,怎样安排各个施工段的施工次序,才能使总工期最短呢? 这里所指的 m 个施工段,是指那些施工内容相同的单位工程或分部、分项工程。

1)m 个施工段 2 道工序的施工任务次序的确定

对于这类问题可以用约翰逊-贝尔曼法则来解决。此法则的基本思想是:先行工序施工工期短的要排在前面施工,后续工序施工工期短的要排在后面施工。首先列出 2 道工序在 m 个施工段的"流水节拍表",然后在表中依次选取最小数,而且每列只选一次。若此最小数是先行工序在某施工段的流水节拍值,则此施工段的任务排在前面开工,反之,若此最小数是后续工序在某施工段的流水节拍值,则此施工段的任务排在后面开工。具体步骤通过示例详解如下。

【案例 5.7】　某施工任务可划分为 5 个施工段,按施工工艺流程每个施工段由两道工序完成,即挖基和砌基,流水节拍如表 5.8 所示。

①填列"流水节拍表",如表 5.8 所示。

②绘制"施工次序排列表"的表格,如表5.9所示。

表5.8 某施工项目流水节拍表

单位:d

流水节拍 \ 工序 n \ 施工段 m	A	B	C	D	E	F
挖基(a)	4	4	6	8	3	2
砌基(b)	7	4	5	1	6	3

表5.9 施工次序排列表

填表次序 \ 施工次序	1	2	3	4	5	6
1						D
2	F					
3		E				
4					B	
5			A			
6				C		
列中最小数	2	3	4	5	4	1
施工段号	F	E	A	C	B	D

③填表排序。即按约翰逊-贝尔曼法则的基本思想完成表5.9,从而可将各施工段的施工次序排列出来。

本示例中,根据表5.8,各施工段的施工次序排列如下:

在表5.8中首先选取最小数1,此最小数是后续工序在D施工段的流水节拍值,则D施工段的任务排在后面开工,即排在第6位,将D施工段填入表5.9相应的格子中。因为D施工段的次序已确定,所以再次选择最小数时,D列的"8"不作为比较的对象,即每列只选一次,下同。再次选取最小数2,此最小数是先行工序在F施工段的流水节拍值,则F施工段的任务排在前面开工,即排在第1位,将F施工段填入表5.9相应的格子中,下同。依次选取最小数3,此最小数是先行工序在E施工段的流水节拍值,则E施工段的任务排在前面开工,即排在第2位。依次选取最小数4,此最小数既是先行工序在A和B施工段的流水节拍值,又是后续工序在B施工段的流水节拍值,此时不能只依据先行工序或后续工序来判定施工段开工的前后次序;这时可以通过计算完成一个施工段花费总时间的长短来确定施工段开工的前后次序,即完成A施工段需花费时间为4+7=11(d),完成B施工段需花费时间为4+4=8(d),因为11 d>8 d,所以把花费时间长的A施工段排在前面开工,即排在第3位,把花费时间短的B施工段排在后面开工,即排在第5位。最后,C施工段排在第4位。

④按照最优施工次序绘制施工进度横道图,确定施工总工期。为便于作图,按各施工段最

优施工次序,重列各工序流水节拍表,如表 5.10 所示。

表 5.10 按最优施工次序排列的流水节拍表

单位:d

工序 n \ 流水节拍 \ 施工段 m	F	E	A	C	B	D
挖基 a	2	3	4	6	4	8
砌基 b	3	6	7	5	4	1

按表 5.10 中施工段的最优施工次序绘制施工进度横道图,并确定总工期,如图 5.11 所示,其总工期为 28 d。若不按约翰逊-贝尔曼法则所确定的施工次序,不一定能取得最短施工总工期。如本示例中,若按表 5.8 的施工次序,即按 A、B、C、D、E、F 的次序施工,则总工期至少需要34 d,比最短施工总工期 28 d 多 6 d。

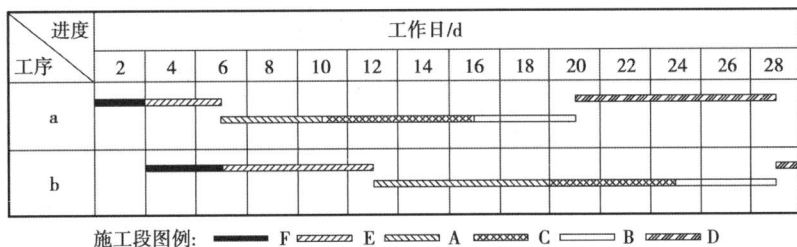

图 5.11 最优施工次序流水作业施工进度横道图

【任务 8】 在案例 5.7 中,请按表 5.8 的施工次序绘制施工进度横道图(注意:有两种思路,即专业队连续作业组织施工和紧凑法组织施工,可得工期分别为 T_1 和 T_2)。

【任务 9】 在案例 5.7 中,请按表 5.10 的最优施工次序绘制施工进度横道图(注意:有两种思路,即专业队连续作业组织施工和紧凑法组织施工,可得工期分别为 T_3 和 T_4)。

思考:任务 8 中的 T_1 和 T_2 与任务 9 中的 T_3 和 T_4 有什么关系?哪个施工总工期最长?哪个施工总工期最短?为什么?

2)m 个施工段 3 道工序的施工任务次序的确定

对于这类问题,如果符合下列两种情况中的一种,就可以采用约翰逊-贝尔曼法则,这两种情况是:

①第 1 道工序中最小的工序工期 t_{amin} 大于或等于第 2 道工序中最大的工序工期 t_{bmax},即 $t_{amin} \geqslant t_{bmax}$;

②第 3 道工序中最小的工序工期 t_{cmin} 大于或等于第 2 道工序中最大的工序工期 t_{bmax},即 $t_{cmin} \geqslant t_{bmax}$。

对于 m 个施工段 3 道工序的施工任务次序的排序问题,只要符合上述两种情况中的一种时,即可按以下示例中的具体步骤来求得最优施工次序。

【案例 5.8】 某施工任务为拱涵基础施工,共 5 座拱涵,每座拱涵基础施工分解为 3 道工序,即开挖、砌筑和回填,流水节拍如表 5.11 所示。

表 5.11　某施工任务流水节拍表

单位:d

流水节拍　施工段 m　工序 n	拱涵 A	拱涵 B	拱涵 C	拱涵 D	拱涵 E
开挖 a	3	2	8	10	5
砌筑 b	5	2	3	3	4
回填 c	5	6	7	9	7
a+b	8	4	11	13	9
b+c	10	8	10	12	11
最优次序	B	A	E	D	C

因为 a 工序中最小的工序工期 $t_{amin}=2$ 小于 b 工序中最大的工序工期 $t_{bmax}=5$,条件不满足;而 c 工序中最小的工序工期 $t_{cmin}=5$ 等于 b 工序中最大的工序工期 $t_{bmax}=5$,即 $t_{cmin} \geq t_{bmax}$ 条件满足。所以,可以采用约翰逊-贝尔曼法则排定施工任务最优次序,具体步骤如下:

①将各个施工段中第 1 道工序 a 和第 2 道工序 b 的流水节拍(工序工期)分别相加,即工序 a+b, t_a+t_b;

②将各个施工段中第 2 道工序 b 和第 3 道工序 c 的流水节拍(工序工期)分别相加,即工序 b+c, t_b+t_c;

③将上两步中得到的流水节拍表(工序工期表)看作两道工序(即 a+b 和 b+c)的流水节拍表(工序工期表),如表 5.11 所示。

④按 m 个施工段 2 道工序时的施工任务次序排定方法,求出最优施工次序,如表 5.12 所示。

表 5.12　施工次序排列表

填表次序　施工次序	1	2	3	4	5
1	B				
2		A			
3			E		
4					C
5				D	
列中最小数	4	8	9	12	10
施工段号	B	A	E	D	C

⑤按所排定的施工次序绘制施工进度横道图,确定施工总工期。

为便于作图,按各施工段最优施工次序,重列各工序流水节拍表,如表 5.13 所示。

表 5.13　按最优施工次序排列的流水节拍表

单位:d

施工段 m流水节拍工序 n	拱涵 2(B)	拱涵 1(A)	拱涵 5(E)	拱涵 4(D)	拱涵 3(C)
开挖(a)	2	3	5	10	8
砌筑(b)	2	5	4	3	3
回填(c)	6	5	7	9	7

本示例按上述方法排定的最优施工次序为 B、A、E、D、C。

【任务 10】　在案例 5.8 中,请按表 5.11 的施工次序,分别以紧凑法和专业队连续作业绘制施工进度横道图,并确定总工期。

【任务 11】　在案例 5.8 中,请按表 5.13 的最优施工次序,分别以紧凑法和专业队连续作业绘制施工进度横道图,并确定总工期。

3) m 个施工段多于 3 道工序的施工任务次序的确定

如果 m 个施工段 3 道工序(不满足上述特定条件)或者 m 个施工段多于 3 道工序的施工任务,应如何确定最优施工次序呢?

对于这种情况,应采用穷举法,找出最优施工次序。即还是按照前述思路,将工序重新组合成 2 道工序(包括所有可能的情况),再按约翰逊-贝尔曼法则确定各种组合对应的最优施工次序。接着,按紧凑法(或开工要素法)组织施工的思路求得各组合最优施工次序下的最短施工总工期(可借助直接编阵法,不用绘制施工进度横道图)。最后,比较各组合对应的最短施工总工期,最小值就是完成该施工任务真正的最短施工总工期,对应的施工次序即为完成该施工任务的最优施工次序。具体步骤详见案例 5.9。

【案例 5.9】　表 5.14 所示为 4 个施工段 3 道工序的施工任务次序的确定。

分析:由表 5.14 可知,a 工序最小的工序工期 3 小于 b 工序最大的工序工期 6,c 工序最小的工序工期 5 也小于 b 工序最大的工序工期 6,所以,此案例属于 m 个施工段 3 道工序不满足前述特定条件的施工任务次序的确定问题。

最优施工次序确定步骤如下:

①将 a、b、c 3 道工序重新组合成 2 道工序(包括了所有组合情况),见表 5.15 中组合 1(a,b+c);表 5.16 中组合 2(a+b,c)、表 5.17 中组合 3(a+c,b)、表 5.18 中组合 4(a+b,b+c)、表 5.19 中组合 5(a+c,b+c)。

注意:先行工序和后续工序的位置不能颠倒,即(b+c,a+c)、(a+c,a+b)、(c+b,c+a)等组合都是错误的。

②按约翰逊-贝尔曼法则分别确定组合 1~5 对应的最优施工次序,如表 5.15—表 5.19 所示。

③用直接编阵法求得组合 1~5 最优施工次序下的最短施工总工期,如表 5.15—表 5.19 所示。其中,组合 1~5 对应的最优施工次序下的最短施工总工期都是 35 d;而默认次序:A、B、C、D 的最短施工总工期是 37 d,如表 5.20 所示。

表 5.14　某施工任务流水节拍表

单位:d

流水节拍　　　施工段 m 工序 n	A	B	C	D
a	7	4	3	9
b	3	5	6	4
c	5	6	8	7

表 5.15　组合 1:流水节拍表

单位:d

流水节拍　　　施工段 m 工序 n	A	B	C	D
a	7	4	3	9
b+c	8	11	14	11
最优次序	C	B	A	D
a	3(3)	4(7)	7(14)	9(23)
b	6(9)	5(14)	3(17)	4(27)
c	8(17)	6(23)	5(28)	7(35)

表 5.16　组合 2:流水节拍表

单位:d

流水节拍　　　施工段 m 工序 n	A	B	C	D
a+b	10	9	9	13
c	5	6	8	7
最优次序	C	D	B	A
a	3(3)	9(12)	4(16)	7(23)
b	6(9)	4(16)	5(21)	3(26)
c	8(17)	7(24)	6(30)	5(35)

表 5.17　组合 3:流水节拍表

单位:d

流水节拍\\施工段 m 工序 n	A	B	C	D
a+c	12	10	11	16
b	3	5	6	4
最优次序	C	B	D	A
a	3(3)	4(7)	9(16)	7(23)
b	6(9)	5(14)	4(20)	3(26)
c	8(17)	6(23)	7(30)	5(35)

表 5.18　组合 4:流水节拍表

单位:d

流水节拍\\施工段 m 工序 n	A	B	C	D
a+b	10	9	9	13
b+c	8	11	14	11
最优次序	C	B	D	A
a	3(3)	4(7)	9(16)	7(23)
b	6(9)	5(14)	4(20)	3(26)
c	8(17)	6(23)	7(30)	5(35)

表 5.19　组合 5:流水节拍表

单位:d

流水节拍\\施工段 m 工序 n	A	B	C	D
a+c	12	10	11	16
b+c	8	11	14	11
最优次序	B	C	D	A
a	4(4)	3(7)	9(16)	7(23)
b	5(9)	6(15)	4(20)	3(26)
c	6(15)	8(23)	7(30)	5(35)

表 5.20 默认次序流水节拍表

单位:d

流水节拍 施工段 m 工序 n	A	B	C	D
a	7(7)	4(11)	3(14)	9(23)
b	3(10)	5(16)	6(22)	4(27)
c	5(15)	6(22)	8(30)	7(37)

由表 5.15—表 5.20 可以得出,该施工任务的最短施工总工期是 35 d。最优施工次序是:C→B→A→D、C→D→B→A、C→B→D→A、B→C→D→A。

5.1.6 作业法的综合运用

前面已经讨论了顺序作业法、平行作业法和流水作业法,在实际工程中,这 3 种基本作业法不仅可以单独使用,而且可以根据具体情况将 3 种基本作业方法综合运用。在实际工程中常用的有平行流水作业法、平行顺序作业法和立体交叉平行流水作业法。

(1)平行流水作业法

在工程量相同的情况下,平行流水作业法工期最短,但劳动力、材料、施工机械等物资的需要量不平衡。而根据实际情况组织平行流水作业法,则既能缩短工期,又能克服平行作业法的缺点,发挥流水作业法的优势。在图 5.12 中,孔 1 和孔 2、孔 3 和孔 4、孔 5 和孔 6、孔 7 和孔 8 等为平行作业,孔 1 和孔 3、孔 2 和孔 4、孔 5 和孔 7、孔 6 和孔 8 等为流水作业,以钻孔为主导工序进行安排。从孔 1 至孔 8 的作业组织属于平行流水作业法;从孔 9 至孔 16 的作业组织也属于平行流水作业法。

(2)平行顺序作业法

平行顺序作业法适合于人力、财力、物力都十分充足,工期又相当紧张的工程任务。虽然没有克服平行作业法造成的人力、物力、机械等的过分集中使用和顺序作业法的不连续等缺点,但在某些特定的情况下可以考虑应用。

(3)立体交叉平行流水作业法

立体交叉平行流水作业法综合运用了平行、顺序、流水作业方法的特点。在空间上,它利用一切可以利用的工作面,根据实际拥有的施工机械、材料、劳动力以最大提高其效率,以主导工序和主导机械为依据,进行时间组织安排。同时,它有效地缩短了施工工期,使整个施工过程处于节奏之中。该法非常适合于工序繁多、工程量大而又集中的大型构造物的施工(如立交桥、特大桥的钻孔灌注桩工程及桥墩、桥台施工等)。

【案例 5.10】 某工程队承包了一座桥的基础工程,该桥基础为桩基础,共有 16 个钢筋混凝土桩。该工程队的施工组织方法如图 5.12 所示。

在图 5.12 中,每 8 个孔分成一组,按平行流水作业组织,这两组之间又进行立体交叉施工。由图 5.12 可见,该工程有埋护筒作业队 1 支(4 人)、清理现场作业队 1 支(4 人)、灌混凝土作业队 1 支(20 人)、钻孔设备 4 套(12 人/套),这 4 个专业队都是连续作业。整个施工过程有条不索,充分体现了连续、协调、均衡的施工组织原则。

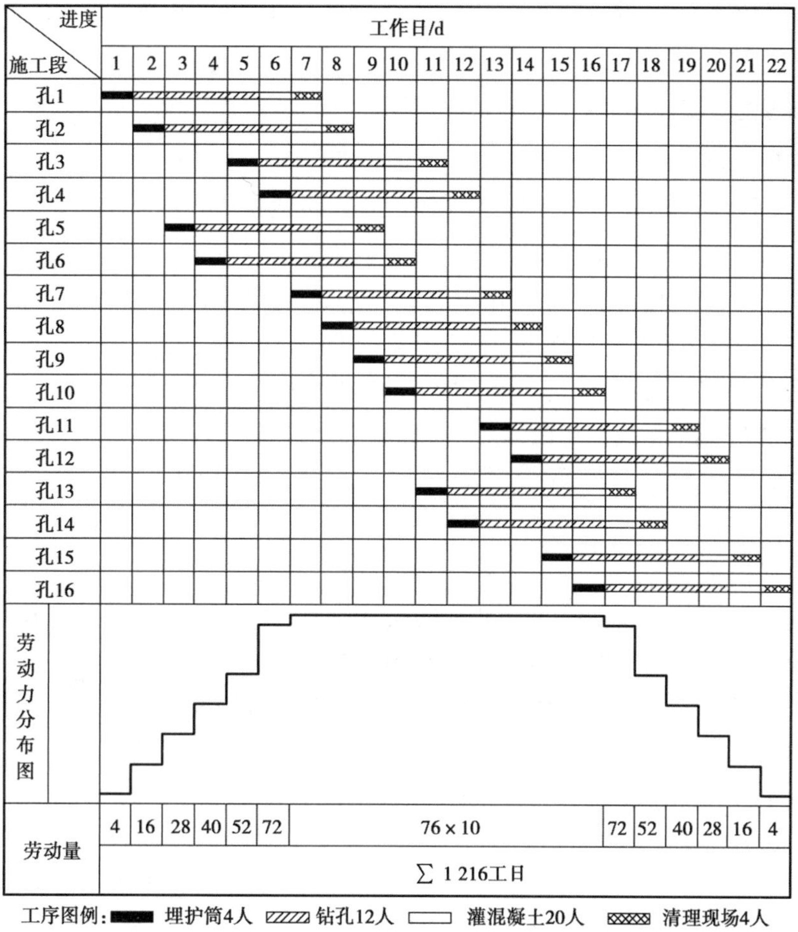

图 5.12 立体交叉平行流水作业施工进度横道图

5.2 编制施工进度网络图

5.2.1 施工进度网络计划相关知识

网络计划技术是 20 世纪 50 年代末国外陆续出现的一种计划管理的新方法。由于这些新方法建立在工作关系网络模型的基础上,把计划的编制、调整、优化和控制有机地结合起来,所以被称为网络计划技术。网络计划技术有以下主要优点:

①能充分反映出各项工作之间的相互制约、相互依赖关系。

②可以区分关键工作和非关键工作,并能反映出各项工作的机动时间。

③可以经济合理地运用和调配劳动力、材料、施工机械等各种资源。

④能进行计划的优化比较,以供选择最佳方案。

由此可见,采用网络计划技术,能够加强工程项目管理,经济合理地利用资源,使工程项目建设取得成功。

目前,网络计划技术已在公路工程项目管理中得到普遍采用(尤其是在大型工程项目、重点工程项目中)。在公路工程施工招投标中,网络图是施工组织设计文件不可缺少的一部分;在公路工程项目施工阶段,网络图又是实施性施工组织设计文件很重要的一部分,以此来控制施工进度,调配、合理运用资源。

1)网络计划的名称及分类

(1)网络计划的名称

国际上,工程网络计划有许多名称,如 CPM 法(关键线路法)、PERT 法(计划评审法)、CNT 法(搭接网络)等。

我国是从 20 世纪 60 年代开始运用网络计划的。著名数学家华罗庚教授结合我国实际,在吸收国外网络计划技术理论的基础上,将 CPM、PERT 等方法统一定名为统筹法。现在,网络计划技术已广泛应用于我国国民经济各个领域的计划管理中,通过编制计划,执行计划,寻求偏差及偏差产生的原因,最后解决产生的偏差。同时,随着计算机的普及,网络计划技术在组织管理中的优越性将日益显著。

(2)网络计划的分类

①按表示方法分类:

a.单代号网络计划。即以节点表示工作的网络计划[我国《工程网络计划技术规程》(JGJ/T 121—2015)]称为单代号网络计划。在单代号网络图中,每个节点表示一项工作,箭线仅用来表示各项工作之间相互制约、相互依赖的关系。因为单代号网络图不能用节点时间参数来表示(节点时间参数就是工作时间参数),所以不能绘制时间坐标网络计划及其资源需求动态曲线,进行资源的优化、调整,故单代号网络计划在工程实践中的应用不及双代号网络计划广泛。本章重点介绍双代号网络计划。

b.双代号网络计划。即以箭线表示工作的网络计划[我国《工程网络计划技术规程》(JGJ/T 121—2015)]称为双代号网络计划。在双代号网络图中,每个节点代表一个事件,表示前一项工作的结束,后一项工作的开始;箭线表示工作,在箭线上标注工作名称、工作持续时间。

②按有无时间坐标分类:

a.时标网络计划。是以时间坐标为尺度绘制的双代号网络计划,即每项工作箭线的长短与该工作持续时间的长短成比例。时标网络计划中应以实箭线表示工作,以虚箭线表示虚工作,以波形线表示工作的自由时差。

b.非时标网络计划。是不按时间坐标绘制的双代号网络计划,即每项工作箭线的长短与该工作持续时间的长短无关。

③按层次分类:

a.总体网络计划。是以整个建设项目或单项工程为对象编制的网络计划。

b.局部网络计划。是以建设项目或单项工程的某一部分为对象编制的网络计划。

《工程网络计划技术规程》(JGJ/T 121—2015)推荐的常用的工程网络计划类型包括双代号网络计划、单代号网络计划、双代号时标网络计划、单代号搭接网络计划。

2)基本概念

双代号网络图是以箭线及其两端节点的编号表示工作的网络图。

（1）箭线（工作）

箭线（工作）泛指一项需要消耗人力、物力和时间的具体活动过程，也称工序、活动、作业。在双代号网络图中，每一条箭线表示一项工作。箭线的箭尾节点表示该工作的开始，箭线的箭头节点表示该工作的完成。工作名称可标注在箭线的上方，完成该项工作所需要的持续时间可标注在箭线的下方。由于一项工作需用一条箭线与其箭尾和箭头处两个圆圈中的编号来表示，故称为双代号网络计划。

根据施工组织设计在不同阶段形成的不同文件，箭线所表示的工作取决于网络的层次（即详细程度），可能是单位工程，也可能是分部、分项工程，或者是一道工序，其粗细程度和工作范围的划分根据计划任务的需要确定。

箭线分为实箭线和虚箭线。在双代号网络图中，任意一条实箭线都要消耗时间，并多数要消耗资源。例如，土石方开挖这项工作消耗了人工、施工机械和时间，而混凝土的凝结硬化只需消耗时间。实箭线用"→"表示。

在双代号网络图中，为了正确地表达图中工作之间的逻辑关系，往往需要借助虚箭线。虚箭线是实际工作中并不存在的一项虚设工作，故它既不消耗时间，也不消耗资源，只是用来表达工作之间的逻辑关系。虚箭线用"--→"表示。一般起着工作之间的连接、区分和断路 3 个作用。

• 连接作用：指借助虚箭线正确表达工作之间相互依存的关系。

• 区分作用：指双代号网络图中每一项工作都必须用一条箭线和两个编号表示，若两项工作的编号相同时，应使用虚箭线加以区分。

• 断路作用：借助虚箭线断掉多余联系，即在双代号网络图中把无联系的工作连接上时，应加上虚箭线将其断开。

在非时标网络计划中，箭线的长度原则上可以任意画，其占用的时间以下方标注的时间参数为准。箭线可以为直线、折线或斜线，但其行进方向均应从左向右。在时标网络计划中，箭线的长度必须根据完成该工作的持续时间的长短按比例绘制。

（2）节点（又称结点，事件）

节点是双代号网络图中箭线之间的连接点，表示工作与工作之间的衔接关系，它具有相对性。在时间上节点表示指向某节点的工作全部完成后，该节点后面的工作才能开始的瞬间，即代表前一项工作的结束，后一项工作的开始，常用圆圈加以编号表示，即"①"。

双代号网络图中有 3 种类型的节点，即起始节点、中间节点和结束节点。

• 起始节点：在一个网络图中，只有外向箭线的节点是起始节点，如图 5.14 中的①节点；

• 结束节点：在一个网络图中，只有内向箭线的节点是结束节点，如图 5.14 中的⑥节点；

• 中间节点：在一个网络图中，既有内向箭线又有外向箭线的节点是中间节点，如图 5.14 中的②、③、④、⑤节点。

双代号网络图中，节点应用圆圈表示，并在圆圈内标注编号。一项工作应当只有唯一的一条箭线和相应的一对节点，且要求箭尾节点的编号小于其箭头节点的编号，即 $i<j$。网络图节点的编号顺序应从小到大，可不连续，但不允许重复。

（3）逻辑关系

网络图中工作之间相互制约、相互依赖的关系称为逻辑关系，包括工艺关系和组织关系。在网络图中，工艺关系和组织关系均应表现为工作之间的先后顺序，用"紧前工作"或"紧后工作"表述。

①工艺关系（也称硬逻辑关系）。生产性工作之间由工艺过程决定的，非生产性工作之间由工作程序决定的先后顺序称为工艺关系。

②组织关系（也称软逻辑关系）。工作之间由于组织安排需要或资源（人力、材料、机械设备和资金等）调配需要而确定的先后顺序关系称为组织关系。

网络图必须正确地表达整个工程或任务的工艺流程和各工作开展的先后顺序，以及它们之间相互依赖、相互制约的逻辑关系。因此，绘制网络图时必须遵循基本规则和要求。

3）绘制双代号网络图的基本规则

（1）识图

工作的表示方法：一项工作用一条箭线和两个节点编号表示，如图5.13所示。

（a）实工作表示   （b）虚工作表示

图5.13   工作表示图

①箭线。

• 内向箭线：对于节点 ⓘ，凡是箭线方向指向 ⓘ 节点的箭线都称为内向箭线。在图5.14中，④节点的内向箭线是②—④和③—④。

• 外向箭线：对于节点 ⓘ，凡是箭线方向指出去的箭线都称为外向箭线。在图5.14中，③节点的外向箭线是③—④和③—⑤。

②工作关系。

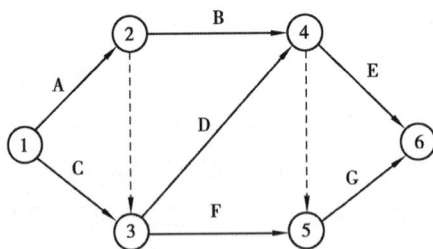

图5.14   箭线示意图

• 紧前工作：对于工作 ⓘ—ⓙ，凡是 ⓘ 节点上所有的内向箭线都称为紧前工作。在图5.14中，E工作的紧前工作是B、D工作。

• 紧后工作：对于工作 ⓘ—ⓙ，凡是 ⓙ 节点上所有的外向箭线都称为紧后工作。在图5.14中，C工作的紧后工作是D、F工作。

• 先行工作：对于工作 ⓘ—ⓙ，凡是在 ⓘ 节点之前完工的工作，都是先行工作。在图5.14中，G工作的先行工作是A、B、C、D、F工作。

●后续工作:对于工作ⓘ—ⓙ,凡是在ⓙ节点之后开工的工作,都是后续工作。在图 5.14 中,D 工作的后续工作是 E、G 工作。

●平行工作:对于工作ⓘ—ⓙ而言,与其同时进行的工作,都是ⓘ—ⓙ工作的平行工作,那么,从同一节点开始的工作,肯定是平行工作。在图 5.14 中,A 和 C 工作、D 和 F 工作是平行工作。

●虚工作:在图 5.14 中,②—③和④—⑤工作都是虚工作。前面已经讲了虚工作既不消耗资源又不消耗时间,只起到表达工作之间逻辑关系的作用。如图 5.14 所示,②—③工作起到连接 A 与 D 和 A 与 F 之间紧前与紧后关系的作用,也起到了断开 C 与 B 之间关系的作用,即 C 与 B 实际工作中不存在紧前紧后关系,需用虚箭线②—③断开。同样,④—⑤工作也有这样的作用。

③线路。网络图中从起始节点开始,沿箭头方向顺序通过一系列箭线与节点,最后到达终点节点的通路称为线路。在一个网络图中可能有很多条线路,线路中各项工作持续时间之和就是该线路的长度,即完成该线路上各项工作所需要的时间。一般网络图有多条线路,可依次用该线路上的节点编号来表达。如图 5.14 中,线路①—②—③—④—⑤—⑥、①—②—④—⑥和①—③—⑤—⑥等。

（2）双代号网络图的模型

①依次开始(见图 5.15,逻辑关系见表 5.21)。

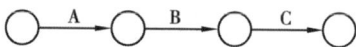

图 5.15　"依次开始"示意图

表 5.21　"依次开始"逻辑关系

工　作	A	B	C	工　作	A	B	C
紧前工作	—	A	B	紧后工作	B	C	—

②同时开始(见图 5.16,逻辑关系见表 5.22)。

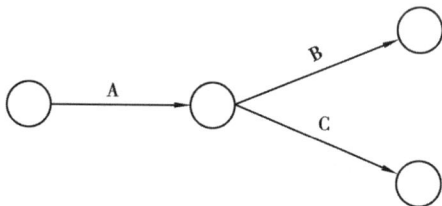

图 5.16　"同时开始"示意图

表 5.22　"同时开始"逻辑关系

工　作	B	C	工　作	A
紧前工作	A	A	紧后工作	B、C

③同时结束(见图 5.17,逻辑关系见表 5.23)。

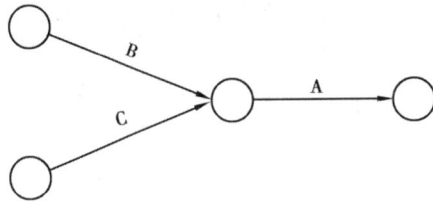

图 5.17　"同时结束"示意图

表 5.23　"同时结束"逻辑关系

工　作	A	工　作	B	C
紧前工作	B、C	紧后工作	A	A

④约束关系。

a.全约束(见图 5.18,逻辑关系见表 5.24)。

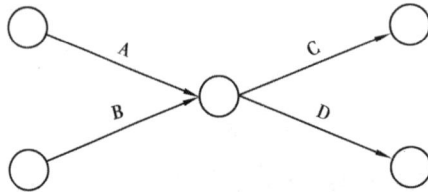

图 5.18　"全约束"示意图

表 5.24　"全约束"逻辑关系

工　作	C	D	工　作	A	B
紧前工作	A、B	A、B	紧后工作	C、D	C、D

b.半约束(见图 5.19,逻辑关系见表 5.25)。

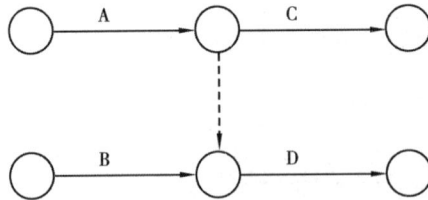

图 5.19　"半约束"示意图

表 5.25　"半约束"逻辑关系

工　作	C	D	工　作	A	B
紧前工作	A	A、B	紧后工作	C、D	D

c.三分之一约束(见图 5.20,逻辑关系见表 5.26)。

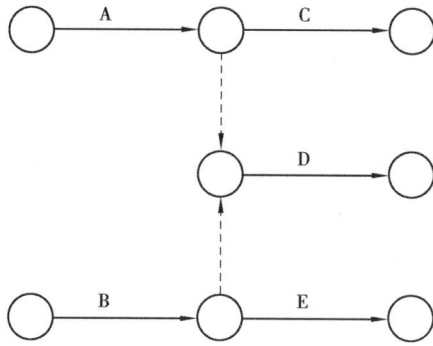

图 5.20　"三分之一约束"示意图

表 5.26　"三分之一约束"逻辑关系

工　作	C	D	E	工　作	A	B
紧前工作	A	A、B	B	紧后工作	C、D	D、E

⑤两项工作同时开始且同时结束(图 5.21)。

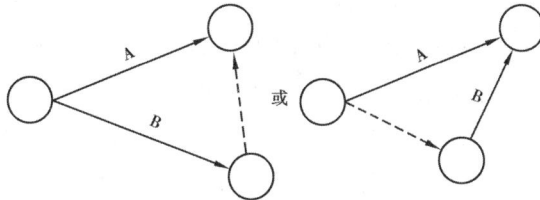

图 5.21　两项工作同时开始、结束

(3)绘制双代号网络图的基本规则

①一个网络计划图中不允许单代号、双代号混用。

②一个网络计划图中只允许有一个开始节点和一个结束节点。

③一对节点之间只能有一条箭线,不能出现无头箭杆,如有多条,则表示同一项工作。

④网络计划图中不允许有循环线路,如图 5.22 所示是错误的。

⑤节点编号应由小到大,也可以跳跃。

⑥网络计划图中不允许有相同编号的节点或相同代码的工作。

⑦网络计划图的布局应合理,要尽量避免箭线的交叉。当箭线交叉不可避免时,可采用"暗桥"或"断线"方法来处理,如图 5.23 和图 5.24 所示。

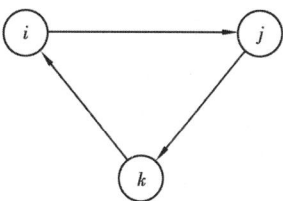

图 5.22　错误的网络计划图　图 5.23　"暗桥"方法处理箭线交叉　图 5.24　"断线"方法处理箭线交叉

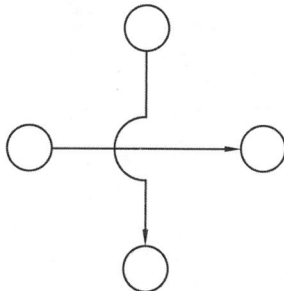

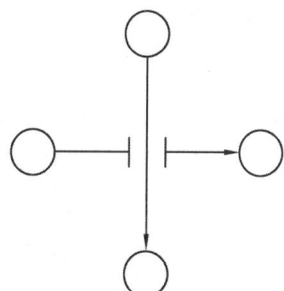

5.2.2 绘制双代号网络图

1) 双代号网络图绘制

双代号网络图的绘制是在对网络图做了全面的部署、安排以后进行的,即在工作或工序的划分、工序工期及工作间的逻辑关系确定以后进行的。

(1)工作关系为紧前工作关系

已知每一项工作的逻辑关系为紧前工作关系时,可按下述步骤绘制双代号网络图。

①绘制没有紧前工作的工作箭线,使它们具有同一个开始节点,以保证网络图只有一个起始节点。

②依次绘制其他工作箭线。这些工作箭线的绘制条件是其所有紧前工作箭线都已经绘制完成。在绘制这些工作箭线时,应按下列原则进行:

a.当所要绘制的工作只有一项紧前工作时,则将该工作箭线直接画在其紧前工作箭线之后,即紧前工作的结束节点为本工作的开始节点。

b.当所要绘制的工作有多项紧前工作时,应按以下4种情况分别予以考虑:

● 对于所要绘制的工作(本工作)而言,如果在其紧前工作之中存在一项只作为本工作紧前工作的工作(即在紧前工作栏目中,该紧前工作只出现一次),则应将本工作箭线直接画在该紧前工作箭线之后,即紧前工作的结束节点为本工作的开始节点;然后借助虚箭线将其他紧前工作箭线的箭头节点与本工作箭线的箭尾节点分别相连,以表达它们之间的逻辑关系。

● 对于所要绘制的工作(本工作)而言,如果在其紧前工作之中存在多项只作为本工作紧前工作的工作,应先将这些紧前工作箭线的箭头节点合并,再从合并后的节点开始,画出本工作箭线;最后借助虚箭线将其他紧前工作箭线的箭头节点与本工作箭线的箭尾节点分别相连,以表达它们之间的逻辑关系。

● 对于所要绘制的工作(本工作)而言,如果不存在一项或多项只作为本工作紧前工作的工作时,应判断本工作的所有紧前工作是否都同时作为其他工作的紧前工作(即在紧前工作栏目中,这几项紧前工作是否均同时出现若干次)。如果上述条件成立,应先将这些紧前工作箭线的箭头节点合并后,再从合并后的节点开始绘制本工作箭线。

● 对于所要绘制的工作(本工作)而言,如果不存在一项或多项只作为本工作紧前工作的工作时,也不存在本工作的所有紧前工作都同时作为其他工作的紧前工作的情况时,则应将本工作箭线单独画在紧前工作箭线之后的中部,然后借助虚箭线将其各紧前工作箭线的箭头节点与本工作箭线的箭尾节点分别相连,以表达它们之间的逻辑关系。

③当各项工作箭线都绘制完成以后,应合并没有紧后工作的工作箭线的箭头节点,以保证网络图只有一个结束节点(多目标网络计划除外)。

④当确认绘制的网络图正确后,即可进行节点编号。网络图的节点编号在满足前述要求的前提下,既可采用连续的编号方法,也可采用不连续的编号方法,如1、3、5……或5、10、15……,以避免以后增加工作时而改动整个网络图的节点编号。

【案例 5.11】 根据表 5.27 所给的工作关系,绘制双代号网络图。

表 5.27　工作关系表

工作代号	A	B	C	D	E	F	G	H
紧前工作	—	A	B	B	B	C、D	C、E	F、G

【解】　绘图步骤如下：

①绘制没有紧前工作的工作箭线 A。

②绘制只有一项紧前工作 A 的工作箭线 B，以及只有一项紧前工作 B 的工作箭线 C、D、E。

③对于 F(G)工作而言，是有多项紧前工作的情形。但在紧前工作中存在一项只作为本工作紧前工作的工作 D(E)，则将本工作 F(G)箭线直接画在紧前工作 D(E)工作箭线之后；然后借助虚箭线将 C 工作箭线的箭头节点与本工作 F(G)工作箭线的箭尾节点分别相连。

④对于 H 工作而言，是有多项紧前工作的情形。并且其紧前工作 F 和 G 都只作为本工作H 的紧前工作，则将 F、G 工作箭线的箭头节点合并，再从合并后的节点开始画出本工作 H 的工作箭线。

检查初步网络图形，如图 5.25 所示。

注意：

①表中 C、D 工作有共同的紧前工作 B，共同的紧后工作 F，即 C、D 工作同时开始、同时结束，要遵循双代号网络模型，如图 5.21 所示；同理，C、E、F、G 工作也同时开始、同时结束。

②绘制时，对于有多项紧后工作的工作应布置在中间，以避免箭线交叉。如 C、D、E 3 项工作中，其中 C 工作有两项紧后工作，所以布置在中间。

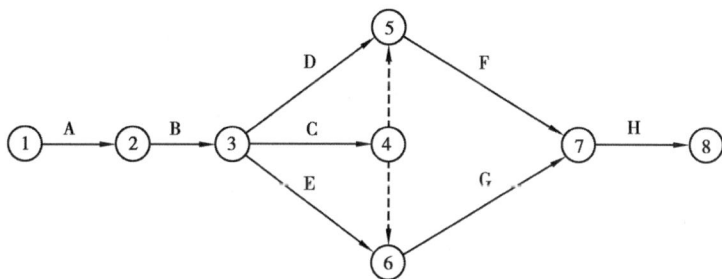

图 5.25　初步网络图形

【案例 5.12】　根据表 5.28 所给的工作关系，绘制双代号网络图。

表 5.28　工作关系表

工作代号	A	B	C	D	E	F	G	H	I	J
紧前工作	—	A	A	A	D	D、C	B、F	F	E、F	G、H、I

【解】　绘图步骤如下：

①绘制没有紧前工作的工作箭线 A。

②绘制只有一项紧前工作 A 的工作箭线 B、C、D，以及只有一项紧前工作 D 的工作箭线 E。

③对于 F 工作而言，是有多项紧前工作的情形。但在紧前工作中存在一项只作为本工作紧

前工作的工作C,则将本工作F箭线直接画在C工作箭线之后;然后借助虚箭线将D工作箭线的箭头节点与本工作F的箭尾节点相连。

④H工作只有一项紧前工作F,直接相连绘制即可。

⑤对于G(I)工作,是有多项紧前工作的情形。但在紧前工作中存在一项只作为本工作紧前工作的工作B(E),则将本工作G(I)箭线直接画在B(E)工作箭线之后;然后借助虚箭线将F工作箭线的箭头节点与本工作G(I)的箭尾节点相连。

⑥对于J工作,是有多项紧前工作的情形。并且其紧前工作G、H和I都只作为本工作J的紧前工作,则将G、H和I工作箭线的箭头节点合并,再从合并后的节点开始画出本工作J的工作箭线。

检查初步网络图形,如图5.26所示。

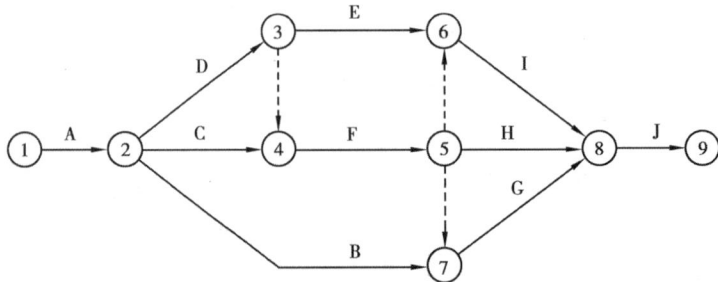

图5.26　初步网络图形

【任务12】　根据表5.29所给的工作关系,绘制双代号网络图。

表5.29　工作关系表

工作代号	A	B	C	D	E	F	G	H	I	J	K
紧前工作	—	A	A	A	B	B、C	C、D	D	E、F	G、H、F	I、J

【任务13】　某路线工程有4座盖板通道采用流水作业,工作持续时间(流水节拍t_i)如表5.30所示,要求绘制流水施工双代号网络图。

表5.30　工作持续时间表

工序 \ 施工段	工作持续时间/d			
	施工段Ⅰ	施工段Ⅱ	施工段Ⅲ	施工段Ⅳ
挖基	3	5	6	4
砌片石	6	4	7	5
现浇墙体	8	10	9	12
盖板安装	2	4	3	2

(2)工作关系为紧后工作关系

前面所述是已知每一项工作的逻辑关系为紧前工作时的绘图方法。当已知每一项工作逻辑关系为紧后工作时,也可按类似的方法进行网络图的绘制,只是其绘图顺序由前述的从左向右改为从右向左;或者将所有工作的逻辑关系由紧后工作改为紧前工作,重复以上操作。

【案例 5.13】　根据表 5.31 所给的工作关系,绘制双代号网络图。

表 5.31　工作关系表

工作代号	A	B	C	D	E	F
紧后工作	D、E、F	D、E	E、F	—	—	—

【解】　绘图步骤如下:

①绘制没有紧后工作的工作 D、E 和 F;3 项工作有共同的结束节点,保证网络计划只有一个结束节点。

②A、B、C 3 项工作是有多项紧后工作的工作。A、C 工作有共同的紧后工作 E、F,所以先将紧后工作 E、F 的箭尾节点合并,考虑到 E 工作还是其他工作 B 的紧后工作,所以借助虚箭线将 E 工作的箭尾节点区别开再合并,然后绘制 C 工作。

③同步骤②绘制 B 工作。即 A、B 工作有共同的紧后工作 D、E,所以先将紧后工作 D、E、的箭尾节点合并,考虑到 E 工作还是其他工作 C 的紧后工作,所以借助虚箭线将 E 工作的箭尾节点区别开再合并,然后绘制 B 工作。

④A 工作有和 B 工作共同的紧后工作 D、E,也有和 C 工作共同的紧后工作 E、F,所以应将 A 工作单独画在紧后工作箭线之前的中部,然后借助虚箭线将其各紧后工作箭线的箭尾节点和 A 工作箭线的箭头节点分别相连。

⑤合并没有紧前工作的工作 A、B 和 C 的工作箭线的箭尾节点,保证网络计划只有一个开始节点。

检查初步网络图形,如图 5.27 所示。

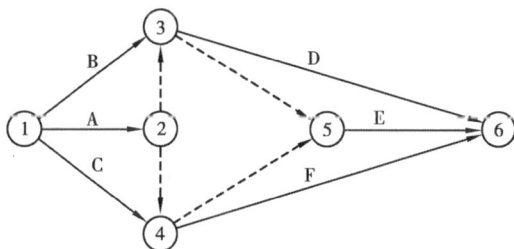

图 5.27　初步网络图形

【案例 5.14】　根据表 5.32 所给的工作关系,绘制双代号网络图。

表 5.32　工作关系表

工作代号	A	B	C	D	E	F	G	H	I	J
紧后工作	E	D、F	G	H、I	G、H	—	J	J	—	—

【解】　绘图步骤如下:

①绘制没有紧后工作的工作 I、J 和 F;3 项工作有共同的结束节点,保证网络计划只有一个结束节点。

②绘制只有一项紧后工作的工作 G、H,以及只有一项紧后工作的工作 C。

③对于 E 工作,是有多项紧后工作的情形。但在紧后工作中没有一项只作为本工作 E 的紧后工作,即 E 工作的紧后工作 G 和 H 工作又分别是其他工作 C 和 D 的紧后工作,所以将 E 工作单独画在紧后工作箭线之前的中部;然后借助虚箭线将其各紧后工作箭线的箭尾节点和 E 工作箭线的箭头节点分别相连。

④对于 D 工作,是有多项紧后工作的情形。但在紧后工作中有一项只作为本工作 D 的紧后工作 I 工作,则将本工作 D 箭线直接画在 I 工作箭线的前面;然后借助虚箭线将其紧后工作 H 箭线的箭尾节点和 D 工作箭线的箭头节点相连。

⑤对于 B 工作,是有多项紧后工作的情形。但其紧后工作 D 和 F 只作为本工作 B 的紧后工作,则将 D 和 F 工作箭线的箭尾节点合并,再从合并后的节点开始画出本工作 B 的工作箭线。

⑥A 工作只有一项紧后工作 E,箭线直接相连即可。

⑦合并没有紧前工作的工作 A、B 和 C 的工作箭线的箭尾节点,保证网络计划只有一个开始节点。

检查初步网络图形,如图 5.28 所示。

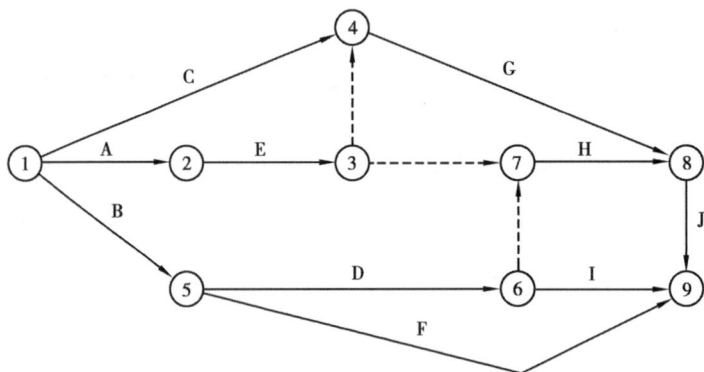

图 5.28　初步网络图形

【任务 14】　根据表 5.33 所给的工作关系,绘制双代号网络图。

表 5.33　工作关系表

工作代号	A	B	C	D	E	G	H	I	J	K
紧后工作	B、C、D	E、H	H	G、I	J	H	K	K	K	—

【任务 15】　根据表 5.34 所给的工作关系,绘制双代号网络图。

表 5.34　工作关系表

工作代号	A	B	C	D	E	F	G	H	I
紧后工作	G	D、E	G、F	G、F	H	H	I	—	—

【任务 16】　根据表 5.35 所给的工作关系,绘制双代号网络图。

表 5.35　工作关系表

工作代号	A	B	C	D	E	F	G	H	I	J
紧后工作	B、C	D、E、F	E、F	G	G	H	I、J	J	—	—

2)计算时间参数及确定关键线路

时间参数分两类:一类是控制性时间参数,包括节点时间参数 ET、LT,工作时间参数 ES、EF、LS、LF;另一类是协调性时间参数,指工作时差 TF、FF、IF、DF。

(1)计算节点时间参数及确定关键线路

①节点最早开始时间 ET。

定义:节点的最早开始时间即节点可以开工的最早时间,表示该节点的紧前工作已全部完成。

计算方法:从开始节点开始,沿着箭线方向,依次计算每一个节点,直至结束节点。

计算公式:

$$ET_j = \{ET_i + D_{i-j}\}_{max}（只看内向箭线）\tag{5.11}$$

其中,取大值针对该节点有多于一条内向箭线而言。

口诀:从左向右,(只看内向箭线)累加取大值。

规定:开始节点最早开始时间为零,即 $ET_1 = 0$,如图 5.29 所示。

图 5.29　节点最早开始时间 ET

【案例 5.15】　节点最早开始时间 ET 的计算,如图 5.30 所示。

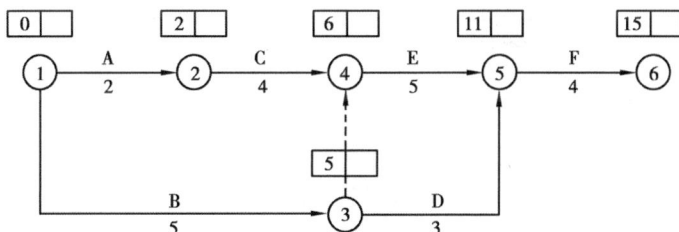

图 5.30　节点最早开始时间 ET 的计算

【解】　计算步骤如下:

a.①节点最早开始时间按规定为 0。

b.②节点最早开始时间为①节点最早开始时间加 A 工作工期,即 0+2=2,注意②节点只有一条内向箭线,所以不需要判断大小值。

c.③节点最早开始时间为①节点最早开始时间加 B 工作工期,即 0+5=5,同上不需要判断大小值。

d.④节点最早开始时间为②节点最早开始时间加 C 工作工期,即 2+4=6,因为④节点最早开始时间 6 表示④节点的紧前工作 B、C 已全部完成，紧后工作 E 可以开始，而不是③节点最早开始时间 5，即第 5 d 是 B 工作的完成时间，而 C 工作还没有完成。因为 E 工作必须等 B、C 工作都完成了才可以开始，即 E 工作的最早开始时间是第 6 d 而不是第 5 d。

e.⑤节点最早开始时间为④节点最早开始时间加 E 工作工期，即 6+5＝11，而不是③节点最早开始时间加 D 工作工期，即 5+3＝8，因为 F 工作必须等 D、E 工作全部完成后才能开始，所以⑤节点最早开始时间是 11 和 8 中取最大值为 11 d。

f.⑥节点的最早开始时间为⑤节点最早开始时间加 F 工作工期，即 11+4＝15。

由以上计算可得，计算总工期为 15 d，即 $T_{计算}=ET_{终}$。整个计算步骤用公式表达如下：

$$ET_1=0, ET_2=ET_1+D_{1-2}=0+2=2$$

$$ET_3=ET_1+D_{1-3}=0+5=5$$

$$ET_4=\{ET_2+D_{2-4}=2+4=6, ET_3+D_{3-4}=5+0=5\}_{max}=6$$

$$ET_5=\{ET_3+D_{3-5}=5+3=8, ET_4+D_{4-5}=6+5=11\}_{max}=11$$

$$ET_6=ET_5+D_{5-6}=11+4=15$$

②节点最迟开始时间 LT。

定义：节点的最迟开始时间表示节点开工不能迟于这个时间，若迟于这个时间，将会影响计划总工期。

计算方法：从结束节点开始，逆着箭线方向，依次计算每一个节点，直至开始节点。

计算公式：

$$LT_i=\{LT_j-D_{i-j}\}_{min}(只看外向箭线) \tag{5.12}$$

其中，取小值只针对该节点有多于一条外向箭线而言。

口诀：从右向左，(只看外向箭线)递减取小值。

规定：结束节点最迟开始时间为计划总工期。假设计划总工期等于计算总工期，即 $LT_{终}=T_{计划}$、$T_{计算}=ET_{终}$，假设 $T_{计划}=T_{计算}$，如图 5.31 所示。

图 5.31　节点最迟开始时间 LT

【案例 5.16】　节点最迟开始时间 LT 的计算，如图 5.32 所示。

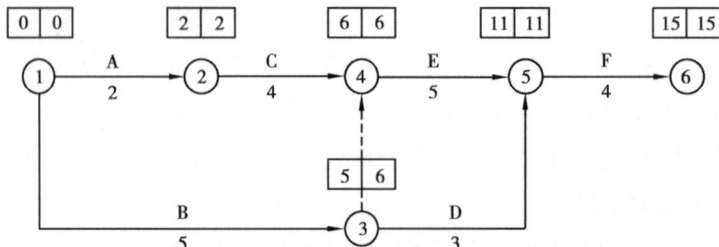

图 5.32　节点最迟开始时间 LT 的计算

【解】　计算步骤如下:

a.⑥节点最迟开始时间按规定为计划总工期15 d,即为⑥节点最早开始时间。

b.⑤节点最迟开始时间为⑥节点最迟开始时间减去 F 工作工期,即15−4=11,注意⑤节点只有一条外向箭线,所以不判断大小值。

c.④节点最迟开始时间为⑤节点最迟开始时间减去 E 工作工期,即11−5=6,同上不判断大小值。

d.③节点有两条外向箭线,因为⑤节点最迟开始时间减去 D 工作工期为 8,即11−3=8;而④节点最迟开始时间减0,即6−0=6。所以③节点最迟开始时间为6,即③节点最迟开始时间必须满足紧后工作最迟开始时间的最小值。

e.②节点最迟开始时间为④节点最迟开始时间减去 C 工作工期,即6−4=2,不判断大小值。

f.①节点有两条外向箭线,因为②节点最迟开始时间减去 A 工作工期为 0,即2−2=0;而③节点最迟开始时间减去 B 工作工期为1,即 6−5=1。所以①节点最迟开始时间为0。

由以上计算可得,关键线路为①—②—④—⑤—⑥。在假设 $T_{计划}=T_{计算}$ 的情况下,关键线路上节点最早开始时间和节点最迟开始时间相等,即 $ET=LT$。整个计算步骤用公式表达如下:

$$LT_6=ET_6=15, LT_5=LT_6-D_{5-6}=15-4=11$$

$$LT_4=LT_5-D_{4-5}=11-5=6$$

$$LT_3=\{LT_4-D_{3-4}=6-0=6, LT_5-D_{3-5}=11-3=8\}_{min}=6$$

$$LT_2=LT_4-D_{2-4}=6-4=2$$

$$LT_1=\{LT_2-D_{1-2}=2-2=0, LT_3-D_{1-3}=6-5=1\}_{min}=0$$

双代号网络图节点时间参数的计算如图 5.33 所示。

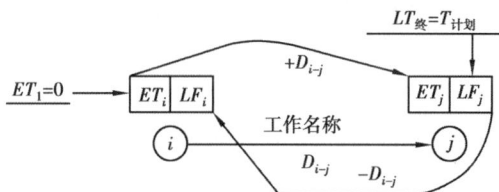

图 5.33　节点时间参数计算步骤示例

总结:当 $T_{计划}=T_{计算}$ 时,关键线路上节点最早开始时间等于最迟开始时间,即 $ET=LT$;当 $T_{计划}\neq T_{计算}$ 时,关键线路上 $ET\neq LT$,即 $LT-ET=T_{计划}-T_{计算}$。

【任务 17】　根据表 5.36 的工作逻辑关系绘制双代号网络图,并计算节点时间参数及确定关键线路。

表 5.36　工作关系表

工作代号	A	B	C	D	E	F	G	H	I	J	K	L	M	N	P
紧前工作	—	A	B	B	B	B	B	C、D	F	G	H	E、L	M	N、J、I	
持续时间	7	1	1	1	1	1	1	5	8	10	8	6	6	4	1

【任务 18】　某工程主体结构有工程活动如下:柱绑扎钢筋(代码 A,下同),抗震墙绑扎钢筋(B),柱支立模板(C),电梯井支立内模板(D),抗震墙支立模板(E),电梯井绑扎钢筋(F),楼梯支立模板(G),电梯井支立外模板(H),梁支立模板(I),楼板支立模板(J),楼梯绑扎钢筋(K),墙柱等浇筑混凝土(L),铺设暗管(M),梁、板绑扎钢筋(N),梁、板浇筑混凝土(P),工作逻辑关系如表 5.37 所示。

根据表 5.37,绘制双代号网络图,并计算节点时间参数及确定关键线路。

表 5.37　工作关系表

活动代码	A	B	C	D	E	F	G	H	I	J	K	L	M	N	P
紧前工作	—	A	A	—	B、C	B、D	D	E、F	C	I、H	G、F	K、J	L	L	N、M
持续时间	2	2	3	2	2	2	2	2	3	2	1	3	3	2	2

(2)计算工作时间参数及确定关键线路

①工作最早开始时间 ES。$i{-}j$ 工作的最早开始时间 ES_{i-j} 与 i 节点的最早开始时间 ET_i 相等。即:

$$ES_{i-j} = ET_i \qquad (5.13)$$

②工作最早结束时间 EF。$i{-}j$ 工作的最早结束时间 EF_{i-j} 等于 $i{-}j$ 工作的最早开始时间 ES_{i-j} 加 $i{-}j$ 工作工期 D_{i-j}。即:

$$EF_{i-j} = ES_{i-j} + D_{i-j} \qquad (5.14)$$

③工作最迟开始时间 LS。$i{-}j$ 工作的最迟开始时间 LS_{i-j} 等于 $i{-}j$ 工作的最迟结束时间 LF_{i-j} 减 $i{-}j$ 工作工期 D_{i-j}。即:

$$LS_{i-j} = LF_{i-j} - D_{i-j} \qquad (5.15)$$

④工作最迟结束时间 LF。$i{-}j$ 工作的最迟结束时间 LF_{i-j} 等于 j 节点的最迟开始时间 LT_j。即:

$$LF_{i-j} = LT_j \qquad (5.16)$$

双代号网络图工作时间参数的计算如图 5.34 所示。

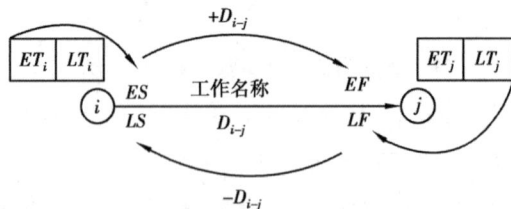

图 5.34　工作时间参数的计算

【案例 5.17】　双代号网络计划工作时间参数的计算,如图 5.35 所示。

【解】　计算步骤如下:

a.计算节点时间参数 ET、LT(过程略)。

b.计算工作最早开始时间 ES、最早结束时间 EF。即:

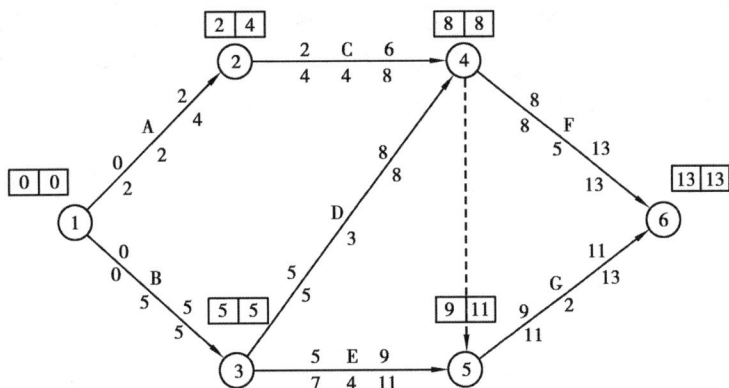

图 5.35　工作时间参数的计算

$$ES_{1-2}=ET_1=0 \qquad EF_{1-2}=ES_{1-2}+D_{1-2}=0+2=2$$

$$ES_{1-3}=ET_1=0 \qquad EF_{1-3}=ES_{1-3}+D_{1-3}=0+5=5$$

$$ES_{2-4}=ET_2=2 \qquad EF_{2-4}=ES_{2-4}+D_{2-4}=2+4=6$$

$$ES_{3-4}=ET_3=5 \qquad EF_{3-4}=ES_{3-4}+D_{3-4}=5+3=8$$

$$ES_{3-5}=ET_3=5 \qquad EF_{3-5}=ES_{3-5}+D_{3-5}=5+4=9$$

$$ES_{4-6}=ET_4=8 \qquad EF_{4-6}=ES_{4-6}+D_{4-6}=8+5=13$$

$$ES_{5-6}=ET_5=9 \qquad EF_{5-6}=ES_{5-6}+D_{5-6}=9+2=11$$

c.计算工作最迟开始时间 LS、最迟结束时间 LF。即：

$$LF_{5-6}=LT_6=13 \qquad LS_{5-6}=LF_{5-6}-D_{5-6}=13-2=11$$

$$LF_{4-6}=LT_6=13 \qquad LS_{4-6}=LF_{4-6}-D_{4-6}=13-5=8$$

$$LF_{3-5}=LT_5=11 \qquad LS_{3-5}=LF_{3-5}-D_{3-5}=11-4=7$$

$$LF_{3-4}=LT_4=8 \qquad LS_{3-4}=LF_{3-4}-D_{3-4}=8-3=5$$

$$LF_{2-4}=LT_4=8 \qquad LS_{2-4}=LF_{2-4}-D_{2-4}=8-4=4$$

$$LF_{1-3}=LT_3=5 \qquad LS_{1-3}=LF_{1-3}-D_{1-3}=5-5=0$$

$$LF_{1-2}=LT_2=4 \qquad LS_{1-2}=LF_{1-2}-D_{1-2}=4-2=2$$

总结：该网络图形的关键线路为①—③—④—⑥。在假设 $T_{计划}=T_{计算}$ 的情况下，除关键线路上各节点 $ET=LT$ 外，关键线路上 $ES=LS$（或 $EF=LF$）。

当 $T_{计划}=T_{计算}$ 时，若工作的最早开始（结束）时间等于工作最迟开始（结束）时间，即 $ES=LS$（或 $EF=LF$），则说明该工作没有富余时间，就是所谓的时差，为关键工作；否则，此工作有富余时间可利用，为非关键工作。当 $T_{计划}\neq T_{计算}$ 时，关键线路上的关键工作 $LS-ES=LF-EF=T_{计划}-T_{计算}$，否则是非关键工作。

关键线路上的工作都是关键工作，非关键线路上至少有一项非关键工作。

【任务 19】　同任务 17,计算工作时间参数并确定关键线路。

【任务 20】　同任务 18,计算工作时间参数并确定关键线路。

(3)计算工作(工序)时差及确定关键线路

工作时差是工作可利用的时间范围，但不一定全部利用，通常分为总时差、自由时差、相干时差和独立时差。

①总时差 TF_{i-j}。工作的总时差 TF_{i-j} 是指在不影响紧后工作最迟开始时间的条件下,工作 $i-j$ 所拥有的最大机动时间。也就是说,在保证紧后工作最迟开工的条件下,$i-j$ 工作推迟其最早开始或延长其持续时间的幅度。它可以用节点时间参数来表示,也可以用工作时间参数来表示。

用节点时间参数来表示:

$$TF_{i-j} = LT_j - ET_i - D_{i-j} \tag{5.17}$$

用工作时间参数来表示:

$$TF_{i-j} = LF_{i-j} - ES_{i-j} - D_{i-j} = LF_{i-j} - EF_{i-j} = LS_{i-j} - ES_{i-j} \tag{5.18}$$

由式(5.17)和式(5.18)可以看出,总时差有 3 种情况:

a.$TF_{i-j} > 0$,说明该工作存在机动时间。

b.$TF_{i-j} = 0$,说明该工作没有机动时间。

c.$TF_{i-j} < 0$,说明计算工期大于计划工期,应采取措施缩短计算工期,保证在计划工期内完成工程项目。

②自由时差 FF_{i-j}。工作的自由时差 FF_{i-j} 是指在不影响紧后工作最早开始时间的条件下,工作 $i-j$ 所拥有的机动时间。也就是说,在保证紧后工作最早开工的条件下,$i-j$ 工作推迟其最早开始或延长其持续时间的幅度。它可以用节点时间参数来表示,也可以用工作时间参数来表示。

用节点时间参数来表示:

$$FF_{i-j} = ET_j - ET_i - D_{i-j} \tag{5.19}$$

用工作时间参数来表示:

$$FF_{i-j} = ES_{j-k} - ES_{i-j} - D_{i-j} \tag{5.20}$$

注:$j-k$ 工作是 $i-j$ 工作的紧后工作。

③相干时差 IF_{i-j}。

$$IF_{i-j} = TF_{i-j} - FF_{i-j} \tag{5.21}$$

④独立时差 DF_{i-j}。

工作的独立时差 DF_{i-j} 是指在紧前工作最迟结束、紧后工作最早开工的条件下,工作 $i-j$ 所拥有的机动时间。它可以用节点时间参数来表示,也可以用工作时间参数来表示。

用节点时间参数来表示:

$$DF_{i-j} = ET_j - LT_i - D_{i-j} \tag{5.22}$$

用工作时间参数来表示:

$$DF_{i-j} = ES_{j-k} - LF_{h-i} - D_{i-j} \tag{5.23}$$

注:$h-i$ 工作是 $i-j$ 工作的紧前工作;$j-k$ 工作是 $i-j$ 工作的紧后工作。

总结:

①如果总时差等于 0,其他时差都等于 0。

②总时差不属于本项工作,为一条线路共用。

③自由时差、独立时差都属于本项工作,不能传递。使用自由时差时对紧后工作没有影响,使用独立时差时对紧前、紧后工作都没有影响。

④总时差最小的工作为关键工作,由关键工作组成的线路为关键线路。当规定了计划工期

时,总时差可能小于 0;否则,总时差≥0。

双代号网络图时间参数的表示如图 5.36 所示。

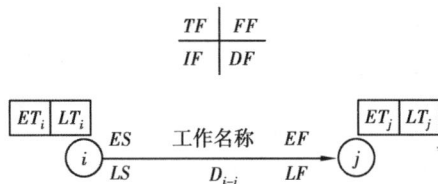

图 5.36　时间参数表示

【案例 5.18】　用节点时间参数计算如图 5.37 所示各工作的工作时差,并确定关键线路。

【解】　计算步骤如下:

①计算总时差 TF_{i-j}。

$$TF_{1-2}=5-0-2=3 \quad TF_{1-3}=5-0-5=0$$
$$TF_{2-5}=9-2-4=3 \quad TF_{3-4}=9-5-4=0$$
$$TF_{3-5}=9-5-3=1 \quad TF_{4-6}=14-9-2=3$$
$$TF_{5-6}=14-9-5=0$$

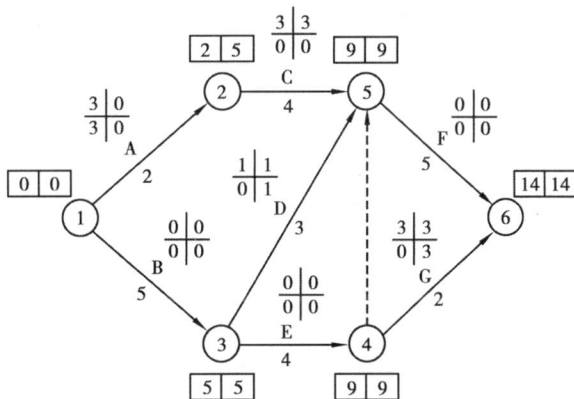

图 5.37　用节点时间参数计算工作时差

②计算自由时差 FF_{i-j}。

$$FF_{1-2}=2-0-2=0 \quad FF_{1-3}=5-0-5=0$$
$$FF_{2-5}=9-2-4=3 \quad FF_{3-4}=9-5-4=0$$
$$FF_{3-5}=9-5-3=1 \quad FF_{4-6}=14-9-2=3$$
$$FF_{5-6}=14-9-5=0$$

③计算相干时差 IF_{i-j}。

$$IF_{1-2}=3-0=3 \quad IF_{1-3}=0-0=0$$
$$IF_{2-5}=3-3=0 \quad IF_{3-4}=0-0=0$$
$$IF_{3-5}=1-1=0 \quad IF_{4-6}=3-3=0$$
$$IF_{5-6}=0-0=0$$

④计算独立时差 DF_{i-j}。

$$DF_{1-2}=2-0-2=0 \quad DF_{1-3}=5-0-5=0$$

$$DF_{2-5}=9-5-4=0 \quad DF_{3-4}=9-5-4=0$$

$$DF_{3-5}=9-5-3=1 \quad DF_{4-6}=14-9-2=3$$

$$DF_{5-6}=14-9-5=0$$

关键线路为①—③—④—⑤—⑥,或者 B—E—F。

【任务21】 同任务17,计算工作时差并确定关键线路。

【任务22】 同任务18,计算工作时差并确定关键线路。

(4)工期及关键线路

双代号网络计划图中,总时差最小的工作是关键工作。由关键工作组成的线路是关键线路。关键线路用粗实线表示。

在双代号网络计划图中,持续时间最长的线路是关键线路。关键线路有时不止一条,如有多条关键线路,则持续时间之和相等,等于总工期。此总工期是网络计划的计算工期 T_c。关键线路以外的线路都是非关键线路。非关键线路上至少有一项非关键工作。但非关键线路是相对的,当该线路的总时差用完时,就转化为关键线路。

双代号网络计划图中,计算工期 T_c 由终点节点最早开始(完成)时间确定或者由结束工作的最早完成时间的最大值确定。双代号网络计划的计划工期 T_p 的计算应按下列情况分别确定:

当已规定了要求工期 T_r 时,$T_p \leq T_r$。

当未规定要求工期 T_r 时,$T_p \geq T_c$。

当计划工期 T_p 等于计算工期 T_c 时,关键工作的总时差为零,也是最小的总时差。当有要求工期 T_r,且要求工期 T_r 小于计算工期 T_c 时,总时差最小值为负值;当要求工期大于计算工期时,总时差最小值为正值。

3)双代号网络计划工作时间参数的"六时标注法"

按工作计算法计算双代号网络计划中各时间参数,其计算结果应标注在箭线之上,如图5.38所示,此标注方法称为"六时标注法"。

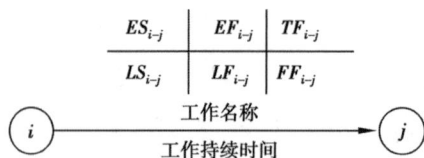

图5.38 双代号网络计划"六时标注法"

【案例5.19】 根据表5.38所给的工作逻辑关系及工作持续时间,绘制双代号网络图。若计划工期等于计算工期,试计算各项工作的6个时间参数及确定关键线路,并标注在双代号网络图上。

表5.38 工作逻辑关系及持续时间表

工作代号	A	B	C	D	E	F	G	H	I	J	K
紧后工作	D、E	F	G、H	I	F	I、J、K	F	K	—	—	—
持续时间/d	7	4	2	5	2	6	1	2	5	4	3

【解】　绘制双代号网络图如图 5.39 所示。

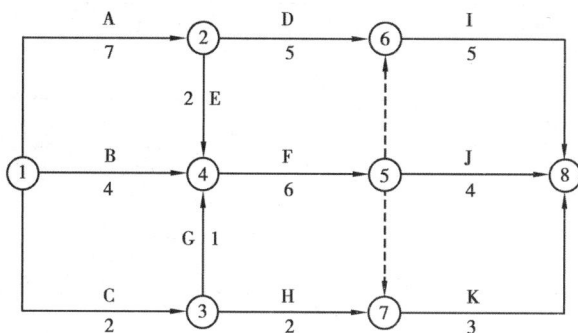

图 5.39　双代号网络图

各项工作的 6 个时间参数图上算法及关键线路如图 5.40 所示。

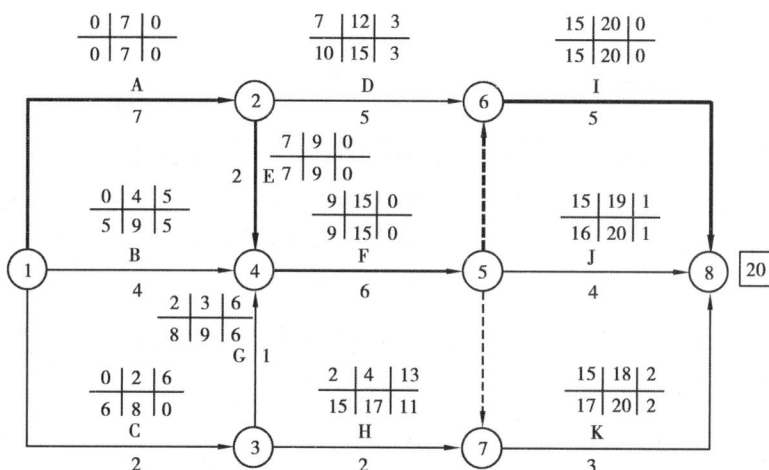

图 5.40　双代号网络图时间参数图上算法

关键线路为:①—②—④—⑤—⑥—⑧或者 A—E—F—I。

【任务 23】　已知某工程工作之间的逻辑关系及工作持续时间如表 5.39 所示,绘制双代号网络图。若计划工期等于计算工期,试计算各项工作的 6 个时间参数及确定关键线路,并标注在双代号网络图上。

表 5.39　工作逻辑关系及持续时间表

工作代号	紧前工作	工作持续时间/d
A	—	3
B	A	3
C	B	2
D	A	3
E	B、D	2
F	C、E	2
G	D	3

续表

工作代号	紧前工作	工作持续时间/d
H	E、G	3
I	F、H	4
J	F	4
K	I	3
L	I	2
M	J、K	3
N	M	3
O	L、M	4

5.2.3　绘制时间坐标网络计划

时间坐标网络计划,简称时标网络计划,是网络计划的一种表达方式。前面所介绍的网络计划属一般网络计划或初步网络计划。在一般网络计划图中,工作持续时间在箭线下方标注,但是因为没有时间坐标,各项工作的开始、结束时间以及持续时间的长短不能直接看出,不能直观地反映这个计划的进程。为了克服以上不足,在一般网络计划图的上方或下方增加一时间坐标,箭线的长短即表示该工作持续时间的长短,这样可使整个进度计划的进程更加直观。时标网络计划图还是计划调整、优化、控制的有用工具。

1)时标网络计划图的特点

时标网络计划更能表达进度计划中各项工作之间恰当的时间关系,使网络计划易于理解,方便应用。箭线的长短和所在的位置表示工作的时间进程,有利于计划管理人员分析网络计划,并对其进行合理的优化、调整。因此,时标网络计划图具有以下特点:

①时标网络图比较接近横道图,能直观地反映整个网络计划的时间进程。

②时标网络图能直观反映各项工作的开始和完成时间、机动时间及网络计划的关键线路;在计划执行过程中,可以随时检查哪些工作已经完成,哪些工作正在进行及哪些工作将要开始。

③因时标网络图能直观反映哪些工作同时进行,所以可方便确定在同一时间内劳动力、材料、机具设备等资源的需要量,并进行资源需求曲线图的绘制。

④调整优化后的时标网络图,可在下达施工任务书时,作为进度计划下达给承包人直接使用。

2)绘制时标网络计划图

时标网络计划图可以按节点最早开始时间和节点最迟开始时间两种途径绘制。

(1)按节点最早开始时间绘制时标网络计划图

首先根据工作逻辑关系表绘制一般网络计划图(初步网络计划图),在图上计算节点时间参数并确定关键线路。然后以一般网络计划图的计算工期为横轴,作时间坐标轴,并把网络图的关键线路布置在时标网络图中适当的位置。最后按节点最早开始时间确定非关键节点,连接非关键线路。

注意:连接非关键线路上的工作时,应让工作早开始早结束,把富余时间留在该工作可利用时间的后面,并用波形线表示。

【案例 5.20】　根据图 5.41 所示的初步网络计划图,按节点最早开始时间绘制时标网络计划图。

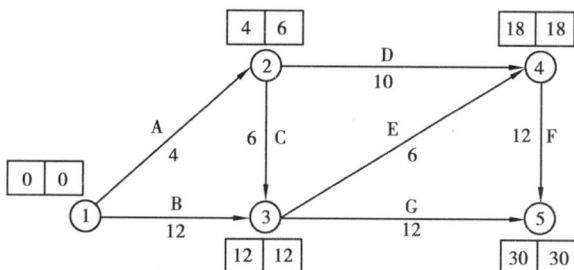

图 5.41　初步网络计划图

【解】　绘制步骤如下:

①在图上计算各节点的时间参数,并确定关键线路:①—③—④—⑤或 B—E—F。

②作时间坐标轴,如图 5.42 所示。

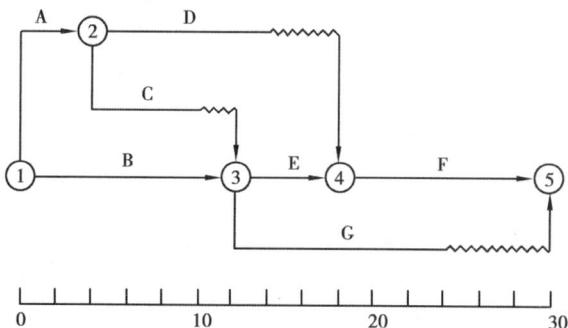

图 5.42　时标网络计划图(按节点最早开始时间绘制)

③把关键线路绘制在图中适当的位置,如①—③—④—⑤。

④按节点最早开始时间标画非关键线路。

注意:

a.绘制时,按节点最早开始时间先确定节点。

b.实际进行的工作用实箭线表示,箭线的长短表示工作持续时间;虚工作用虚箭线表示;工作的富余时间用波形线表示。

(2)按节点最迟开始时间绘制时标网络计划图

按节点最迟开始时间绘制时标网络计划图。也是根据工作逻辑关系表绘制一般网络计划图(初步网络计划图),在图上计算节点时间参数并确定关键线路。然后以一般网络计划图的计算工期为横轴,作时间坐标轴,并把网络图的关键线路布置在时标网络图中适当的位置。所不同的是:最后按节点最迟开始时间确定非关键节点,连接非关键线路。

注意:连接非关键线路上的工作时,应让工作晚开始晚结束,把富余时间留在该工作可利用时间的开始,并用波形线表示。

【案例 5.21】 根据图 5.41 所示的初步网络计划图,按节点最迟开始时间绘制时标网络计划图。

【解】 绘制步骤如下:

①在图上计算各节点的时间参数,并确定关键线路:①—③—④—⑤或 B—E—F。

②作时间坐标轴,如图 5.43 所示。

③把关键线路绘制在图中适当的位置,如①—③—④—⑤。

④按节点最迟开始时间标画非关键线路。

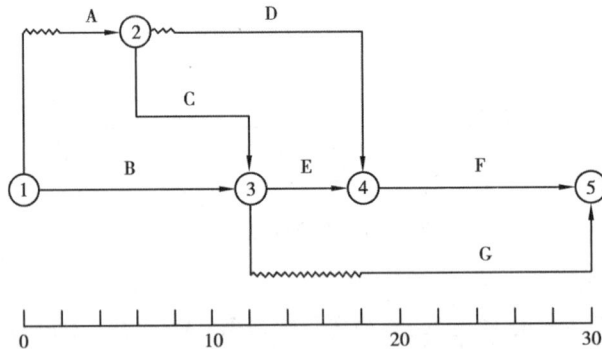

图 5.43 时标网络计划图(按节点最迟开始时间绘制)

从按节点最早开始时间和节点最迟开始时间绘制的时标网络图可以看出,前者的特点是"紧前松后",即非关键线路上的工作早开始早结束,富余时间留在最后;而后者是"紧后松前",即非关键线路上的工作晚开始晚结束,富余时间留在开始。

3)时标网络计划的应用

①利用时标网络计划可以方便编制工程项目小、工艺过程简单的施工进度计划。在编制过程中,可以边编制、边计算、边调整。

②对于大型复杂的工程项目,可以先绘制局部时标网络计划,然后再综合起来绘制总体网络计划。

③在时标网络计划的绘制过程中,可根据具体项目,按每一单位是表示 1 日、1 月还是 1 年具体确定,但应扣除休息日。

【任务 24】 同任务 17,分别按节点最早开始时间和节点最迟开始时间绘制时标网络计划图。

【任务 25】 同任务 18,分别按节点最早开始时间和节点最迟开始时间绘制时标网络计划图。

【任务 26】 同任务 23,分别按节点最早开始时间和节点最迟开始时间绘制时标网络计划图。

5.2.4 编制、检查网络计划

1)编制网络计划

网络计划技术在计划管理中起着非常重要的作用,其应用程序为:

（1）准备阶段

①确定网络计划的目标。在编制网络计划时,首先应根据需要确定网络计划的目标。常见的目标有工期目标、工期-资源目标、工期-成本目标。

②调查研究。为了使网络计划科学且切合实际,计划编制人员应通过调查研究,掌握足够准确的各种资料。其调查研究的主要内容有:

a.项目有关的工作任务、实施条件、设计数据资料。

b.相关的定额、规程、标准、制度等。

c.资源需求和供应情况。

d.有关经验、统计资料和历史资料。

e.其他有关技术经济资料。

调查研究可使用实际观察、测量与询问、会议调查、查阅资料、计算机检索、信息传递、分析预测等方法,通过对调查的资料进行综合分析研究,便可掌握项目全貌及其间的相互关系,从而预测项目的发展及其变化规律。

③工作方案设计。在计划目标已确定并做了调查研究的基础上,便可进行工作方案的设计,其主要的内容包括:

a.确定施工顺序。

b.确定施工方法。

c.选择需用的机械设备。

d.确定主要的技术方案和组织原则。

e.施工中关键部位的技术和组织措施的制定。

f.确定采用的网络图类型。

在进行工作方案设计时,应遵循以下几项基本要求:

a.尽可能减少不必要的步骤,在工序分析的基础上,寻求最佳程序。

b.工艺应达到技术要求,并保证质量和安全。

c.尽量采取先进技术和经验。

d.组织管理分工合理、职责明确,充分调动全员积极性。

e.有利于提高劳动生产率,缩短工期,降低成本和提高经济效益。

（2）绘制网络图

①项目分解。根据网络计划的管理要求和编制需求,确定项目分解的粗细程度,将项目分解为网络计划的基本组成单位——工作。

②逻辑关系分析。逻辑关系分析就是确定各项工作的开始顺序及相互依赖、相互制约的关系,这是绘制网络图的基础。

③绘制网络图。根据选定的网络计划类型以及项目分解和逻辑关系表,便可进行网络图的绘制。

（3）计算时间参数

按照网络计划的不同类型,根据不同方法,便可计算所绘制网络图的各项时间参数,并确定关键线路。

（4）编制可行网络计划

①检查与调整。对上述网络计划的时间参数计算完成后，应检查工期是否符合要求，资源配置是否符合资源供应条件，成本控制是否符合要求。如果工期不满足要求，则应采取适当的措施压缩关键工作的持续时间，如仍不能满足要求，则需改动工作方案的组织关系进行调整；当资源强度超过了供应条件时，则应调整非关键工作使之降低。

②编制可行网络计划。对网络计划进行检查和调整之后，必须重新计算时间参数。根据调整后的网络图和时间参数，重新绘制网络计划。

（5）网络计划优化

可行网络计划一般需要优化，才可以编制正式网络计划。

①网络计划优化目标的确定。常见的优化目标有以下 4 种，可根据工程实际情况进行选择：

a.工期优化。

b."工期一定，资源均衡"的优化。

c."资源有限，工期最短"的优化。

d.工期-成本优化。

②编制正式网络计划。根据优化结果，便可绘制拟实施的正式网络计划，并编制网络计划说明书，其内容包括：

a.编制说明。

b.主要技术指标一览表。

c.需要解决的问题及主要措施。

d.其他需要说明的问题。

（6）网络计划实施

①网络计划的贯彻。正式网络计划报请有关部门审批后，便可组织实施。一般应组织宣讲，进行必要的培训，建立相应的组织保证体系，将网络计划中的每一项工作落实到责任单位。实施性网络计划要落实到实施者，并制订相应的保证计划实施的具体措施。

②计划执行中的检查和数据采集。为了对网络计划的执行进行控制，必须建立健全检查制度和执行数据采集报告制度。检查和数据采集的主要内容有：关键工作的进度、非关键工作的进度及时差利用、工作逻辑关系的变化情况、资源状况、成本状况、存在的其他问题。对检查的结果和收集反馈的有关数据进行分析，抓住关键，及时制定对策。对网络计划在执行过程中发生的偏差，应及时予以调整，从而保证计划的顺利实施。

（7）网络计划总结分析

为了不断积累经验、提高计划管理水平，应在网络计划执行完成后，及时进行总结分析，并形成制度。通常总结分析的内容包括：

①各项目目标的完成情况，包括时间目标、资源目标、成本目标等的完成情况。

②计划工作中的问题及原因分析。

③计划工作中的经验总结分析。

④提高计划工作水平的措施总结等。

网络计划管理流程如图 5.44 所示。

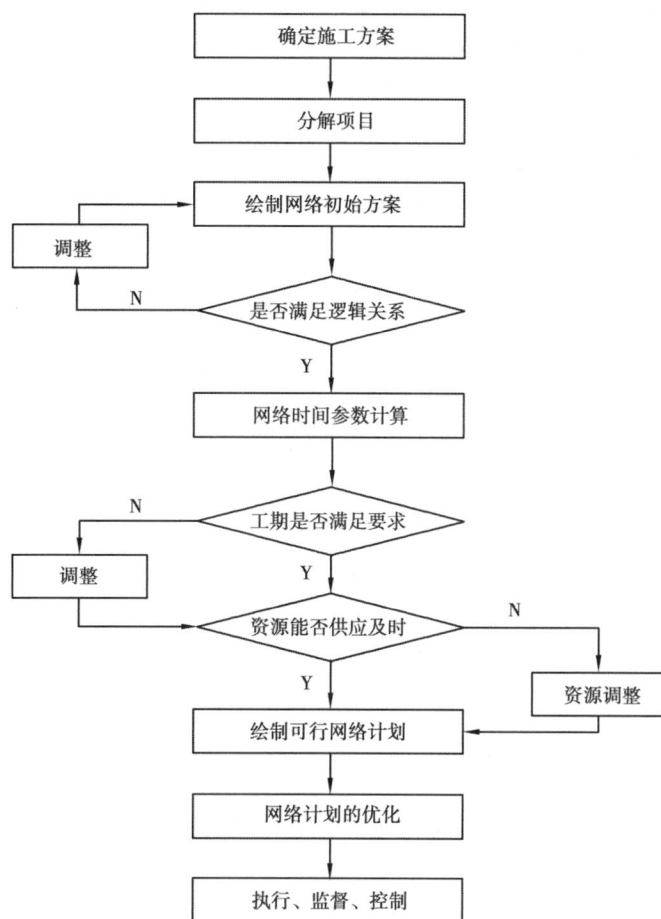

图 5.44　网络计划管理流程图

2)检查网络计划

(1)网络计划检查的意义

①网络计划的检查是网络计划调整和优化的依据。

②网络计划的检查是网络计划执行信息的主要来源。

③网络计划的检查是进度控制的关键所在。

(2)网络计划检查的方法

网络计划检查的方法主要是对比法,即实际进度与计划进度进行对比,从而发现偏差,以便调整或修改计划。

一般情况下,用对比法进行网络计划的检查最好在图上进行。

(3)利用网络计划进行进度检查

网络计划检查的方法很多,下面以双代号网络计划为例,介绍几种检查方法。

①记录实际作业时间。这是在网络计划图上,工作计划工期的后面将实际的作业工期记录于括弧中,进行计划工期与实际工期的对比,以表示实际进度快慢的一种检查方法。

【案例 5.22】　某项砌筑工作计划工期为 8 d,实际工期为7 d。如图 5.45 所示,将实际进度记录于括弧中,表示进度提前1 d(8-7=1)。

②记录工作的开始日期和结束日期进行检查。这是在网络计划图上,将工作实际的开始日期和结束日期分别标注于工作的开始节点和结束节点处,进行计划工期与实际工期的对比,以表示实际进度快慢的一种进度检查方法。

图 5.45　记录实际作业时间　　　　图 5.46　记录工作的开始及结束日期

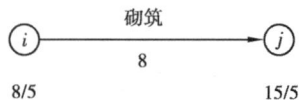

【案例 5.23】　如图 5.46 所示,某项砌筑工作计划工期为 8 d,实际工期为 7 d(15-8=7),如图中记录,亦表示实际进度提前 1 d(8-7=1)。

③标注已完成工作(用不同的颜色、符号记录已完成工作)。这是在网络计划图中,随着工程的施工进度将已经完成的工作在开始节点、结束节点处用不同的颜色、符号标注出来,进行计划工期与实际工期的对比,以表示实际进度快慢的一种检查方法。

【案例 5.24】　如图 5.47 所示,阴影部分为已完成的工作。

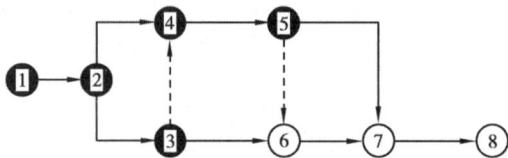

图 5.47　标注已完成工作

④用"切割线"进行实际进度记录。这是在一般网络计划图上,用"切割线(虚线)"将正在施工的各工作进行切割,切割成已经完成和未完成的两部分,然后通过节点时间参数及时差的计算,找出关键线路,利用实际进度时间参数和计划进度时间参数分析判断进度计划执行情况的一种方法。

各工作延误的分析与判断:

工作发生延误有两种情形:一种是开工延误(工作的实际开工日-工作的计划最早开始时间),另一种是工作持续时间延长(工作实际持续时间-工作计划持续时间)。所以,工作的延误值等于开工延误和工作持续时间延长之和,也等于(预计)工作实际完成时间和计划最早完成时间之差。

(预计)工作实际完成时间=检查日+尚需日。

工期延误的分析与判断:

因为检查时施工任务正在进行,所以只能通过正在施工的各工作所在线路的时差来判断工期延误情况。

正在施工的工作所在线路的时差=计划最迟完成时间-(预计)工作实际完成时间,即该线路尚有时差。

与该线路计划总时差进行比较来判断工期延误情况:

a.尚有时差=计划总时差时,进度正常,不延误工期;

b.尚有时差>计划总时差时,进度提前,不延误工期;

c.尚有时差<计划总时差,且尚有时差≥0 时,进度拖延,但不延误工期;

d.尚有时差<计划总时差,且尚有时差<0 时,进度拖延,且延误工期。

【案例 5.25】　图 5.48 为某工程进行进度控制而编制的一般网络计划图,在各工作进行到第 10 d 进行检查时,D 工作尚需 1 d 才能完成(方括号内的数),G 工作尚需 8 d 才能完成,L 工作尚需 2 d 才能完成。试用"切割线"法进行进度检查,判断进度执行情况。

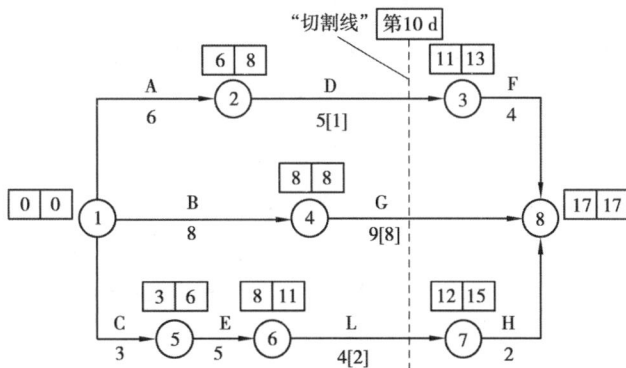

图 5.48　"切割线"法检查进度示例

检查的程序如下:

a.计算网络计划中各节点的时间参数(ET、LT)。

b.找出关键线路(总时差最小或持续时间最长的线路),如①—④—⑧或 B—G。

c.利用时间参数进行分析(表 5.40)。

d.得出结论,提出建议。

表 5.40　网络计划进行到第 10 d 检查的结果

工作代号	检查时尚需日/d	(预计)工作实际完成时间/d	工作计划最迟完成时间/d	尚有时差/d	计划总时差/d	情况判断
D	1	10+1=11	13	13−11=2	2	正常
G	8	10+8=18	17	17−18=−1	0	进度拖延,延误工期
L	2	10+2=12	15	15−12=3	3	正常

⑤用"前锋线"进行实际进度记录。前锋线是指在原时标网络计划图上,从检查时刻的时标点出发,用点画线依次将各项工作实际进展位置点连接而成的折线。前锋线比较法就是通过实际进度前锋线与原进度计划中各工作箭线交点的位置来判断工作实际进度与计划进度的偏差,进而判定该偏差对后续工作及总工期影响程度的一种方法。

检查的程序如下:

a.绘制时标网络计划图。工程项目实际进度前锋线是在时标网络计划图上标示。为清楚起见,可在时标网络计划图的上方和下方各设一时间坐标。

b.绘制实际进度前锋线。一般从时标网络计划图上方时间坐标的检查日期开始绘制,依次连接相邻工作的实际进展位置点,最后与时标网络计划图下方坐标的检查日期相连接。

c.进行实际进度与计划进度的比较。前锋线可以直观地反映出检查日期有关工作实际进度与计划进度之间的关系。对某项工作来说,其实际进度与计划进度之间的关系存在以下3种情况:

第一,工作实际进展位置点落在检查日期的左侧,表明该工作实际进度拖后,拖后的时间为二者之差;

第二,工作实际进展位置点与检查日期重合,表明该工作实际进度与计划进度一致;

第三,工作实际进展位置点落在检查日期的右侧,表明该工作实际进度超前,超前的时间为二者之差。

d.预测进度偏差对后续工作及总工期的影响。通过实际进度与计划进度的比较确定进度偏差后,还可根据工作的总时差和自由时差预测该进度偏差对后续工作及项目总工期的影响。

【案例 5.26】　某分部工程施工网络计划,在第 4 d 下班时检查,C 工作完成了该工作 1/3 的工作量,D 工作完成了该工作 1/4 的工作量,E 工作已全部完成该工作的工作量,则实际进度前锋线如图 5.49 所示。

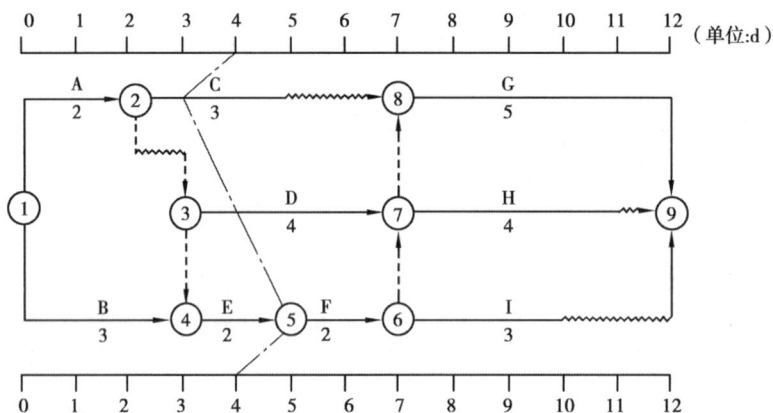

图 5.49　"前锋线"法检查进度示例

通过比较可以看出:

a.工作 C 实际进度拖后 1 d,其总时差和自由时差均为 2 d,既不影响总工期,也不影响其后续工作的正常进行。

b.工作 D 实际进度与计划进度相同,对总工期和后续工作均无影响。

c.工作 E 实际进度提前 1 d,对总工期无影响,将使其后续工作 F、I 的最早开始时间提前 1 d。

综上所述,该检查时刻各工作的实际进度对总工期无影响,将使工作 F、I 的最早开始时间提前 1 d。

【任务 27】　思考"切割线"法和"前锋线"法各适用于哪种网络计划图?

5.2.5　优化双代号网络计划

网络计划的优化是指在编制阶段,在满足既定约束的条件下,按照一定目标通过不断改进网络计划方案,寻求满意结果,从而编制可供实施的网络计划的过程。

网络计划的优化目标包括工期、资源和费用。通过网络计划优化实现这些目标具有重大实际意义,甚至会使项目施工取得重大的经济效果。优化只是相对地获得近似的结果,不可能做到绝对优化。本节只重点介绍工期优化、工期-资源优化和工期-成本优化的基本原理及优化过程。

1)工期优化

当初步网络计划的计算工期大于合同要求或计划工期时,应通过压缩关键线路上关键工作的持续时间来满足工期的要求。

(1)工期优化的程序

①找出初步网络计划的关键线路及关键工作。

②按要求工期的要求计算应压缩的时间。

③确定各关键工作能压缩多少时间。

注意:该程序包含了 3 层含义:第一是哪些工作可以压缩,即压缩对象选择的问题;第二是压缩时采取的措施,即如何压缩的问题;第三是具体压缩多长时间的问题。

④调整关键工作的持续时间,并重新计算网络计划的计算工期。

⑤如果已经达到工期要求,则优化完成,否则重复以上程序,直至满足要求。

(2)压缩对象的选择

①选择那些压缩持续时间后对工程项目质量影响不大的关键工作。

②选择有充足备用资源的关键工作。

③选择能缩短工作持续时间且增加费用最少的工作。

注意:如果网络计划有多条关键线路,可考虑压缩共用的关键工作,或两条关键线路上的关键工作同时压缩同样的时间;每次压缩后要注意关键线路是否有变化(转移或增加条数)。

(3)压缩关键工作持续时间的措施

为使关键工作取得可压缩时间,必须采取一定的措施,这些措施主要有:增加资源数量、增加工作班次、组织流水作业、采取技术措施、改变施工方法等。若这些方法均不能满足要求,则只能改变工期要求或施工方案。

2)工期-资源优化

(1)工期规定,资源均衡

这种优化的前提是工期不变,使资源需要量尽量做到变化最小,接近于资源需要量的平均值,既有利于施工组织与管理,又可以取得好的经济效果。

劳动力等资源的消耗是否均衡,劳动力需求量图反映了施工期间劳动力的动态变化。它是衡量施工组织设计合理性的一个主要指标。不同的工程安排,劳动力需求量图呈现出不同的形状,一般可归纳为如图 5.50 所示的 3 种典型图示。图 5.50(a)中出现短暂的劳动力高峰,图 5.50(b)中劳动力需求量为锯齿波动形,这两种情况都不便于施工组织管理并增大了临时生活设施的规模,应尽量避免。图 5.50(c)在一个较长的时间段内劳动力保持平衡,符合施工规律,是最理想的状况。

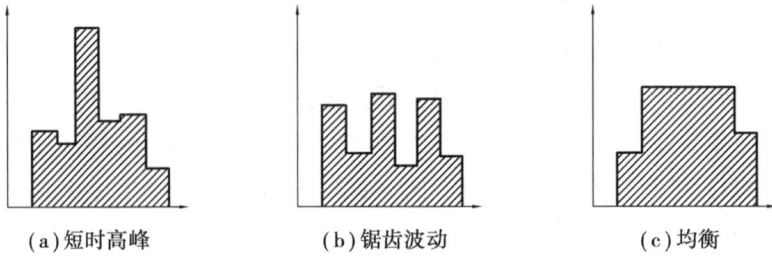

(a)短时高峰   (b)锯齿波动   (c)均衡

图 5.50   劳动力需求量图

劳动力消耗的均衡性,用劳动力不均衡系数 K 表示,它应大于或等于 1,越接近于 1 越合理,一般不允许超过 1.5。其计算式为:

$$K = R_{max} / R_{平均} \tag{5.24}$$

式中 R_{max}——施工期间人数高峰值;

$R_{平均}$——施工期间加权平均人数,即总劳动量/计划总工期。

在工期限定的条件下,当资源需求出现"高峰"时,通过对非关键工作进行调整,以使资源需求尽量达到均衡。调整的方法有以下两种:

第一,利用时差,推迟某些工作的开始时间。推迟规则为:优先推迟资源需要量小的工作;当有几项工作的资源需要量相同时,优先推迟富余时间大的工作。

第二,在条件允许的情况下,可在资源需要量超限的区段内中断某些工作,以减少对资源的需要量。

若以上方法均不能达到预期效果,可考虑改变某些工作的持续时间。

(2)资源有限,工期最短

为了简化问题,假定所有的工作都需要同一种资源。工期-资源优化的程序如下:

第 1 步,按节点最早开始时间绘制时标网络图及资源需求动态曲线。

第 2 步,从开始日期起,逐日检查每日资源需要量是否超过资源限量。如果所有时间段内均满足资源限量要求,则初步网络计划可行,否则要进行调整。

第 3 步,对资源有冲突区段的工作进行分析,看有哪些工作不能同时进行,需要将一项工作移到另一项工作之后进行,以降低资源需要量。假定在资源冲突区段内有 i、j 两项工作不能同时进行,把工作 j 移到工作 i 之后进行,如图 5.51 所示。

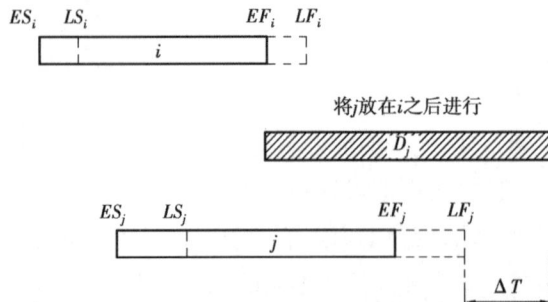

图 5.51 i、j 两项工作排序

则工期延长值为：

$$\Delta T = T_i^{EF} + D_j - T_j^{LF} = T_i^{EF} - (T_j^{LF} - D_j) = T_i^{EF} - T_j^{LS} \qquad (5.25)$$

这样对资源有冲突区段的工作进行两两排序，得出若干个增加的 ΔT，选择其中最小的（即延长工期最短的），将一项工作(j)移到另一项工作(i)之后进行。从式(5.22)中可以看出，是把资源需求高峰区段中 T_j^{LS} 值大的工作移到 T_i^{EF} 值小的工作之后进行。

注意：①若工作 T^{LS} 的最大值和工作 T^{EF} 的最小值属于同一项工作，就应找出工作 T^{LS} 的次大值和工作 T^{EF} 的次小值，次大值和最小值、最大值和次小值两两组合成两个方案，从中选择最佳方案（ΔT 最小的）。

②若资源需求高峰区段有两项以上工作，依旧在所有工作中选择 T^{LS} 的最大值和 T^{EF} 的最小值作为移动的方案。

③若 $\Delta T \leq 0$，则说明工期不会延长。

第 4 步，每调整一次要重新绘制时标网络图，绘制资源需求动态曲线，再逐日检查，发现有资源冲突时再进行调整，如此循环，直至资源需要量满足资源供应限量，便可得到可行方案。

如果不调整资源需求计划，则应增加资源供应，会造成直接费用增加；而经过调整后工期延长，还会使间接费增加。所以，在调整的过程中要进行全方位考虑比较，如果因工期延长而增加的间接费大于因增加资源供给而增加的直接费，那就不应当调整，否则应通过调整找到最佳方案。

【案例 5.27】　图 5.52 为某公路施工项目网络计划图。箭线下的数字是工作持续时间，箭线上的数字是工作资源强度。假定施工期间每天可供资源为 10，试寻找新的工期安排。

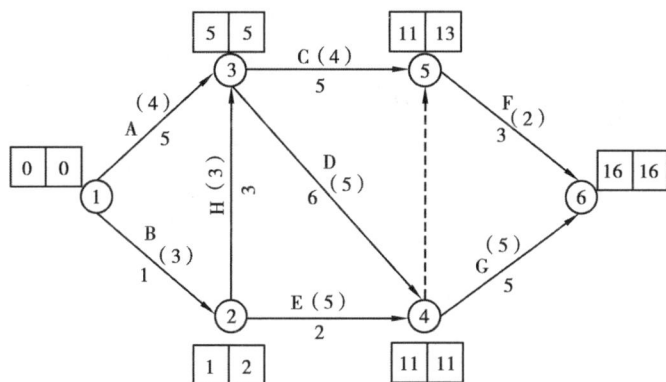

图 5.52　某公路施工项目网络计划图

优化步骤如下：

第 1 步，绘制时标网络计划图（如图 5.53 上方所示）及资源需要量曲线（如图 5.53 下方所示）。

第 2 步，逐日检查资源是否满足要求。第 2 d、第 3 d 资源需要量超过了限量，即 12>10，故要调整。这一区段共有 3 项工作：①—③、②—③、②—④。这 3 项工作的最早完成时间与最迟开始时间如表 5.41 所示。

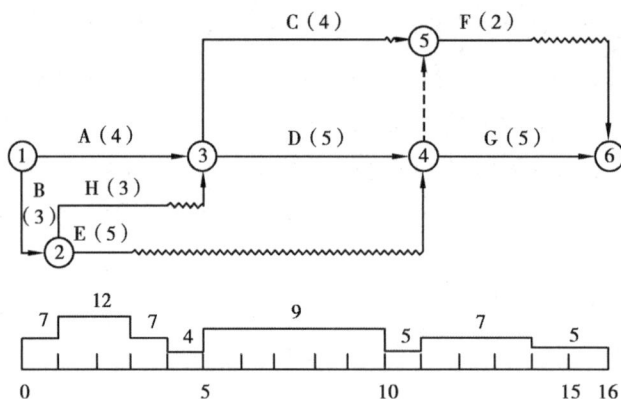

图 5.53　绘制时标网络及资源需要量曲线

表 5.41　3 项工作时间表（1）

工作代号	T_i^{EF}	T_j^{LS}
①—③	5	0
②—③	4	2
②—④	3	9

第 3 步，对资源冲突区段的工作进行分析。由表 5.41 中时间参数判断，T_j^{LS} 的最大值和 T_i^{EF} 的最小值属于同一项工作②—④，所以分别找 T_j^{LS} 的次大值和 T_i^{EF} 的次小值所对应的工作是 ②—③工作。因为 $T_{2-4}^{EF}-T_{2-3}^{LS}=3-2=1$ 大于 $T_{2-3}^{EF}-T_{2-4}^{LS}=4-9=-5$（小于 0 说明工期不延长），所以将②—④工作移动到②—③工作之后进行。移动后的时标网络计划图及资源需要量曲线如图 5.54 所示。

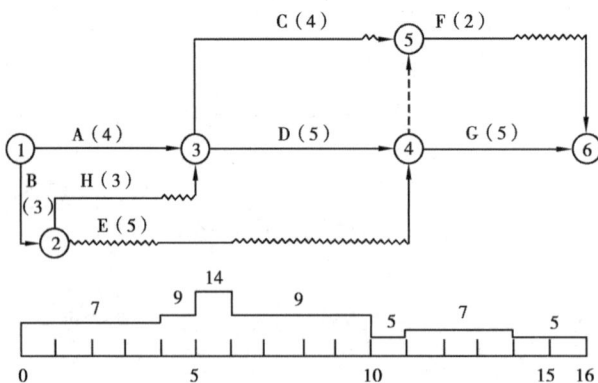

图 5.54　一次移动后的时标网络及资源需要量曲线

第 4 步，再逐日检查资源是否满足要求。第 6 d 资源需要量超过了限量，即 14>10，故要调整。第 6 d 共有 3 项工作：③—⑤，③—④，②—④。这 3 项工作的最早完成时间与最迟开始时间如表 5.42所示。

表 5.42　3 项工作时间表(2)

工作代号	T_i^{EF}	T_j^{LS}
③—⑤	10	6
③—④	11	5
②—④	6	9

由表 5.42 中时间参数判断,T_j^{LS} 的最大值和 T_i^{EF} 的最小值属于同一项工作②—④,所以分别找 T_j^{LS} 的次大值和 T_i^{EF} 的次小值所对应的工作是③—⑤工作。因为 $T_{2-4}^{EF}-T_{3-5}^{LS}=6-6=0$ 小于 $T_{3-5}^{EF}-T_{2-4}^{LS}=10-9=1$,所以将③—⑤工作移动到②—④工作之后进行。移动后的时标网络计划图及资源需要量曲线如图 5.55 所示。

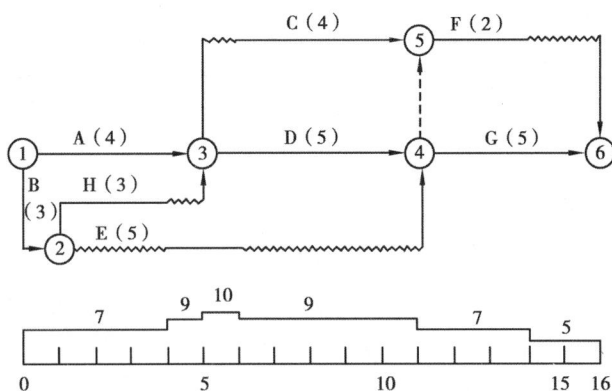

图 5.55　移动结束后的时标网络及资源需要量曲线

至此,资源需要量已满足供应的要求,并且在优化过程中工期未延长。

【任务 28】　某工程由表 5.43 所列的工程活动组成,试完成以下任务:

①绘制一般双代号网络图;

②计算各节点时间参数;

③确定总工期及关键线路;

④绘制时标网络图;

⑤绘制劳动力资源需要量曲线;

⑥如果劳动力限制为 20 人,请寻找新的工期安排。

表 5.43　工程活动逻辑关系表

工程活动	A	B	C	D	E	F	G	H	I	J
工作持续时间/d	4	3	3	8	4	4	7	5	2	2
劳动力投入/(人·d⁻¹)	5	9	6	8	4	6	5	7	4	4
紧后工作	B、C、D	E	E、G	F、H	I	G	J	J	J	—

3) 工期-成本优化

工程成本由直接费和间接费组成。直接费由人工费、材料费和施工机械使用费组成。施工方案不同,直接费也就不同;但施工方案一定,工期不同,直接费也不同。间接费一般随工期的增加而增加。考虑工程成本时,还应考虑到拖延工期要接受惩罚,提前完工会得到奖励,提前投入使用会带来经济效益。工程成本与工期的关系如图 5.56 所示。

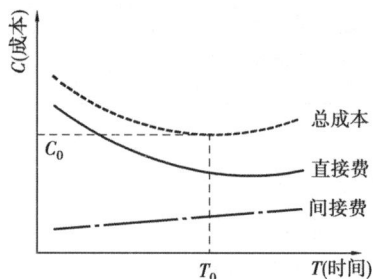

图 5.56   工期-成本关系曲线

工期-成本优化的目的是:求出与最低工程总成本 C_0 相对应的工程总工期 T_0,或规定工期条件下的工程最低成本。网络计划工期的长短取决于关键线路的持续时间。关键线路由关键工作组成。为使工期-成本优化,必须研究分析网络计划中工作工期和费用(主要是直接费)之间的关系。

工期-成本优化的程序如下:

第 1 步,绘制正常时间下的网络计划。

第 2 步,求出网络计划图中各项工作采取可行方案后可加快的时间。

第 3 步,求出正常工作时间和加快工作时间下的工程直接费,并求出费用变化率:

$$a_{i-j} = (C_B - C_A) / (t_A - t_B) \tag{5.26}$$

式中 C_B——加快工作时间下的费用;

C_A——正常工作时间下的费用;

t_B——加快的工作时间;

t_A——正常的工作时间;

a_{i-j}—— $i-j$ 工作的费用变化率。

第 4 步,寻求可以加快的工作。这些工作应满足 3 个条件:它是一项关键线路上的关键工作;它是可以压缩的工作;它的费用变化率在可压缩的关键工作中是最小的。

第 5 步,确定本次压缩可以加快多少时间,增加多少费用,主要通过以下标准进行决策:

①如果网络计划图中有几条关键线路,则几条关键线路都要压缩,并且压缩相同的数值,而压缩的时间是几条关键线路中可压缩量的最小值。

②每次压缩以非关键线路转化为关键线路为度。

第 6 步,以所选可加快的工作及时间为限制,逐个加快工作,每加快一次都要重新计算时间参数,用以判断下次加快的幅度,直至出现下列情况之一为止:

①一条关键线路上所有工作的可压缩时间已全部用完时。

②因工作加快而增加的直接费开始超过因提前完工而节约的间接费时。

第 7 步,求出优化后的总工期、总成本,绘制工期-成本优化后的网络计划图。

【案例 5.28】   图 5.57 为某工程的网络计划图及其正常作业时间的算例。表 5.44 中是它的原始资料,经计算可得出第 9 栏的数字。要求进行工期-成本优化。

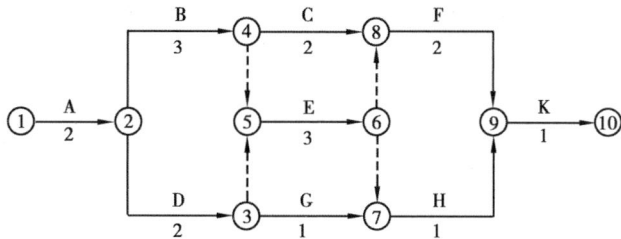

图 5.57 某工程的网络计划图

表 5.44 赶工费率表

工作代号	工作名称	正常工作时间/周	正常时间费用/元	最短工作时间/周	最短时间费用/元	时间差额/周	费用差额/元	赶工费率/(元/周)
（1）	（2）	（3）	（4）	（5）	（6）	（7）	（8）	（9）
①—②	A	2	20 000	1	21 800	1	1 800	1 800
②—④	B	3	28 000	1	30 400	2	2 400	1 200
④—⑧	C	2	18 000	1	19 800	1	1 800	1 800
②—③	D	2	21 000	1	22 500	1	1 500	1 500
⑤—⑥	E	3	30 000	1	32 000	2	2 000	1 000
⑧—⑨	F	2	26 000	1	27 500	1	1 500	1 500
③—⑦	G	1	14 000	1	14 000	0	0	—
⑦—⑨	H	1	23 000	1	23 000	0	0	—
⑨—⑩	K	1	19 000	1	19 000	0	0	—
总计			199 000		210 000			

第 1 步，根据表中所给原始资料，求得费用变化率(赶工费率)。即：

$$(9)=\frac{(6)-(4)}{(3)-(5)}$$

第 2 步，寻找可以加快的工作。

①计算各节点时间参数，如图 5.58 所示，求得 A、B、E、F、K 工作是关键线路上的关键工作。

②K 工作是不可压缩的。

③E 工作赶工费率最小，所以先压缩 E 工作。

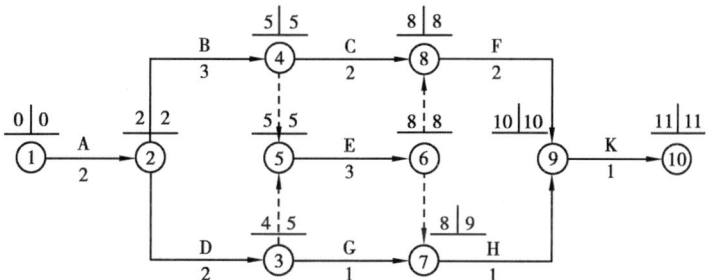

图 5.58 计算节点时间参数的网络图

第3步,判断E工作可以压缩多少。虽然E工作有可压缩时间2周,但压缩1周后,C工作转化为关键工作,关键线路增加。若要再压缩,E、C工作要同时压缩,这时赶工费率就不是最小的,所以E工作压缩1周。同理,依次判断各项关键工作,过程列于表5.45中。

表5.45　判断各项关键工作压缩量

调整次数	压缩工作名称	压缩时间/周	赶工费率/(元/周)	费用增加额/元	工程直接费/元	工程总工期/周
(1)	(2)	(3)	(4)	(5)	(6)	(7)
0					199 000	11
1	E	1	1 000	1 000	200 000	10
2	B	1	1 200	1 200	201 200	9
3	F	1	1 500	1 500	202 700	8
4	A	1	1 800	1 800	204 500	7
5	B、D	1	2 700	2 700	207 200	6
6	C、E	1	2 800	2 800	210 000	5

至此,各条线路均变成关键线路,各项工作的压缩时间已用完,故压缩停止。

第4步,假定每周工程间接费为1 600元,则网络计划的总成本如表5.46所示。

表5.46　网络计划费用及成本

费用项目	工期/周						
	5	6	7	8	9	10	11
直接费/元	210 000	207 200	204 500	202 700	201 200	200 000	199 000
间接费/元	8 000	9 600	11 200	12 800	14 400	16 000	17 600
总成本/元	218 000	216 800	215 700	215 500	215 600	216 000	216 600

由表5.46可见,工期为8周时的总成本最低。

将优化过程所得的各项费用绘制成工期-成本曲线,如图5.59所示。

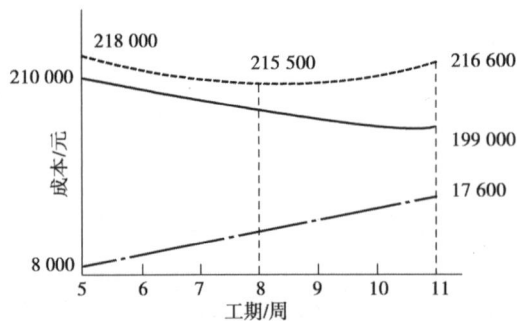

图5.59　优化后的工期-成本曲线

第5步,绘制工期-成本优化后的网络计划图(图5.60),付诸实施。

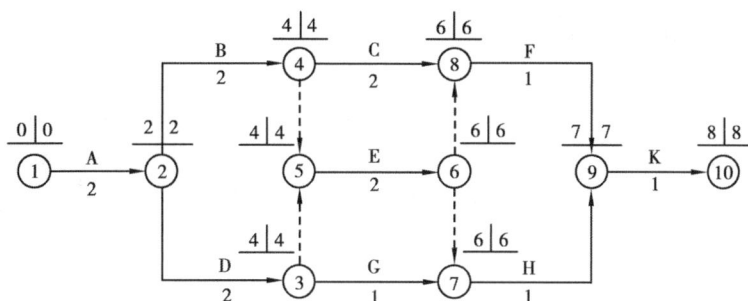

图 5.60　优化后的网络计划图

【任务 29】　图 5.61 为某工程的网络计划图及其正常作业时间的算例。表 5.47 中是它的原始资料,要求进行工期-成本优化。

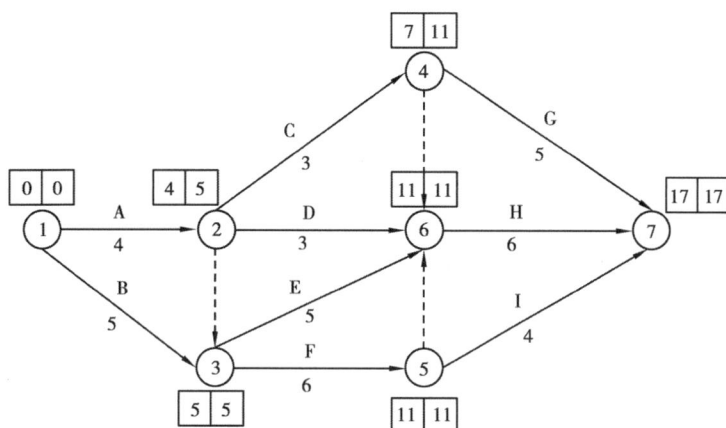

图 5.61　某工程的网络计划图

表 5.47　赶工费率表

工作代号	工作名称	正常工作时间/周	正常时间费用/元	最短工作时间/周	最短时间费用/元	时间差额/周	费用差额/元	赶工费率/(元·周⁻¹)
(1)	(2)	(3)	(4)	(5)	(6)	(7)	(8)	(9)
①—②	A	4	27 500	2	30 500			
①—③	B	5	30 000	3	33 900			
②—④	C	3	25 000	3	26 100			
②—⑥	D	3	26 000	3	27 200			
③—⑥	E	5	31 000	3	35 200			
③—⑤	F	6	35 000	4	41 400			
④—⑦	G	5	29 000	3	33 350			
⑥—⑦	H	6	40 000	4	46 600			
⑤—⑦	I	4	35 500	3	37 500			
合计			279 000		311 750			

5.2.6 绘制单代号网络图

单代号网络计划是以节点及其编号表示工作,以箭线表示工作之间逻辑关系的网络计划。在单代号网络图的节点中标注工作编号、工作名称和工作持续时间,以形成单代号网络计划,如图 5.62 所示。

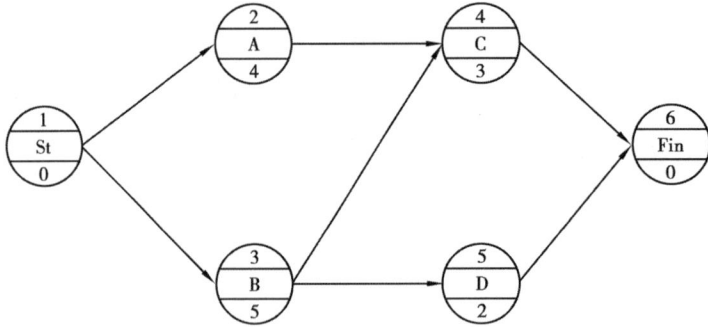

图 5.62   单代号网络计划图

1)单代号网络计划的特点

单代号网络计划与双代号网络计划相比,具有以下特点:

①工作之间的逻辑关系容易表达,且不用虚箭线,故绘图较简单。

②网络图便于检查和修改。

③由于工作持续时间表示在节点之中,没有长度,故不够直观。

④表示工作之间逻辑关系的箭线可能产生较多的纵横交叉现象。

2)单代号网络图的基本符号

(1)节点

单代号网络图中的每一个节点表示一项工作,节点宜用圆圈或矩形表示。节点所表示的工作名称、持续时间和工作编号等应标注在节点内,如图 5.63 所示。

单代号网络图中的节点必须编号,编号标注在节点内,其号码可间断,但严禁重复。箭线的箭尾节点编号应小于箭头节点编号,一项工作必须有唯一的一个节点及相应的一个编号。

图 5.63   单代号网络图工作的表示方法

(2)箭线

在单代号网络图中,箭线表示工作之间的逻辑关系,它既不占用时间,也不消耗资源。箭线应画成水平直线、折线或斜线。箭线水平投影的方向应自左向右,表示工作的行进方向。工作之间的逻辑关系包括工艺关系和组织关系,在网络图中均表现为工作之间的先后顺序。

（3）线路

单代号网络图中，各条线路应用该线路上的节点编号从小到大依次表述。

3）单代号网络图的绘图规则

①单代号网络图必须正确表达已确定工作间的逻辑关系。

②单代号网络图中，不允许出现循环回路。

③单代号网络图中，不能出现双向箭头或无箭头的连线。

④单代号网络图中，不能出现没有箭尾节点的箭线和没有箭头节点的箭线。

⑤绘制单代号网络图时，箭线不宜交叉，当交叉不可避免时，可采用"暗桥"或"断线"的方法绘制，同双代号网络图的绘制。

⑥单代号网络图中，只有一个起始节点和一个终点节点。当网络图中有多个起始节点或多个终点节点时，应在网络图的前端或后端设置一项虚工作（节点），作为该网络图的起始节点（St）或终点节点（Fin）。

单代号网络图的绘图规则基本与双代号网络图的绘图规则相同，故不再进行解释。

4）单代号网络图的绘制

（1）单代号网络图的绘制模型（与双代号相比较）

虽然单代号网络图与双代号网络图在绘图的符号所表示的意义上不同，但所表达的计划内容是一致的。单代号网络图的绘制过程与双代号网络图的绘制过程一样，也是先进行项目结构分解，然后确定具体工作间的逻辑关系以及各项工作的持续时间。

①两项工作同时开始、同时结束（图 5.64）。

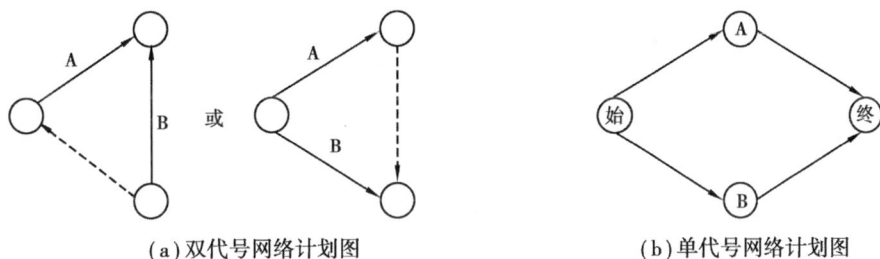

(a)双代号网络计划图   (b)单代号网络计划图

图 5.64 两项工作同时开始、同时结束

②约束关系。

a.全约束（图 5.65）。

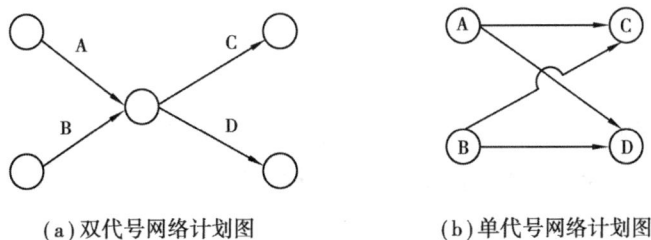

(a)双代号网络计划图   (b)单代号网络计划图

图 5.65 全约束

b.半约束(图 5.66)。

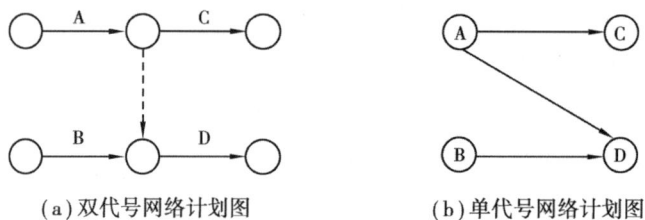

(a)双代号网络计划图   (b)单代号网络计划图

图 5.66   半约束

c.三分之一约束(图 5.67)。

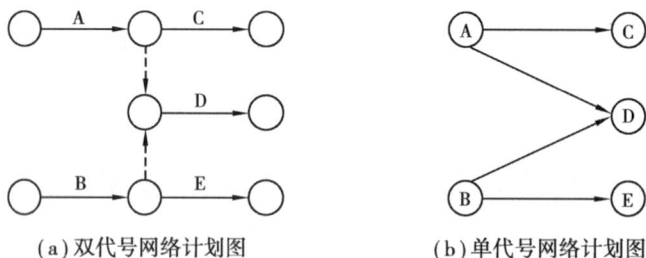

(a)双代号网络计划图   (b)单代号网络计划图

图 5.67   三分之一约束

(2)单代号网络图的绘制

绘制如表 5.48 所示工作逻辑关系的单代号网络图。

表 5.48   工作逻辑关系表

工作代号	A	B	C	D	E	F	G	H	I
紧后工作	D	E	F	G	H	I	—	—	—

单代号网络图如图 5.68 所示。

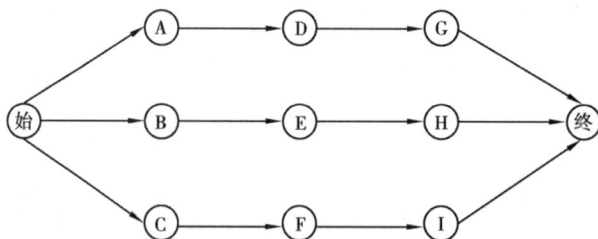

图 5.68   单代号网络图

总结:

①单代号网络图的绘制比较简单,其各项工作之间的逻辑关系容易表达。

②单代号网络图的绘制不用虚箭线,便于检查和修改。

③需要常用"暗桥法"或"断线法",解决交叉问题。

④因为单代号网络图无节点时间参数,所以不能改画成时标网络图。

【任务 30】   已知工作之间的逻辑关系如表 5.49 所示,绘制单代号网络图。

表 5.49　工作逻辑关系表

工作代号	A	B	C	D	E	F	G	H	I
紧前工作	—	—	A	B	A、B	D、E	C	E	F、G、H

5) 单代号网络计划时间参数的计算

单代号网络计划时间参数的计算应在确定各项工作的持续时间之后进行。时间参数的计算顺序和计算方法基本上与双代号网络计划时间参数的计算相同。单代号网络计划时间参数的标注如图 5.69 所示。

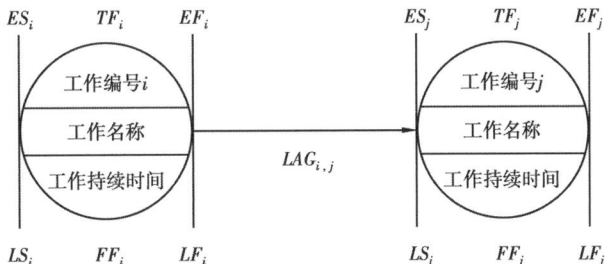

图 5.69　单代号网络计划时间参数的标注

单代号网络计划时间参数的计算步骤如下：

（1）计算工作最早开始时间和最早完成时间

①工作最早开始时间 ES。工作的最早开始时间表示该工作的所有紧前工作都已完成，本工作可以开工。

计算方法：从开始节点开始，顺着箭线的方向依次计算每一个节点，只看内向箭线，取所有紧前工作中最早完成时间的最大值，作为该工作最早开始时间 ES，直至结束节点。

规定：开始节点最早开始时间为零，即 $ES_1 = 0$。

$$ES_i = \max\{EF_h\}\ (h<i) \tag{5.27}$$

其中，h 工作为 i 工作的紧前工作。

②工作最早完成时间 EF。工作的最早完成时间 EF_i 为：

$$EF_i = ES_i + t_i\ (i=1,2,3,\cdots,n) \tag{5.28}$$

式中　t_i——i 工作的持续时间。

（2）网络计划的计算工期 T_c

计算工期 T_c 等于网络计划的终点节点 n 的最早完成时间 EF_n，即：

$$T_c = EF_n \tag{5.29}$$

（3）计算相邻两项工作之间的时间间隔 $LAG_{i,j}$

相邻两项工作 i 和 j 之间的时间间隔 $LAG_{i,j}$ 等于紧后工作 j 的最早开始时间 ES_j 和本工作 i 的最早完成时间 EF_i 之差，即：

$$LAG_{i,j} = ES_j - EF_i \tag{5.30}$$

（4）计算工作时差

①工作总时差 TF。工作的总时差 TF_i 应从网络计划的终点节点开始，逆着箭线的方向依次逐项计算。网络计划终点节点的总时差 TF_n，如计划工期 T_p 等于计算工期 T_c，其值为零，即：

$$TF_n = 0 \tag{5.31}$$

其他工作的总时差 TF_i 等于该工作的各个紧后工作的总时差 TF_j 加该工作与其紧后工作之间的时间间隔 $LAG_{i,j}$ 之和的最小值,即:

$$TF_i = \min(TF_j + LAG_{i,j})\ (j 是 i 的紧后工作) \tag{5.32}$$

②工作自由时差 FF。网络计划终点节点的自由时差 FF_n 等于计划工期 T_p 减该工作的最早完成时间 EF_n,即:

$$FF_n = T_p - EF_n \tag{5.33}$$

其他工作的自由时差 FF_i 等于该工作与其紧后工作 j 之间的时间间隔 $LAG_{i,j}$ 的最小值,即:

$$FF_i = \min(LAG_{i,j})\ (j 是 i 的紧后工作) \tag{5.34}$$

(5)计算工作的最迟开始时间和最迟完成时间

①工作的最迟完成时间 LF。工作的最迟完成时间 LF_i 应从网络计划的终点节点开始,逆着箭线的方向依次逐项计算。当部分工作分期完成时,相关工作的最迟完成时间应从分期完成的节点开始逆着箭线的方向依次逐项计算。

工作的最迟完成时间应按下列步骤进行:

终点节点(工作)n 的最迟完成时间 LF_n,应按网络计划的计划工期 T_p 确定,即:

$$LF_n = T_p \tag{5.35}$$

其他节点(工作)i 的最迟完成时间 LF_i 应为:

$$LF_i = EF_i + TF_i \tag{5.36}$$

②工作的最迟开始时间 LS。工作的最迟开始时间 LS_i 表示该工作开工不能迟于这个时间,若迟于这个时间,将会影响网络计划的计划工期 T_p。

工作的最迟开始时间 LS_i 应按下式计算:

$$LS_i = LF_i - t_i \tag{5.37}$$

或

$$LS_i = ES_i + TF_i \tag{5.38}$$

(6)关键工作及关键线路的确定

①关键工作的确定。单代号网络计划中,总时差最小的工作是关键工作。当计划工期 T_p 等于计算工期 T_c 时,关键工作的总时差为零,也是最小的总时差。当有要求工期 T_r,且要求工期 T_r 小于计算工期 T_c 时,总时差最小值为负值;当要求工期大于计算工期时,总时差最小值为正值。

②关键线路的确定。在单代号网络计划中,从起始节点开始到终点节点均为关键工作,且所有工作的时间间隔均为零(即 $LAG_{i,j}=0$)的线路应为关键线路;或者线路上各项工作持续时间之和最长的是关键线路。关键线路在单代号网络计划中应用粗线或双线标注。

【案例 5.29】 已知工作之间的逻辑关系如表 5.50 所示,绘制单代号网络计划图。若计划工期等于计算工期,试计算各项工作的 6 个时间参数并确定关键线路,标注在网络计划图上。

表 5.50 工作逻辑关系表

工作代号	A	B	C	D	E	F	G	H	I	J	K	L	M
紧后工作	B、D	C、E	F	E、G	F、H	I、J	H	I	K	L	L	M	—
工作持续时间	2	2	2	3	3	3	2	4	2	2	1	4	3

【解】　绘制单代号网络计划图如图 5.70 所示。

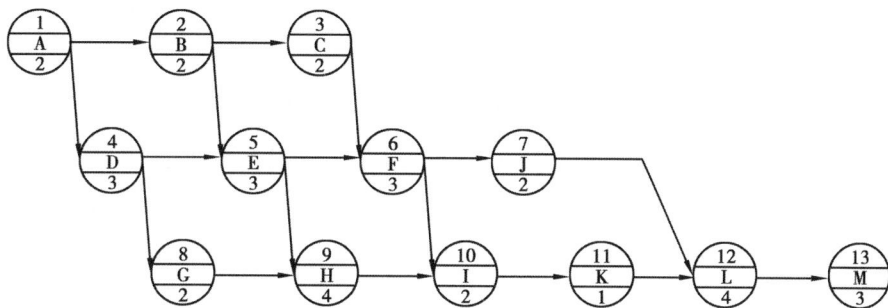

图 5.70　单代号网络计划图

各项工作的 6 个时间参数图上算法及关键线路如图 5.71 所示。

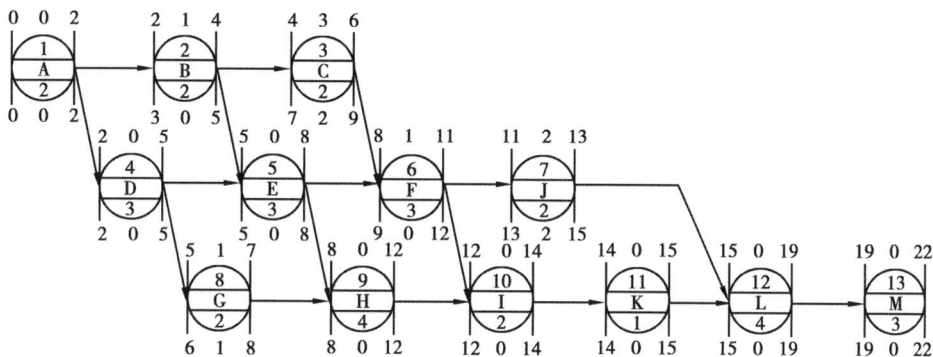

图 5.71　单代号网络计划时间参数计算总图

(1)计算工作最早开始时间和最早结束时间

规定开始节点最早开始时间为零,即:

$ES_1 = 0$,　　　　　　　　　　　　$EF_1 = ES_1 + t_1 = 0 + 2 = 2$;

$ES_2 = EF_1 = 2$,　　　　　　　　　$EF_2 = ES_2 + t_2 = 2 + 2 = 4$;

$ES_3 = EF_2 = 4$,　　　　　　　　　$EF_3 = ES_3 + t_3 = 4 + 2 = 6$;

$ES_4 = EF_1 = 2$,　　　　　　　　　$EF_4 = ES_4 + t_4 = 2 + 3 = 5$;

$ES_5 = \max\{EF_2 = 4, EF_4 = 5\} = 5$,　　$EF_5 = ES_5 + t_5 = 5 + 3 = 8$;

$ES_6 = \max\{EF_3 = 6, EF_5 = 8\} = 8$,　　$EF_6 = ES_6 + t_6 = 8 + 3 = 11$;

$ES_7 = EF_6 = 11$,　　　　　　　　$EF_7 = ES_7 + t_7 = 11 + 2 = 13$;

$ES_8 = EF_4 = 5$,　　　　　　　　　$EF_8 = ES_8 + t_8 = 5 + 2 = 7$;

$ES_9 = \max\{EF_5 = 8, EF_8 = 7\} = 8$,　　$EF_9 = ES_9 + t_9 = 8 + 4 = 12$;

$ES_{10} = \max\{EF_6 = 11, EF_9 = 12\} = 12$,　$EF_{10} = ES_{10} + t_{10} = 12 + 2 = 14$;

$ES_{11} = EF_{10} = 14$,　　　　　　　$EF_{11} = ES_{11} + t_{11} = 14 + 1 = 15$;

$ES_{12} = \max\{EF_7 = 13, EF_{11} = 15\} = 15$,　$EF_{12} = ES_{12} + t_{12} = 15 + 4 = 19$;

$ES_{13} = EF_{12} = 19$,　　　　　　　$EF_{13} = ES_{13} + t_{13} = 19 + 3 = 22$。

(2)网络计划的计算工期 T_c

计算工期 T_c 等于网络计划的终点节点 13 的最早完成时间 EF_{13},即:

$$T_c = EF_{13} = 22$$

（3）计算相邻两项工作之间的时间间隔 $LAG_{i,j}$

$LAG_{1,2} = ES_2 - EF_1 = 2 - 2 = 0$　　　　　　$LAG_{2,3} = ES_3 - EF_2 = 4 - 4 = 0$；

$LAG_{1,4} = ES_4 - EF_1 = 2 - 2 = 0$　　　　　　$LAG_{2,5} = ES_5 - EF_2 = 5 - 4 = 1$；

$LAG_{3,6} = ES_6 - EF_3 = 8 - 6 = 2$　　　　　　$LAG_{4,5} = ES_5 - EF_4 = 5 - 5 = 0$；

$LAG_{5,6} = ES_6 - EF_5 = 8 - 8 = 0$　　　　　　$LAG_{6,7} = ES_7 - EF_6 = 11 - 11 = 0$；

$LAG_{4,8} = ES_8 - EF_4 = 5 - 5 = 0$　　　　　　$LAG_{5,9} = ES_9 - EF_5 = 8 - 8 = 0$；

$LAG_{6,10} = ES_{10} - EF_6 = 12 - 11 = 1$　　　　$LAG_{7,12} = ES_{12} - EF_7 = 15 - 13 = 2$；

$LAG_{8,9} = ES_9 - EF_8 = 8 - 7 = 1$　　　　　　$LAG_{9,10} = ES_{10} - EF_9 = 12 - 12 = 0$；

$LAG_{10,11} = ES_{11} - EF_{10} = 14 - 14 = 0$　　　$LAG_{11,12} = ES_{12} - EF_{11} = 15 - 15 = 0$；

$LAG_{12,13} = ES_{13} - EF_{12} = 19 - 19 = 0$。

（4）工作时差的计算

①工作总时差 TF。网络计划终点节点的总时差 TF_{13}，在假设计划工期 T_p 等于计算工期 T_c 时，其值为零，即：

$$TF_{13} = 0$$

其他工作的总时差 $TF_i = \min(TF_j + LAG_{i,j})$（$j$ 是 i 的紧后工作），即：

$TF_{12} = TF_{13} + LAG_{12,13} = 0 + 0 = 0$

$TF_{11} = TF_{12} + LAG_{11,12} = 0 + 0 = 0$

$TF_{10} = TF_{11} + LAG_{10,11} = 0 + 0 = 0$

$TF_9 = TF_{10} + LAG_{9,10} = 0 + 0 = 0$

$TF_8 = TF_9 + LAG_{8,9} = 0 + 1 = 1$

$TF_7 = TF_{12} + LAG_{7,12} = 0 + 2 = 2$

$TF_6 = \min(TF_7 + LAG_{6,7} = 2 + 0 = 2, TF_{10} + LAG_{6,10} = 0 + 1 = 1) = 1$

$TF_5 = \min(TF_6 + LAG_{5,6} = 1 + 0 = 1, TF_9 + LAG_{5,9} = 0 + 0 = 0) = 0$

$TF_4 = \min(TF_5 + LAG_{4,5} = 0 + 0 = 0, TF_8 + LAG_{4,8} = 1 + 0 = 1) = 0$

$TF_3 = TF_6 + LAG_{3,6} = 1 + 2 = 3$

$TF_2 = \min(TF_3 + LAG_{2,3} = 3 + 0 = 3, TF_5 + LAG_{2,5} = 0 + 1 = 1) = 1$

$TF_1 = \min(TF_2 + LAG_{1,2} = 1 + 0 = 1, TF_4 + LAG_{1,4} = 0 + 0 = 0) = 0$

②工作自由时差 FF。网络计划终点节点的自由时差 FF_{13} 等于计划工期 T_p 减该工作的最早完成时间 EF_{13}，计划工期 T_p 等于计算工期 T_c，即：

$$FF_{13} = T_p - EF_{13} = 22 - 22 = 0$$

其他工作的自由时差 $FF_i = \min(LAG_{i,j})$（j 是 i 的紧后工作），即：

$FF_{12} = LAG_{12,13} = 0$

$FF_{11} = LAG_{11,12} = 0$

$FF_{10} = LAG_{10,11} = 0$

$FF_9 = LAG_{9,10} = 0$

$FF_8 = LAG_{8,9} = 1$

$FF_7 = LAG_{7,12} = 2$

$FF_6 = \min(LAG_{6,7} = 0, LAG_{6,10} = 1) = 0$

$$FF_5 = \min(LAG_{5,6} = 0, \ LAG_{5,9} = 0) = 0$$

$$FF_4 = \min(LAG_{4,5} = 0, \ LAG_{4,8} = 0) = 0$$

$$FF_3 = LAG_{3,6} = 2$$

$$FF_2 = \min(LAG_{2,3} = 0, \ LAG_{2,5} = 1) = 0$$

$$FF_1 = \min(LAG_{1,2} = 0, \ LAG_{1,4} = 0) = 0$$

（5）工作最迟开始时间和最迟结束时间

终点节点（工作）13 的最迟完成时间 $LF_{13} = T_p = 22$。

工作最迟开始时间 $LS_i = LF_i - t_j$ 或 $LS_i = ES_i + TF_i$，即：

$$LS_{13} = LF_{13} - t_{13} = 22 - 3 = 19 \ 或 \ LS_{13} = ES_{13} + TF_{13} = 19 + 0 = 19$$

其他节点（工作）i 的最迟完成时间 $LF_i = EF_i + TF_i$，即：

$$LF_{12} = EF_{12} + TF_{12} = 19 + 0 = 19, LS_{12} = LF_{12} - t_{12} = 19 - 4 = 15$$

$$LF_{11} = EF_{11} + TF_{11} = 15 + 0 = 15, LS_{11} = LF_{11} - t_{11} = 15 - 1 = 14$$

$$LF_{10} = EF_{10} + TF_{10} = 14 + 0 = 14, LS_{10} = LF_{10} - t_{10} = 14 - 2 = 12$$

$$LF_9 = EF_9 + TF_9 = 12 + 0 = 12, \quad LS_9 = LF_9 - t_9 = 12 - 4 = 8$$

$$LF_8 = EF_8 + TF_8 = 7 + 1 = 8, \quad LS_8 = LF_8 - t_8 = 8 - 2 = 6$$

$$LF_7 = EF_7 + TF_7 = 13 + 2 = 15, \quad LS_7 = LF_7 - t_7 = 15 - 2 = 13$$

$$LF_6 = EF_6 + TF_6 = 11 + 1 = 12, \quad LS_6 = LF_6 - t_6 = 12 - 3 = 9$$

$$LF_5 = EF_5 + TF_5 = 8 + 0 = 8, \quad LS_5 = LF_5 - t_5 = 8 - 3 = 5$$

$$LF_4 = EF_4 + TF_4 = 5 + 0 = 5, \quad LS_4 = LF_4 - t_4 = 5 - 3 = 2$$

$$LF_3 = EF_3 + TF_3 = 6 + 3 = 9, \quad LS_3 = LF_3 - t_3 = 9 - 2 = 7$$

$$LF_2 = EF_2 + TF_2 = 4 + 1 = 5, \quad LS_2 = LF_2 - t_2 = 5 - 2 = 3$$

$$LF_1 = EF_1 + TF_1 = 2 + 0 = 2, \quad LS_1 = LF_1 - t_1 = 2 - 2 = 2$$

（6）关键工作及关键线路的确定

总时差最小的工作是关键工作。当计划工期 T_p 等于计算工期 T_c 时，关键工作的总时差为零，也是最小的总时差。

在单代号网络计划图中，从起始节点开始到终点节点均为关键工作，且所有工作的时间间隔均为零（即 $LAG_{i,j} = 0$）的线路应为关键线路。该单代号网络计划的关键线路为：A—D—E—H—I—K—L—M 或①—④—⑤—⑨—⑩—⑪—⑫—⑬，该线路上各项工作持续时间之和为22，是该网络计划图中持续时间最长的线路。关键线路在单代号网络计划中用粗线或双线标注。

【任务31】 同任务17，已知工作之间的逻辑关系及工作持续时间，绘制单代号网络计划图。若计划工期 T_p 等于计算工期 T_c，计算各项工作的 6 个时间参数及 $LAG_{i,j}$，并确定关键线路。

5.2.7　绘制单代号搭接网络图

1）基本概念

在普通双代号和单代号网络计划中，各项工作按依次顺序进行，即任何一项工作都必须在它的紧前工作全部完成后才能开始。

图 5.72(a)以施工进度横道计划表示相邻的 A、B 两项工作,A 工作进行 4 d 后 B 工作即可开始,而不必要等 A 工作全部完成。这种情况若按依次顺序用施工进度网络计划表示就必须把 A 工作划分为两部分,即 A1 工作和 A2 工作,以双代号网络图表示如图 5.72(b)所示,以单代号网络图表示如图 5.72(c)所示。

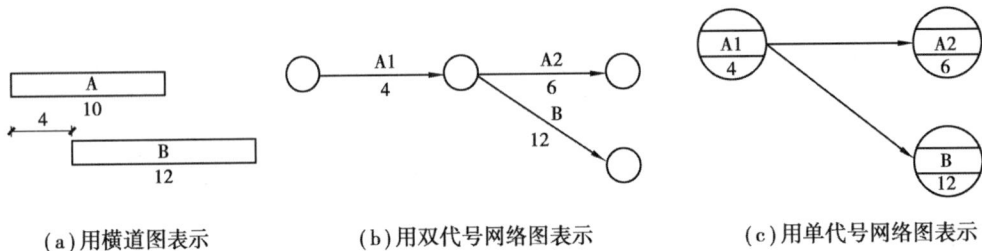

(a)用横道图表示　　　　(b)用双代号网络图表示　　　　(c)用单代号网络图表示

图 5.72　A、B 两项工作搭接关系的表示

但在实际工作中,为了缩短工期,许多工作可采用平行搭接的方式进行。为了简单直接地表达这种搭接关系,使编制网络计划得以简化,于是出现了搭接网络计划。单代号搭接网络计划图如图 5.73 所示,其中起始节点 St 和终点节点 Fin 为虚拟节点。

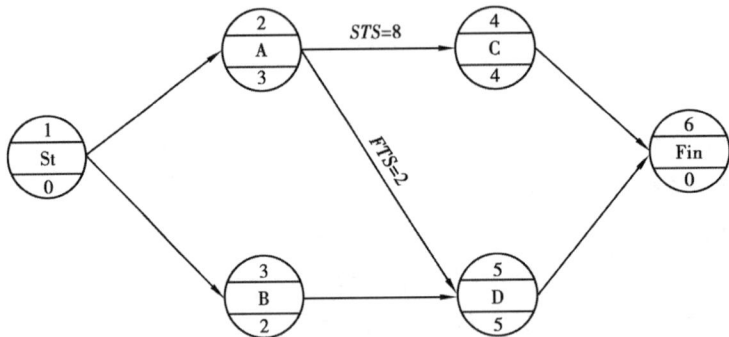

图 5.73　单代号搭接网络计划图

①单代号搭接网络图中每一个节点表示一项工作,宜用圆圈或矩形表示。节点所表示的工作名称、工作持续时间和工作编号等标注在节点内。

②单代号搭接网络图中,箭线及其上面的时距符号表示相邻工作间的逻辑关系,如图 5.74 所示。箭线应画成水平直线、折线或斜线。箭线水平投影的方向应自左向右,表示工作的进行方向。

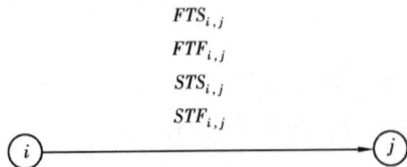

图 5.74　单代号搭接网络图箭线的表示方法

工作的搭接顺序关系是用紧前工作的开始或完成时间与其紧后工作的开始或完成时间之间的间距来表示,具体有 4 类:

$FTS_{i,j}$——紧前工作 i 完成时间与其紧后工作 j 开始时间的时间间距;

$FTF_{i,j}$——紧前工作 i 完成时间与其紧后工作 j 完成时间的时间间距;

$STS_{i,j}$——紧前工作 i 开始时间与其紧后工作 j 开始时间的时间间距；

$STF_{i,j}$——紧前工作 i 开始时间与其紧后工作 j 完成时间的时间间距。

③单代号网络图中的节点必须编号,编号标注在节点内,其号码可间断,但不允许重复。箭线的箭尾节点编号应小于箭头节点编号。一项工作必须有唯一的一个节点及其相应的一个编号。

④工作之间的逻辑关系包括工艺关系和组织关系,在网络图中均表现为工作之间的先后顺序。

⑤单代号搭接网络图中,各条线路应用该线路上的节点编号自小到大依次表述,也可用工作名称依次表述。图 5.73 所示的单代号搭接网络图中的一条线路可表述为①—②—⑤—⑥,也可表述为 St—A—D—Fin。

⑥单代号搭接网络计划中时间参数的基本内容和形式应按图 5.75 所示方式标注。工作编号、工作名称和持续时间标注在节点圆圈内,工作的时间参数(如 ES、EF、LS、LF、TF、FF)标注在圆圈的上下。而工作之间的时间间距参数(如 FTS、FTF、STS、STF 和时间间隔 $LAG_{i,j}$)标注在联系箭线的上下方。

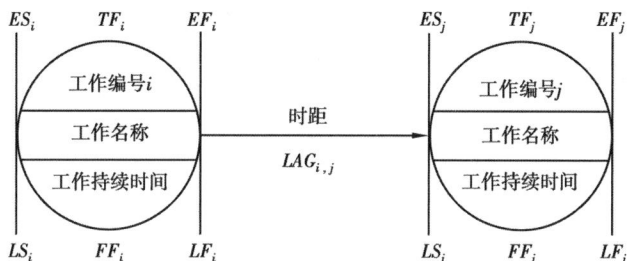

图 5.75　单代号搭接网络计划时间参数标注形式

单代号搭接网络图的绘图规则同单代号网络图。

2)单代号搭接网络计划中的搭接关系

单代号搭接网络计划中搭接关系在工程实践中的具体应用,简述如下:

(1)完成到开始时距($FTS_{i,j}$)的连接方法

图 5.76 表示紧前工作 i 的完成时间与紧后工作 j 的开始时间之间的时距和连接方法。

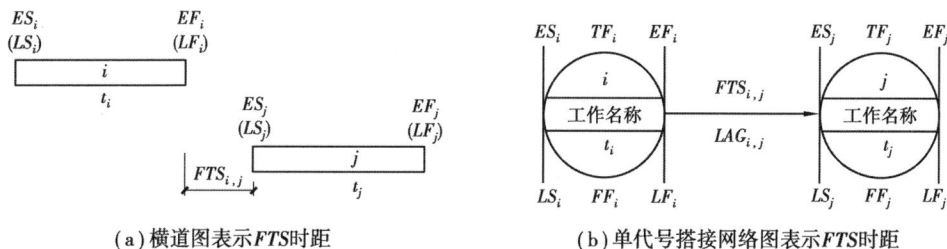

(a)横道图表示 FTS 时距　　　　(b)单代号搭接网络图表示 FTS 时距

图 5.76　时距 FTS 的表示方法

例如,对于现浇混凝土结构,一定要等混凝土达到一定的强度后才能进行下道工序的操作,这种等待的时间就是 FTS 时距。

当 $FTS=0$ 时,即紧前工作 i 的完成时间等于紧后工作 j 的开始时间,这时紧前工作与紧后工作紧密衔接。当计划中所有相邻工作的 $FTS=0$ 时,整个单代号搭接网络计划就是一般的单代号网络计划。因此,一般的依次顺序关系只是搭接关系中的一种特殊表现形式。

（2）完成到完成时距（$FTF_{i,j}$）的连接方法

图 5.77 表示紧前工作 i 的完成时间与紧后工作 j 的完成时间之间的时距和连接方法。

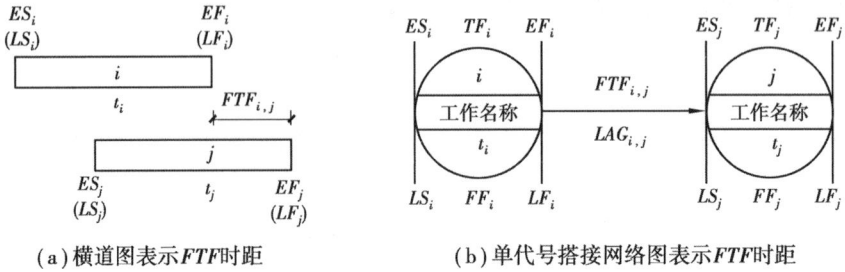

（a）横道图表示 FTF 时距 （b）单代号搭接网络图表示 FTF 时距

图 5.77 时距 FTF 的表示方法

例如，对于相邻两工作，当紧前工作的施工速度小于紧后工作的施工速度时，则必须要考虑为紧后工作留有充足的工作面。否则，紧后工作就因无工作面施工而停工，即"停工待面"。这种相邻工作完成时间之间的间隔就是 FTF 时距。

（3）开始到开始时距（$STS_{i,j}$）的连接方法

图 5.78 表示紧前工作 i 的开始时间与紧后工作 j 的开始时间之间的时距和连接方法。

例如，对于道路工程中的路基施工和路面施工，待路基工程开始工作一段时间已为路面工程创造开工条件之后，路面工程即可开始进行，这种相邻工作开始时间之间的间隔就是 STS 时距。

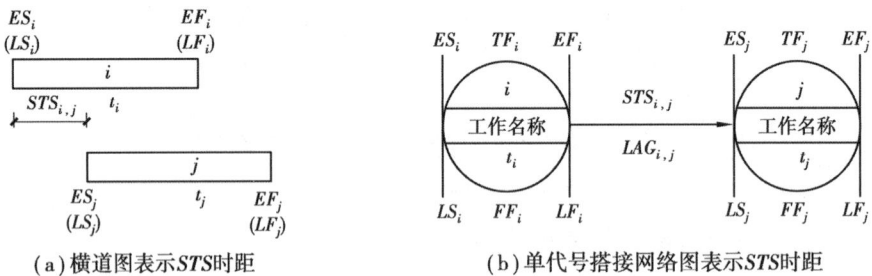

（a）横道图表示 STS 时距 （b）单代号搭接网络图表示 STS 时距

图 5.78 时距 STS 的表示方法

（4）开始到完成时距（$STF_{i,j}$）的连接方法

图 5.79 表示紧前工作 i 的开始时间与紧后工作 j 的完成时间之间的时距和连接方法。

例如，对于要挖除有部分地下水的土方工程，地下水位以上的土方工程可以在降低地下水位工作完成之前开始，而在地下水位以下的土方工程则必须要等地下水位降低之后才能开挖。降低地下水位工作的完成与何时挖地下水位以下的土方工程有关，至于降低地下水位工作何时开始，则与挖土方没有直接联系。这种开始到结束的限制时间就是 STF 时距。

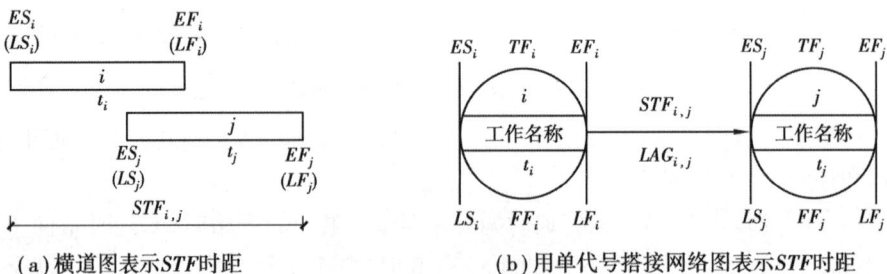

（a）横道图表示 STF 时距 （b）用单代号搭接网络图表示 STF 时距

图 5.79 时距 STF 的表示方法

（5）混合时距的连接方法

在单代号搭接网络计划中，两项工作之间可同时由4种基本连接关系中两种以上来限制工作间的逻辑关系，例如 i、j 两项工作可能同时由 STS 与 FTF 时距限制，或 STF 与 FTS 时距限制等。

3）单代号搭接网络计划的时间参数计算

（1）计算工作最早开始时间和最早完成时间

计算工作最早开始和最早完成时间参数必须从起始节点开始依次进行，只有紧前工作的最早时间参数计算完成，才能计算紧后工作的最早时间参数。

①工作最早开始时间应按下列步骤进行：

起始工作（节点）的最早开始时间都为零，即：

$$ES_i = 0 \quad (i \text{ 是起点节点编号}) \tag{5.39}$$

其他工作 j 的最早开始时间 ES_j 应根据时距按下列公式计算：

相邻时距为 $STS_{i,j}$ 时， $$ES_j = ES_i + STS_{i,j} \tag{5.40}$$

相邻时距为 $FTF_{i,j}$ 时， $$ES_j = ES_i + t_i + FTF_{i,j} - t_j \tag{5.41}$$

相邻时距为 $STF_{i,j}$ 时， $$ES_j = ES_i + STF_{i,j} - t_j \tag{5.42}$$

相邻时距为 $FTS_{i,j}$ 时， $$ES_j = ES_i + t_i + FTS_{i,j} \tag{5.43}$$

计算工作最早开始时间，当出现负值时，应将该工作 j 与起始节点用虚箭线相连接，并确定其时距为：

$$STS_{\text{起始节点},j} = 0 \tag{5.44}$$

当有两种及以上的时距（即有两项或两项以上的紧前工作）限制工作间的逻辑关系时，应分别计算工作最早开始时间，取其最大值。

②工作 j 的最早完成时间 EF_j 应按下式计算：

$$EF_j = ES_j + t_j \tag{5.45}$$

单代号搭接网络计划中，所有工作的最早完成时间的最大值若在中间工作 k，则该中间工作 k 应与终点节点用虚箭线相连接，并确定其时距为：

$$FTF_{k,\text{终点节点}} = 0 \tag{5.46}$$

单代号搭接网络计划计算工期 T_c 由与终点节点相连接工作的最早完成时间的最大值确定。单代号搭接网络计划的计划工期 T_p 的计算应按下列情况分别确定：

a.当已规定了要求工期 T_r 时，$T_p \le T_r$；

b.当未规定要求工期 T_r 时，$T_p \ge T_c$。

（2）计算工作时间间隔 $LAG_{i,j}$

相邻两项工作 i 和 j 之间在满足时距之外，还有多余的时间间隔 $LAG_{i,j}$，应按下式计算：

$$LAG_{i,j} = \min(ES_j - EF_i - FTS_{i,j}; ES_j - ES_i - STS_{i,j}; EF_j - EF_i - FTF_{i,j}; EF_j - ES_i - STF_{i,j}) \tag{5.47}$$

（3）计算工作时差

①工作总时差 TF。工作 i 的总时差 TF_i 应从网络计划的终点节点开始，逆着箭线的方向依次逐项计算。当部分工作分期完成时，相关工作的总时差必须从分期完成的节点开始逆着箭线的方向依次逐项计算。

终点节点(工作)n 的总时差 TF_n 值应为:

$$TF_n = T_p - EF_n \tag{5.48}$$

其他节点(工作)i 的总时差 TF_i 值应为:

$$TF_i = \min(TF_j + LAG_{i,j})\text{(其中 j 是 i 的紧后工作)} \tag{5.49}$$

②工作自由时差 FF。终点节点(工作)n 的自由时差 FF_n 值应为:

$$FF_n = T_p - EF_n \tag{5.50}$$

其他节点(工作)i 的自由时差 FF_i 值应为:

$$FF_i = \min(LAG_{i,j})\text{(其中 j 是 i 的紧后工作)} \tag{5.51}$$

(4)计算工作最迟开始时间和最迟完成时间

工作的最迟完成时间 LF_i 应从网络计划的终点节点开始,逆着箭线的方向依次逐项计算。当部分工作分期完成时,相关工作的最迟完成时间应从分期完成的节点开始逆着箭线的方向依次逐项计算。

①工作的最迟完成时间应按下列步骤进行:

终点节点(工作)n 的最迟完成时间 LF_n,应按网络计划的计划工期 T_p 确定,即:

$$LF_n = T_p \tag{5.52}$$

其他节点(工作)i 的最迟完成时间 LF_i 应为:

$$LF_i = EF_i + TF_i \tag{5.53}$$

或者 $LF_i = \min(LS_j - FTS_{i,j}; LS_j - STS_{i,j} + t_j; LF_j - FTF_{i,j}; LF_j - STF_{i,j} + t_j)$

②工作的最迟开始时间 LS_i 应按下式计算:

$$LS_i = LF_i - t_i \tag{5.54}$$

或

$$LS_i = ES_i + TF_i \tag{5.55}$$

(5)关键工作及关键线路的确定

①关键工作的确定。单代号搭接网络计划中,总时差最小的工作是关键工作。当计划工期 T_p 等于计算工期 T_c 时,关键工作的总时差为零,也是最小的总时差。当有要求工期 T_r,且要求工期 T_r 小于计算工期 T_c 时,总时差最小值为负值,当要求工期大于计算工期时,总时差最小值为正值。

②关键线路的确定。在单代号搭接网络计划中,从起始节点开始到终点节点均为关键工作,且所有工作的时间间隔均为零(即 $LAG_{i,j} = 0$)的线路应为关键线路;或者线路上各项工作持续时间之和最长的是关键线路。关键线路在单代号搭接网络计划中用粗线或双线标注。

【案例 5.30】 已知单代号搭接网络计划如图 5.80 所示,若计划工期 T_p 等于计算工期 T_c,试计算各项工作的 6 个时间参数并确定关键线路。

【解】 (1)计算工作最早开始时间和最早完成时间

计算工作最早时间参数必须从起始节点开始顺着箭线方向到终点节点。该单代号搭接网络计划中,起始(节点)工作和终点(节点)工作都是虚设的,故其工作持续时间均为零。

起始(节点)工作的最早开始时间都应为零,即 $ES_1 = 0$;最早完成时间 $EF_1 = ES_1 + t_1 = 0 + 0 = 0$。

其他工作的最早开始时间根据时距计算,过程如下:

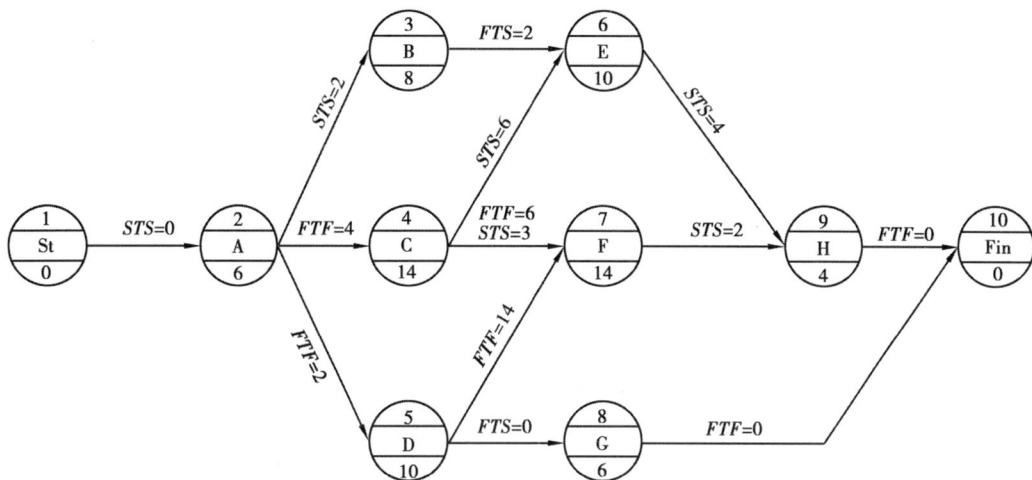

图 5.80　某单代号搭接网络计划图

$ES_2 = ES_1 + STS_{1,2} = 0+0 = 0, EF_2 = ES_2 + t_2 = 0+6 = 6;$

$ES_3 = ES_2 + STS_{2,3} = 0+2 = 2, EF_3 = ES_3 + t_3 = 2+8 = 10;$

$ES_4 = ES_2 + t_2 + FTF_{2,4} - t_4 = 0+6+4-14 = -4, EF_4 = ES_4 + t_4 = -4+14 = 10;$

$ES_5 = ES_2 + t_2 + FTF_{2,5} - t_5 = 0+6+2-10 = -2, EF_5 = ES_5 + t_5 = -2+10 = 8$。

注:计算工作最早开始时间,当出现负值时,应将该工作与起始节点用虚箭线相连接,并确定其时距为: $STS_{1,4} = 0, STS_{1,5} = 0$。

$ES_4 = ES_1 + STS_{1,4} = 0+0 = 0, EF_4 = ES_4 + t_4 = 0+14 = 14;$

$ES_5 = ES_1 + STS_{1,5} = 0+0 = 0, EF_5 = ES_5 + t_5 = 0+10 = 10;$

$ES_6 = \max(ES_3 + t_3 + FTS_{3,6} = 2+8+2 = 12,\ ES_4 + STS_{4,6} = 0+6 = 6) = 12, EF_6 = ES_6 + t_6 = 12+10 = 22;$

$ES_7 = \max(ES_4 + STS_{4,7} = 0+3 = 3, ES_4 + t_4 + FTF_{4,7} - t_7 = 0+14+6-14 = 6, ES_5 + t_5 + FTF_{5,7} - t_7 = 0+10+14-14 = 10) = 10, EF_7 = ES_7 + t_7 = 10+14 = 24;$

$ES_8 = ES_5 + t_5 + FTS_{5,8} = 0+10+0 = 10, EF_8 = ES_8 + t_8 = 10+6 = 16;$

$ES_9 = \max(ES_6 + STS_{6,9} = 12+4 = 16,\ ES_7 + STS_{7,9} = 10+2 = 12) = 16, EF_9 = ES_9 + t_9 = 16+4 = 20;$

$ES_{10} = \max(ES_9 + t_9 + FTF_{9,10} - t_{10} = 16+4+0-0 = 20, ES_8 + t_8 + FTF_{8,10} - t_{10} = 10+6+0-0 = 16) = 20, EF_{10} = ES_{10} + t_{10} = 20+0 = 20$。

该单代号搭接网络计划中,所有工作的最早完成时间的最大值在中间工作 F,则该中间工作 F 应与终点节点用虚箭线相连接,并确定其时距为:

$$FTF_{F,终点节点} = 0(即\ FTF_{7,10} = 0)$$

另外,E 工作的最早完成时间 22 也大于终点节点的最早完成时间 20,则该中间工作 E 也应与终点节点用虚箭线相连接,并确定其时距为:

$$FTF_{E,终点节点} = 0(即\ FTF_{6,10} = 0)$$

$ES_{10} = \max(ES_6 + t_6 + FTF_{6,10} - t_{10} = 12+10+0-0 = 22, ES_7 + t_7 + FTF_{7,10} - t_{10} = 10+14+0-0 = 24, ES_8 + t_8 + FTF_{8,10} - t_{10} = 10+6+0-0 = 16, ES_9 + t_9 + FTF_{9,10} - t_{10} = 16+4+0-0 = 20) = 24, EF_{10} = ES_{10} + t_{10} = 24+0 = 24$。

该单代号搭接网络计划的计算工期 $T_c=24$，$T_p=T_c=24$。

在很多情况下，终点节点的最早完成时间是整个网络计划所有工作最早完成时间的最大值，决定了网络计划的总工期。但是在本案例中，决定工程总工期的完成时间的最大值却不在最后的工作，而是在中间的工作F。终点节点一般是虚设的，只与没有外向箭线的工作相连接。但是当中间工作的完成时间大于终点节点（工作）的完成时间时，为了计算终点节点（工作）的最早完成时间（即工程的总工期）必须先把该工作与终点节点（工作）用虚箭线连接起来，然后再计算终点节点最早时间。

该网络计划最早时间参数图上算法如图 5.81 所示。

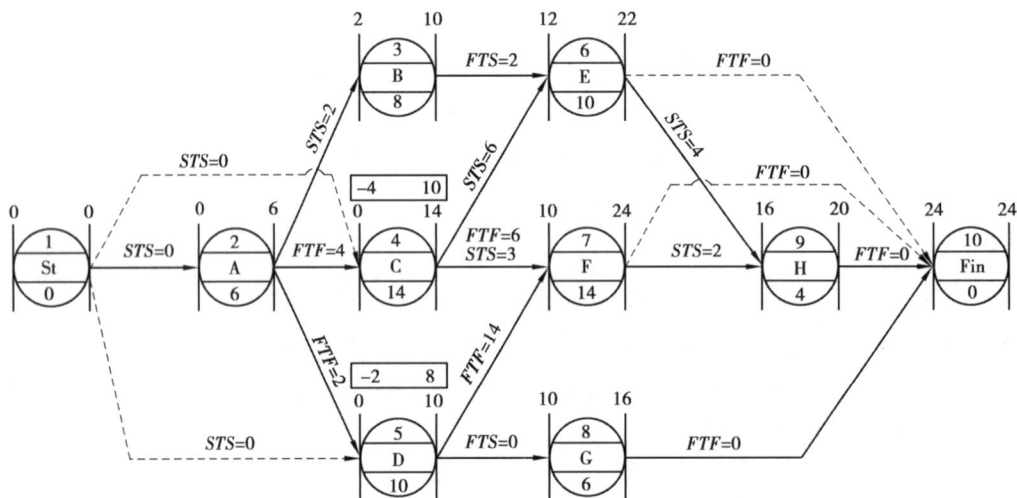

图 5.81　工作最早时间参数计算

（2）计算相邻两项工作之间的时间间隔 $LAG_{i,j}$

$LAG_{1,2}=ES_2-ES_1-STS_{1,2}=0-0-0=0$

$LAG_{2,3}=ES_3-ES_2-STS_{2,3}=2-0-2=0$

$LAG_{1,4}=ES_4-ES_1-STS_{1,4}=0-0-0=0$

$LAG_{2,4}=EF_4-EF_2-FTF_{2,4}=14-6-4=4$

$LAG_{1,5}=ES_5-ES_1-STS_{1,5}=0-0-0=0$

$LAG_{2,5}=EF_5-EF_2-FTF_{2,5}=10-6-2=2$

$LAG_{3,6}=ES_6-EF_3-FTS_{3,6}=12-10-2=0$

$LAG_{4,6}=ES_6-ES_4-STS_{4,6}=12-0-6=6$

$LAG_{4,7}=\min(ES_7-ES_4-STS_{4,7}=10-0-3=7;EF_7-EF_4-FTF_{4,7}=24-14-6=4)=4$

$LAG_{5,7}=EF_7-EF_5-FTF_{5,7}=24-10-14=0$

$LAG_{5,8}=ES_8-EF_5-FTS_{5,8}=10-10-0=0$

$LAG_{6,9}=ES_9-ES_6-STS_{6,9}=16-12-4=0$

$LAG_{7,9}=ES_9-ES_7-STS_{7,9}=16-10-2=4$

$LAG_{6,10}=EF_{10}-EF_6-FTF_{6,10}=24-22-0=2$

$LAG_{7,10}=EF_{10}-EF_7-FTF_{7,10}=24-24-0=0$

$LAG_{8,10}=EF_{10}-EF_8-FTF_{8,10}=24-16-0=8$

$$LAG_{9,10} = EF_{10} - EF_9 - FTF_{9,10} = 24 - 20 - 0 = 4$$

该网络计划工作时间间隔图上算法如图 5.82 所示。

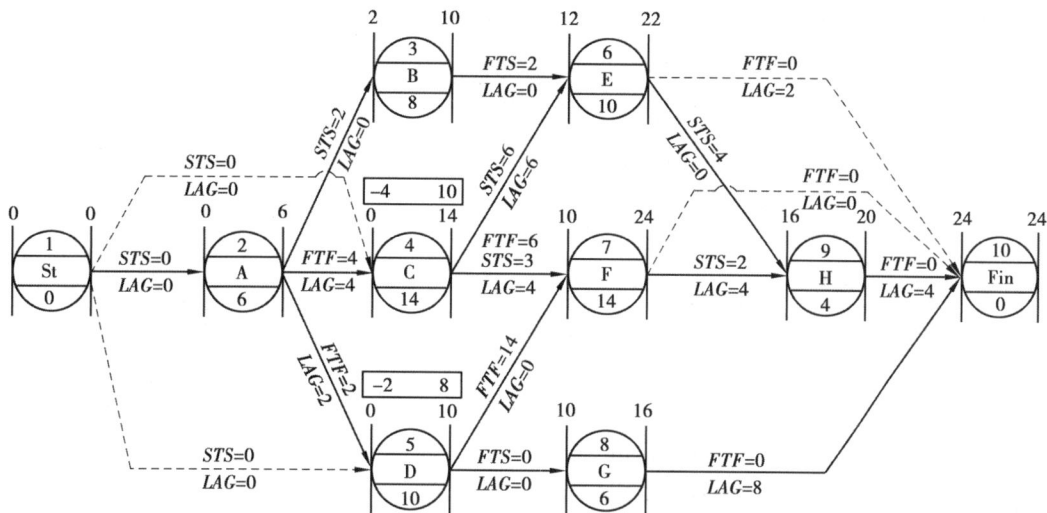

图 5.82　工作时间间隔 $LAG_{i,j}$ 的计算

（3）计算工作时差

①计算工作总时差。假设 $T_p = T_c = 24$，所以终点节点（工作）的总时差 $TF_{10} = T_p - EF_{10} = 24 - 24 = 0$。

其他节点（工作）的总时差 $TF_i = \min(TF_j + LAG_{i,j})$（其中 j 是 i 的紧后工作），即：

$$TF_9 = TF_{10} + LAG_{9,10} = 0 + 4 = 4$$

$$TF_8 = TF_{10} + LAG_{8,10} = 0 + 8 = 8$$

$$TF_7 = \min(TF_{10} + LAG_{7,10} = 0 + 0 = 0, TF_9 + LAG_{7,9} = 4 + 4 = 8) = 0$$

$$TF_6 = \min(TF_{10} + LAG_{6,10} = 0 + 2 = 2, TF_9 + LAG_{6,9} = 4 + 0 = 4) = 2$$

$$TF_5 = \min(TF_8 + LAG_{5,8} = 8 + 0 = 8, TF_7 + LAG_{5,7} = 0 + 0 = 0) = 0$$

$$TF_4 = \min(TF_7 + LAG_{4,7} = 0 + 4 = 4, TF_6 + LAG_{4,6} = 2 + 6 = 8) = 4$$

$$TF_3 = TF_6 + LAG_{3,6} = 2 + 0 = 2$$

$$TF_2 = \min(TF_5 + LAG_{2,5} = 0 + 2 = 2, TF_4 + LAG_{2,4} = 4 + 4 = 8, TF_3 + LAG_{2,3} = 2 + 0 = 2) = 2$$

$$TF_1 = \min(TF_5 + LAG_{1,5} = 0 + 0 = 0, TF_4 + LAG_{1,4} = 4 + 0 = 4, TF_2 + LAG_{1,2} = 2 + 0 = 2) = 0$$

②计算工作自由时差。终点节点（工作）的自由时差 $FF_{10} = T_p - EF_{10} = 24 - 24 = 0$。

其他节点（工作）的自由时差 $FF_i = \min(LAG_{i,j})$（其中 j 是 i 的紧后工作），即：

$$FF_9 = LAG_{9,10} = 4$$

$$FF_8 = LAG_{8,10} = 8$$

$$FF_7 = \min(LAG_{7,10} = 0, LAG_{7,9} = 4) = 0$$

$$FF_6 = \min(LAG_{6,10} = 2, LAG_{6,9} = 0) = 0$$

$$FF_5 = \min(LAG_{5,8} = 0, LAG_{5,7} = 0) = 0$$

$$FF_4 = \min(LAG_{4,7} = 4, LAG_{4,6} = 6) = 4$$

$$FF_3 = LAG_{3,6} = 0$$

$$FF_2 = \min(LAG_{2,5} = 2, LAG_{2,4} = 4, LAG_{2,3} = 0) = 0$$

$$FF_1 = \min(LAG_{1,5} = 0, LAG_{1,4} = 0, LAG_{1,2} = 0) = 0$$

该网络计划工作时差图上算法如图 5.83 所示。

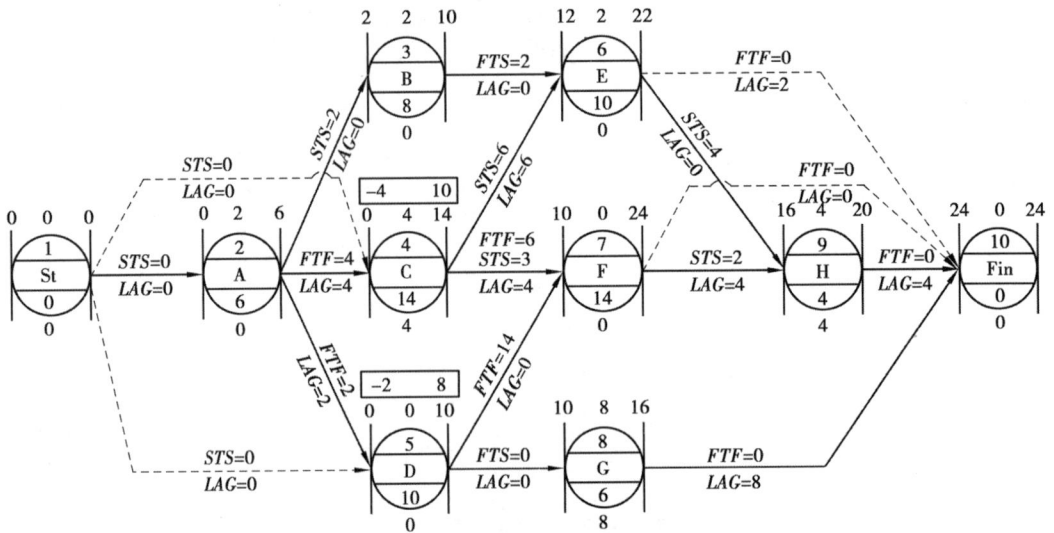

图 5.83　工作时差的计算

(4)计算工作最迟完成时间和最迟开始时间

终点节点(工作)的最迟完成时间 $LF_{10} = T_p = T_c = 24$，最迟开始时间 $LS_{10} = LF_{10} - t_{10} = 24 - 0 = 24$。

其他节点(工作)的最迟完成时间 LF_i 和最迟开始时间 LS_i 的计算过程如下：

$$LF_9 = EF_9 + TF_9 = 20 + 4 = 24, LS_9 = LF_9 - t_9 = 24 - 4 = 20;$$

$$LF_8 = EF_8 + TF_8 = 16 + 8 = 24, LS_8 = LF_8 - t_8 = 24 - 6 = 18;$$

$$LF_7 = EF_7 + TF_7 = 24 + 0 = 24, LS_7 = LF_7 - t_7 = 24 - 14 = 10;$$

$$LF_6 = EF_6 + TF_6 = 22 + 2 = 24, LS_6 = LF_6 - t_6 = 24 - 10 = 14;$$

$$LF_5 = EF_5 + TF_5 = 10 + 0 = 10, LS_5 = LF_5 - t_5 = 10 - 10 = 0;$$

$$LF_4 = EF_4 + TF_4 = 14 + 4 = 18, LS_4 = LF_4 - t_4 = 18 - 14 = 4;$$

$$LF_3 = EF_3 + TF_3 = 10 + 2 = 12, LS_3 = LF_3 - t_3 = 12 - 8 = 4;$$

$$LF_2 = EF_2 + TF_2 = 6 + 2 = 8, \quad LS_2 = LF_2 - t_2 = 8 - 6 = 2;$$

$$LF_1 = EF_1 + TF_1 = 0 + 0 = 0, \quad LS_1 = LF_1 - t_1 = 0 - 0 = 0。$$

工作的最迟完成时间 LF_i 也可以按公式 $LF_i = \min(LS_j - FTS_{i,j}; LS_j - STS_{i,j} + t_i; LF_j - FTF_{i,j}; LF_j - STF_{i,j} + t_i)$ 计算，工作的最迟开始时间 LS_i 也可以按公式 $LS_i = ES_i + TF_i$ 计算。

该网络计划工作最迟时间参数图上算法如图 5.84 所示，该图也是本案例时间参数计算总图。

(5)关键工作及关键线路的确定

单代号搭接网络计划中，总时差最小的工作是关键工作。当计划工期 T_p 等于计算工期 T_c 时，关键工作的总时差为零。从图 5.84 看，该网络计划的关键工作是起始工作(1 工作)、D 工作(5 工作)、F 工作(7 工作)和终点工作(10 工作)。

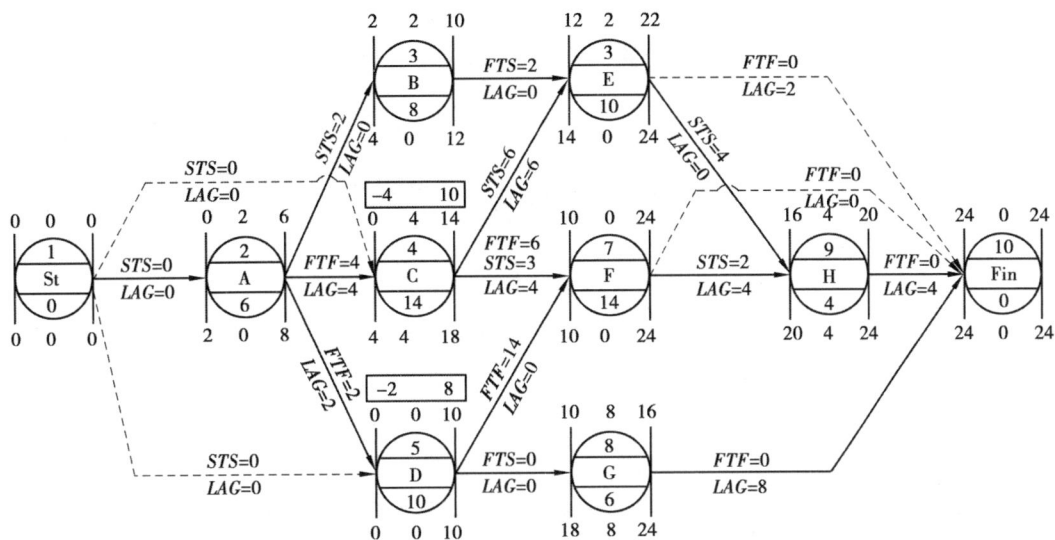

图 5.84 单代号搭接网络时间参数计算总图

在单代号搭接网络计划中,从起始节点开始到终点节点均为关键工作,且所有工作的时间间隔均为零(即 $LAG_{i,j} = 0$)的线路应为关键线路。该网络计划的关键线路为:起始节点—D—F—终点节点或①—⑤—⑦—⑩。

另外,关键线路也是整个网络计划中各线路工作持续时间之和最长的线路,即:起始节点—D—F—终点节点或①—⑤—⑦—⑩线路(0+10+14+0 = 24)是该网络计划各工作持续时间之和最长的线路。

【任务 32】 已知单代号搭接网络计划如图 5.85 所示,若计划工期 T_p 等于计算工期 T_c,试计算各项工作的 6 个时间参数并确定关键线路。

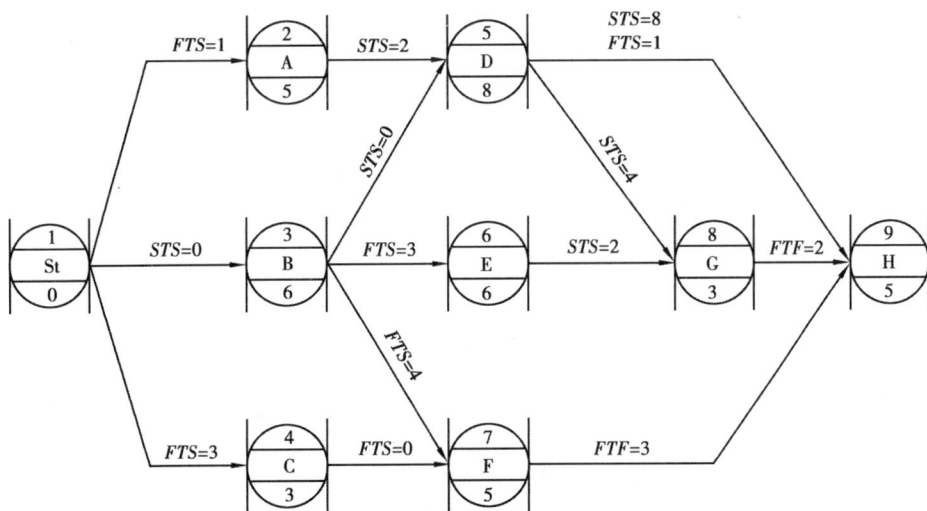

图 5.85 单代号搭接网络计划图

思考练习题

一、思考题

1. 什么是公路施工过程？根据性质及作用的不同，公路施工生产过程如何分类？

2. 公路施工过程的组织原则是什么？

3. 公路施工过程时间组织的连续性的含义是什么？是如何实现的？

4. 公路施工时间组织的基本作业方法有哪些？各有哪些特点？哪一种最科学？为什么？

5. 流水作业法的参数有哪几种类别？各类包含哪几个参数？

6. 流水作业法如何分类？各有什么特点？

7. 有节拍流水有哪几种类型？各自有什么特点及工期如何计算？

8. "累加数列，错位相减，取大差法"用于解决什么问题？如何解决？

9. "约翰逊—贝尔曼法则"的基本思想是什么？用于解决什么问题？

10. 如何确定最短的施工总工期？

11. 能实现连续施工、工期又最短的流水作业是如何组织的？

12. 什么是网络计划技术？《工程网络计划技术规程》(JGJ/T 121—2015)推荐的常用工程网络计划类型有哪些方法？

13. 双代号网络图由哪些要素构成？各构成要素的含义是什么？

14. 网络图中的逻辑关系包括哪些？各自的含义是什么？

15. 什么是线路、关键线路和关键工作？

16. 双代号网络图中，虚箭线(虚工作)的含义是什么？有什么作用？

17. 绘制双代号网络图必须遵循哪些基本规则？

18. 双代号网络计划的时间参数是如何分类的？

19. 双代号网络图时间参数在计算过程中有哪些规定？

20. 双代号网络图中，节点最早开始时间的计算顺序是什么？计算公式是什么？

21. 双代号网络图中，节点最迟开始时间的计算顺序是什么？计算公式是什么？

22. 工作总时差的概念、性质及其主要特点是什么？

23. 工作自由时差的概念、性质及其主要特点是什么？

24. 什么是时标网络计划？

25. 时标网络计划有哪些优势？

26. 按节点最早开始时间和节点最迟开始时间绘制时标网络图的步骤有哪些共同点和本质区别？

二、判断题

1. 双代号网络计划图和单代号网络计划图，除节点和箭线含义相反外，表达的进度计划内容是相同的。   （ ）

2. 工程项目施工中，如果某项工作延误未超过其总时差，那么不影响总工期，但对后续工作的某些时间参数可能有影响。   （ ）

3. 双代号网络图中节点最早时间定义为该节点后所有工作的最早开始，也可看成该节点前

工作的最早完成。　　　　　　　　　　　　　　　　　　　　　　　　　　　　　　（　　）

4.网络计划中只有一条最长的线路,此线路上所有工作的机动时间为零,称为关键线路。

（　　）

5.在关键线路上的工作都是关键工作,不在关键线路上的工作都是非关键工作,所以非关键线路上的工作也都是非关键工作。　　　　　　　　　　　　　　　　　　　　　（　　）

6.工作的总时差一般用于控制网络计划的总工期,工作的局部时差则用于控制其紧后工作,工作的局部时差总是小于或等于其总时差。　　　　　　　　　　　　　　　　　（　　）

7.网络计划的非关键线路延长时,非关键线路有可能转化为关键线路,关键线路也有可能转化为非关键线路。　　　　　　　　　　　　　　　　　　　　　　　　　　　　（　　）

8.关键线路上所有节点的最早开始时间和最迟开始时间之差等于 $T_{计算}$ 与 $T_{计划}$ 的差额,且关键线路上所有工作的总时差也是这个差额。　　　　　　　　　　　　　　　　　　（　　）

9.双代号网络计划在优化期间,工期、费用、资源之间没有必然的联系。　　　　　（　　）

10.双代号网络计划图和单代号网络计划图的本质区别在于是否存在虚工作。　　（　　）

11.某基础工程施工共分解为 4 道工序(挖槽、垫层、墙基、回填土),划分两个施工段,绘制流水施工的双代号网络图(习题图 5.1)是否正确。　　　　　　　　　　　　　　　（　　）

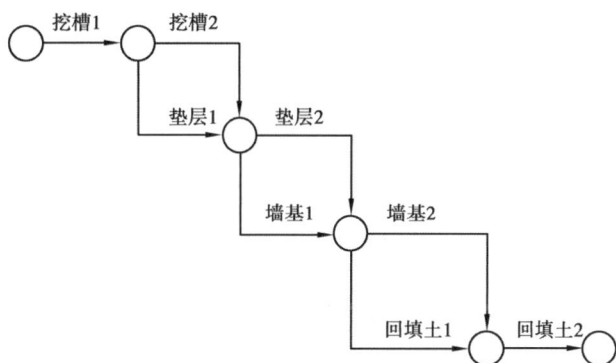

习题图 5.1

12.习题图 5.2 是否正确。　　　　　　　　　　　　　　　　　　　　　　　　　（　　）

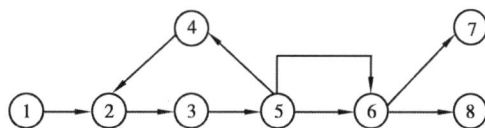

习题图 5.2

13.习题图 5.3 是否正确。　　　　　　　　　　　　　　　　　　　　　　　　　（　　）

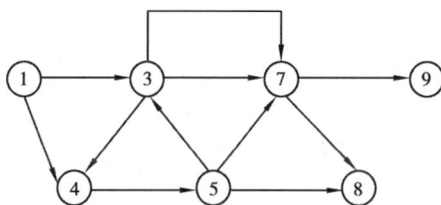

习题图 5.3

14. 习题图 5.4 是否正确。 （   ）

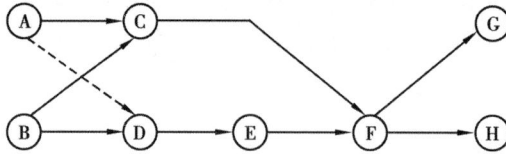

习题图 5.4

15. 习题图 5.5 是否正确。 （   ）

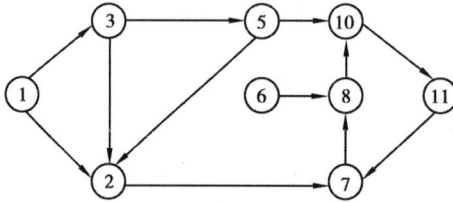

习题图 5.5

16. 习题图 5.6 是否正确。 （   ）

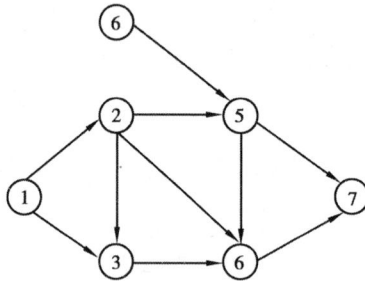

习题图 5.6

17. 习题图 5.7 是否正确。 （   ）

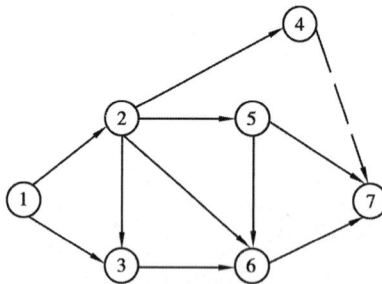

习题图 5.7

18. 习题图 5.8 是否正确。 （   ）

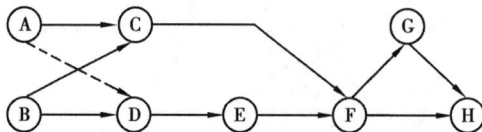

习题图 5.8

三、计算题

1.根据作业时间表(习题表 5.1),按成倍节拍流水绘制组织施工横向工段式横道图,并确定总工期,并与案例 5.2 中图 5.4 对比区别。

习题表 5.1

工序 ＼ 施工段	涵洞 1	涵洞 2	涵洞 3	涵洞 4	涵洞 5
施工放样	1	1	1	1	1
挖基坑	2	2	2	2	2
砌基础	2	2	2	2	2

2.根据作业时间表(习题表 5.2),科学合理地组织施工过程,绘制横向工段式横道图并确定总工期。

习题表 5.2

工序 ＼ 施工段	构件 1	构件 2	构件 3
钢筋	6	6	6
模板	2	2	2
混凝土	4	4	4

3.根据作业时间表(习题表 5.3),请用约翰逊—贝尔曼法则求最优施工次序,绘制组织施工横向工段式横道图,并确定最短总工期。

习题表 5.3

工序 ＼ 施工段	A	B	C	D	E
a	6	6	8	7	9
b	4	3	4	6	6
c	2	4	1	2	3

4.某工程项目划分为 4 个施工段(A、B、C、D)和分解为 3 道工序(a、b、c),各工序在各施工段的流水节拍如习题表 5.4 所示,试组织流水作业。

要求:

(1)在总工期尽可能短的条件下,实现专业队连续作业;绘制横向工段式的施工进度横道图。

(2)求施工最短总工期(不绘图,借助直接编阵法)。

习题表 5.4

施工段 工序	A	B	C	D
a	3	4	3	2
b	3	3	3	2
c	4	5	5	5

5.某路线工程有 4 座(A、B、C、D)盖板通道采用流水作业,持续时间(单位:d)如习题表5.5所示。绘制流水施工网络图,采用图上算法计算节点时间参数,并确定总工期及关键线路。

习题表 5.5

施工段 工序	工作持续时间			
	A	B	C	D
挖 基(a)	3	2	3	3
砌片石(b)	3	3	3	2
现浇墙体(c)	2	3	2	2
盖板安装(d)	2	1	2	2

6.根据工作关系表(习题表5.6)绘制双代号网络图,用图上算法计算节点时间参数,并确定总工期及关键线路。

习题表 5.6

工作	A	B	C	D	E	F	G	H
紧后工作	D、C	E、F	E、F	G	G、H	H	—	—
持续时间/d	4	3	3	8	4	4	7	5

7.根据工作关系表(习题表5.7)绘制双代号网络图,用图上算法计算网络计划时间参数,并确定总工期及关键线路。

习题表 5.7

工作	A	B	C	D	E	F	G	H
紧后工作	C、D	E、F	E、F	G、H	H	G、H	—	—
持续时间/d	3	7	5	4	7	8	7	5

8.根据工作关系表(习题表5.8)绘制双代号网络图,在图上标注各项工作的 6 个时间参数,并确定关键线路及总工期。

习题表 5.8

工作代号	A	B	C	D	E	F	G	H	I	J
紧前工作	—	A	A	A	B、C	D	C、F	D	E	G、H、I
持续时间/d	4	3	3	8	4	4	7	5	2	2

9.已知工作逻辑关系(习题表 5.9),要求绘制单代号网络计划图。若计划工期等于计算工期,计算各项工作的 6 个时间参数,并确定关键线路,标注在网络计划图上。

习题表 5.9

工作代号	A	B	C	D	E	F	G	H
紧后工作	B	C、D、E	F、G	F	G	H	H	—
持续时间/d	1	1	2	5	1	3	2	1

四、绘图题

1.根据下列工作逻辑关系表(习题表 5.10 至习题表 5.14),分别绘制单、双代号网络图 [(1)~(5)题]。

(1)

习题表 5.10

工作代号	A	B	C	D	E	F
紧前工作	—	A	A	B	B、C	D、E

(2)

习题表 5.11

工作代号	A	B	C	D	E	F	G	H	I
紧前工作	—	A	A	B	B、C	C	D、E	E、F	H、G

(3)

习题表 5.12

工作代号	A	B	C	D	E	F	G
紧前工作	—	—	—	—	A、B	B、C、D	C、D

(4)

习题表 5.13

工作代号	A	B	C	D	E	F
紧后工作	D	D、E	F	F	F	—

（5）

习题表 5.14

工作代号	A	B	C	D	E	F
紧后工作	B、C、D	E	E	E、F	—	—

2.某施工任务有挖土（a）、垫层（b）、基础（c）、回填土（d）4 项工作，划分为 3 个施工段展开流水作业，绘制流水施工双代号网络图。

3.某钢筋混凝土三跨桥梁工程（习题图 5.9），在河床干涸季节按甲→乙→丙→丁的顺序组织施工，每一桥台（甲、丁）或桥墩（乙、丙）的工艺顺序是挖土→基础→钢筋混凝土桥台（墩），最后安装上部结构Ⅰ→Ⅱ→Ⅲ。另外，桥墩（丙）需打桩。已知各施工过程的持续时间列于习题表 5.15 中，试绘制单代号网络图。

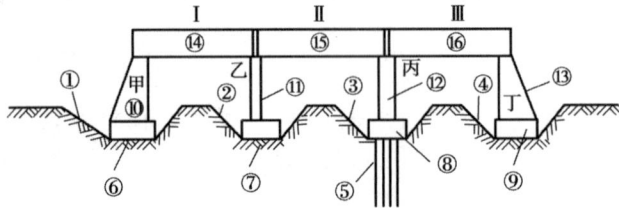

习题图 5.9

习题表 5.15

序号	工 作	时间/d	序号	工 作	时间/d
1	挖土甲	4	9	基础丁	8
2	挖土乙	2	10	桥台甲	16
3	挖土丙	2	11	桥墩乙	8
4	挖土丁	5	12	桥墩丙	8
5	打桩丙	12	13	桥台丁	16
6	基础甲	8	14	上部结构Ⅰ	12
7	基础乙	4	15	上部结构Ⅱ	12
8	基础丙	4	16	上部结构Ⅲ	12

4.绘制习题表 5.6 所示的时标网络图。

5.绘制习题表 5.7 所示的时标网络图。

6.绘制习题表 5.8 所示的时标网络图。

7.某合同段立交桥工程施工工期直接影响主线路基和 4 条匝道路基填筑，据此确定工程项目的工作组成和工作间的逻辑关系及工作持续时间（习题表 5.16），绘制施工进度双代号网络图以及时标网络图。

习题表 5.16

工作	工作内容	紧前工作	持续时间/周
A	临建工程	—	3
B	施工组织设计	A	2
C	平整场地	A	2
D	材料进场	B	2
E	主桥施工放样	B	2
F	材质及配合比实验	C	2
G	基础工程施工	D	4
H	桥墩施工	G	3
I	修筑预制场	E	2
J	主梁预制	I	4
K	施工盖梁	H	3
L	预制场吊装设备安装	F	2
M	吊装准备工作	L	2
N	主梁安装	J、K、M	2
P	桥面系统施工	N	2

项目 6　资源供应计划的编制

6.1　劳动力需要量计划编制

根据确定的施工进度计划,计算各个施工项目每天所需的人工数量,将同一天所有施工项目需用的人工数量累加起来,即可得到每日施工的人工数随时间变化的劳动力需要量图。

【案例 6.1】　图 6.1 为项目进度控制编制的施工进度时标网络图,箭线上的数字是劳动力资源需求强度,单位是人/日。要求:绘制劳动力资源需要量曲线。

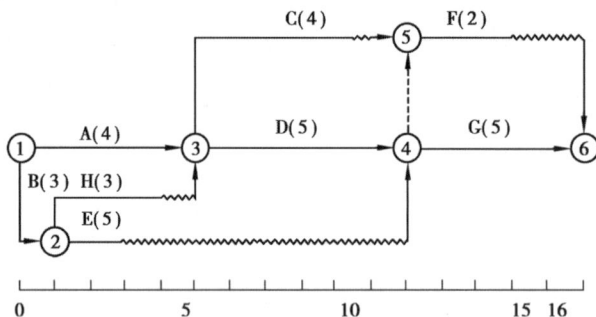

图 6.1　施工进度时标网络图

根据施工进度时标网络图绘制劳动力资源需要量曲线,如图 6.2 所示。

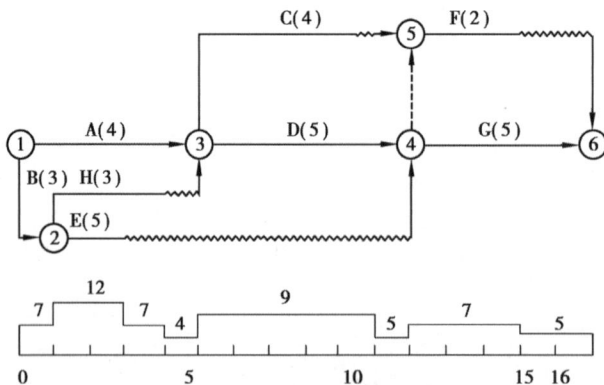

图 6.2　劳动力资源需要量曲线

根据劳动力资源需要量曲线可编制劳动力需要量计划表,如表 6.1 所示。劳动力计划是确定临时生活设施和组织劳动力进退场的依据,它可起到保证劳动力及时调配、搞好平衡、满足施工需要的作用。

表 6.1 劳动力需要量计划表

序号	工种名称	总工日数	需要人数及时间										备注
			年					年					
			一季度	二季度	三季度	四季度	合计	一季度	二季度	三季度	四季度	合计	
1	2	3	4	5	6	7	8	9	10	11	12	13	14

6.2 材料需要量计划编制

主要材料计划包括施工需用的材料、构件和半成品等的名称、规格、数量,以及来源和运输方式等内容,它是组织运输和筹建工地仓库及堆料场的依据。

主要材料应包括钢材、木材、水泥、沥青、石灰、砂、石料(碎石、块石、砾石等)、爆破器材等施工中用量大的材料。特殊情况下使用的土工织物、各种加筋带、外掺剂等也应列入主要材料。

材料的需要量按照工程量和定额计算,根据施工项目的进度编制年度和季度主要材料需要量计划表,如表 6.2 所示。

表 6.2 主要材料需要量计划表

序号	材料名称及规格	单位	数量	来源	运输方式	需要数量及时间										备注
						年					年					
						一季度	二季度	三季度	四季度	合计	一季度	二季度	三季度	四季度	合计	
1	2	3	4	5	6	7	8	9	10	11	12	13	14	15	16	17

6.3 施工机具与设备需要量计划编制

在确定施工方法时,已经考虑了施工项目需用的机具和设备。为了做好机具、设备的供应工作,在工程进度确定后,应将每一个施工项目采用的机械名称、规格和需要量以及使用的日期等综合汇总,编制施工机具、设备计划表,如表 6.3 所示。

资源需要量计划是根据工程进度图编制的,而资源需要量的均衡性又反映了工程进度的合理性。因此,人工、材料、机械等需要量计划的编制在实际工作中结合工程进度图的编制、调整、优化过程同时进行。实际上,资源需要量的均衡本身就是工程进度优化的指标。

表6.3 施工机具、设备计划表

序号	机械名称及规格	数量		使用年限		年度、季度需要量																					备注
		台班	台数	开始时间	完成时间	年										年											
						一季度		二季度		三季度		四季度		合计		一季度		二季度		三季度		四季度		合计			
						台班	台数	台班	台数	台班	台数	台班	台数	台班	台数	台班	台数	台班	台数	台班	台数	台班	台数	台班	台数		
1	2	3	4	5	6	7	8	9	10	11	12	13	14	15	16	17	18	19	20	21	22	23	24	25	26	27

思考练习题

1.根据下列横道图(习题图 6.1):

(1)绘制劳动力资源需要量曲线;

(2)计算劳动力资源需要量不均衡系数 K;

(3)判断劳动力资源需要量是否均衡。

序号	工程项目	班制	平均每班人数	工作日	工作日/d																
					1	2	3	4	5	6	7	8	9	10	11	12	13	14	15	16	17	18	19	20
1	测量	1	7	1																					
2	土方工程	1	8	10																					
3	排水设施	1	6	5																					
4	路基施工	1	8	2																					
5	清理杂物	1	4	1																					
6	路肩施工	1	2	2																					
7	路面施工	1	5	3																					
8	清理场地	1	2	1																					

习题图 6.1

2.根据习题图 6.2(假定施工期间只需要某一种资源),绘制某资源需要量曲线。

习题图 6.2

项目 7 施工平面图布置

7.1 施工平面图布置概述

施工平面图布置是根据施工过程空间组织的原则,对施工过程所需的工艺路线、施工设备、原材料堆放、动力供应、场内运输、半成品生产,以及仓库、料场、生活设施等进行空间的科学规划与设计,并以平面图的形式表达的具体成果。

7.1.1 施工平面图的作用、布置原则及依据

1) 施工平面图的作用

正确解决各施工项目之间的时间关系和空间关系,是施工组织设计顺利实施的前提。工程进度图解决了各个工程项目的时间关系问题,而整个工地在施工期间所需的各项设施、管理机构、永久性建筑之间的空间关系,则需用施工平面图表示。施工平面图是整个拟建项目施工场地的总体规划布置图,是加强施工管理、指导现场文明施工的重要依据。

2) 施工平面图的布置原则

布置施工场地总平面图应遵循有利生产、方便生活、保护环境、安全可靠的原则,具体安排时应注意以下几点:

①在满足施工要求的条件下,充分考虑自然条件的影响,尽可能紧凑布置,充分利用原有地形地物,保护环境,少占农田,降低工程成本。

②施工区、辅助生产区、生活区应合理划分和布局,从所采用的施工手段和施工方法出发,既要考虑有利于指挥和管理施工,满足工艺流程的需要,又要避免相互干扰,方便职工生活。

③施工作业场地的布置应最大限度地缩短工地内的运输距离,尽量减少物资的运输量和起重量、二次搬运和运输距离以及临时工程。

④尽量利用永久性建筑物、构筑物或现有设施为施工服务,降低施工设施建造费用,尽量采用装配式施工设施,提高其安装速度。

⑤必须符合劳动保护、安全生产与文明施工的要求,要有防洪、消防、防盗的设施。

3) 施工平面图的布置依据

施工平面图的布置依据主要有工程平面图,施工进度计划与主要施工方案,各种材料、半成品的供应计划与运输方式,各种临时设施的性质、形式、面积与尺寸,各加工、预制场地的规模与设备数量,设计图纸,水源、电源资料,其他有关资料。

7.1.2　施工平面图的类型及其内容

1)施工总平面图

(1)施工总平面图的形式

施工总平面图有两种表示形式:一种是根据公路路线的实际走向按适当比例绘制的,如图7.1(a)所示,这种图形较直观,图中所绘内容的位置准确;另一种是将公路路线绘成水平直线,将图中各点的平面位置以路中心线为基准做相对移动,如图7.1(b)所示。这种图形只表示图中内容相对路线的位置,它可采用不同的纵横向比例,还可略去若干次要的路段,一般用于斜道式工程进度图中。

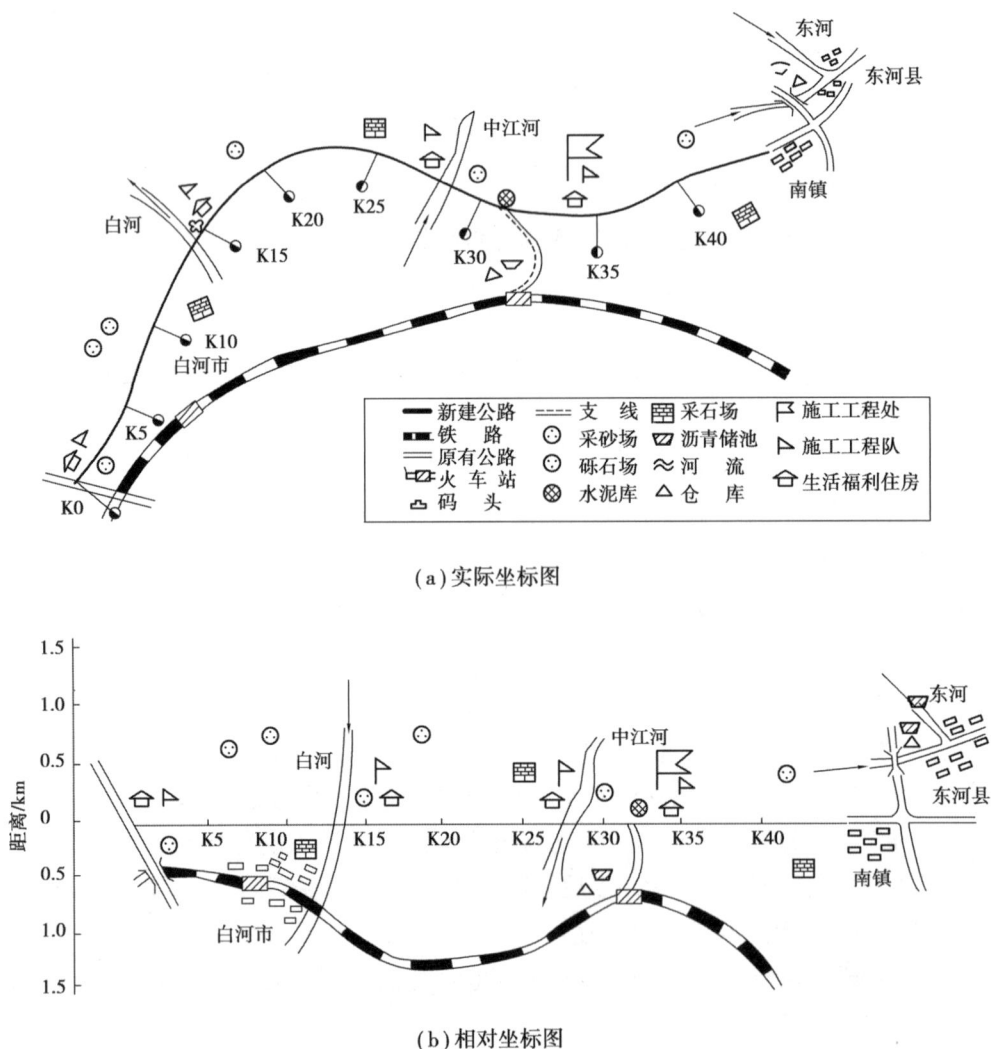

(a)实际坐标图

(b)相对坐标图

图7.1　施工总平面图

(2)施工总平面图的内容

工程施工总平面图应包括以下内容:

①拟建公路工程的主要工程施工项目,如路线及里程,大中桥、隧道、集中土石方、交叉口、特殊路基等重点工程的位置,公路养护、运营管理使用的永久性建筑(如道班房、加油站、高速

公路的收费站、服务区等）。

②为工程施工服务的临时设施及其位置,如采石场、采砂场、便道、便桥、仓库、码头、沥青拌和基地、生活用房等。

③施工管理机构,如工程建设现场指挥部、监理机构、工程处、施工队、办事处等。

④工地附近与施工有关的永久性建筑设施,如已有公路、铁路、车站、码头、居民点、地方政府所在地等。

⑤重要地形、地物,如河流、山峰、文物及自然保护区、高压铁塔、重要通信线等。

⑥其他与施工有关的内容,如地质不良路段、国家测量标志、气象台、水文站、变电站及防洪、防水、安全设施等。

目前多采用按路线实际走向绘制总平面图,绘图比例一般为 1:1 000 或 1:2 000。

2)重点工程施工场地平面图

重点工程是指公路立交枢纽、集中土石方工点、大中桥、隧道等施工技术复杂或施工条件困难的重点工程地段。

(1)重点工程施工场地平面图的形式

该类平面图的布置有两种形式:一种是在施工总平面图的控制下进行布置;另一种是以施工总平面图为依据,即基本上按照施工总平面图的有关内容进行布置。这两种平面图都比施工总平面图更加深入和具体。

(2)重点工程施工场地平面图的内容

重点工程由于施工环节多,需用较多的机械、设备和人力,故施工场地布置图应在等高线地形图上按较大的比例尺(一般为 1:500 ~ 1:100)绘制。图中应详细绘出施工作业现场、辅助生产设施、办公和生活等临时设施的相对位置与面积情况;应适当绘出原有地物,特别是交通线、车站、码头等;应注明与施工密切相关的资料,如洪水位线、地下出入处、供水供电管线等。

布置施工场地没有固定的模式,必须因地制宜,密切联系实际。因此,只有通过详细调查研究,充分收集资料,针对施工对象的工程特点、施工现场的环境条件及确定的施工方案,才能编制出既切实可行又富有特色的施工场地布置图。

3)其他施工场地平面图

高速公路、特大桥梁、长大隧道等大型工程项目,施工年限一般都较长,施工管理工作量大,与主体工程施工配套的附属企业众多,为使施工在整体上协调进行,还应绘制其他局部平面图。局部平面图的内容和编制要求与施工场地布置图相似。这类平面图主要有:

①沿线砂石料场平面布置图;

②大型附属企业平面布置图,如沥青混合料拌和基地、主要材料加工或制备厂、外购材料转运及储存场地等;

③主要施工管理机构的平面布置图;

④临时供水、供电、供热基地及管线分布平面图;

⑤大型仓储基地主要设施及物资存放布置图。

7.2 全场性临时设施

7.2.1 工地运输组织

工地运输组织的任务是编制运输计划、确定运输量、选择运输方式、计算运输工具的需要量等。工地需要运输的物资有建筑材料、构件、半成品以及机械设备、施工与生活用品等。这些物资由外地运到工地(即场外运输),一般都由专业运输单位承运。工地内的运输(即场内运输),通常由施工单位承担。无论哪种运输,都应有组织、按计划地进行。

1)确定运输量

每日需要运输物资的吨·千米数称为运输量或货运量。工地运输的货运量计算按下式进行:

$$q = \frac{\sum Q_i L_i}{T} K \tag{7.1}$$

式中 q——每日货运量,t·km;

Q_i——各种物资的年度需要量或整个工程的物资用量;

L_i——运输距离,km;

T——工程年度运输工作日数或计划运输天数;

K——运输工作不均衡系数,公路运输取 1.2,铁路运输取 1.5。

若每日需要运输的物资数量和运输工作日数为已知,则每日货运量公式为:

$$q = \sum Q_i L_i K \tag{7.2}$$

式中 Q_i——每日运到工地的物资数量,t/d;

其余符号意义同前。

2)选择运输方式

工地运输的方式有铁路、公路、水路和特种运输(索道、管道)等。选择运输方式需充分考虑各种影响因素,如运量大小、运距和物资性质,现有运输设备条件,利用永久性道路的可能性,地形、地质及水文等自然条件,运输和装卸费用等。

当货运量较大、运距远又具备条件时,宜采用铁路运输;内部加工场地与原料供应点之间可采用窄轨铁路运输;运距短、地形复杂、坡度较陡时,宜采用汽车运输。当有几种可能的运输方式可供选择时,应比较后确定。

场内运输大都采用汽车运输,在场地狭小或运输长大笨重构件时,如隧道、特大桥等的施工,也可采用窄轨铁路运输或索道运输。

3)计算运输工具需要量

运输方式确定后,每班作业所需运输工具的需要量按下式计算:

$$N = \frac{QK_1}{qTnK_2} \tag{7.3}$$

式中 N——所需的运输工具台数;

Q——全年(季)度最大运输量,t;

K_1——运输不均衡系数,场外运输一般取 1.2,场内运输取 1.1;

q——汽车台班产量,根据运距按定额确定,t/台班;

T——全年(季)的工作天数;

n——每日的工作班数;

K_2——运输工具供应系数,一般取 0.9。

7.2.2　工地仓库组织

工地临时仓库分为转运仓库、中心仓库和现场仓库等,其施工组织设计的任务是确定材料储备量和仓库面积、选择仓库位置和进行仓库设计等。

1)确定材料储备量

材料储备量要考虑保证连续施工的需要,也要避免材料积压。对于场地窄小、运输方便的现场,可少储存;对供应不易保证、运输困难、受季节影响大的材料,可多储存些。

常用材料,如砂、石、水泥、钢材、木材等的储备量按下式计算:

$$P = T_e \times \frac{Q_i K}{T} \tag{7.4}$$

式中　P——材料储备量,m^3 或 t 等;

T_e——储备期,d,按材料来源确定,一般应能保证 10 d 的需要量;

Q_i——材料、半成品等的总需要量;

K——材料使用不均匀系数,取 1.2~1.5;

T——有关施工项目的总工日数。

对于不经常使用或储备期长的材料,可按年度需要量的某一百分比储备。

2)确定仓库面积

一般的仓库面积按下式计算:

$$F = \frac{P}{qK} \tag{7.5}$$

式中　F——仓库总面积,m^2;

P——仓库材料储备量,由式(7.4)确定;

q——每平方米仓库面积能存放的材料数量;

K——仓库面积利用系数(考虑人行道和车道所占面积),一般为 0.5~0.8。

特殊材料(如爆炸品、易燃或易腐蚀品)的仓库面积按有关安全要求确定。在设计仓库时,除满足仓库总面积外,还要正确地确定仓库的平面尺寸。仓库的长度应满足装卸要求,宽度要考虑材料存放方式、使用方便和仓库结构形式。

7.2.3　加工、预制场地

工地临时加工、预制场地的施工组织设计的任务是确定建筑面积和结构形式。加工厂(站、场)的建筑面积通常参照有关资料或根据施工单位的经验确定,也可以按下式计算:

①钢筋混凝土构件预制厂、木工房、钢筋加工间等场地或建筑面积:

$$F = \frac{KQ}{TS\alpha} \tag{7.6}$$

式中　F——所需建筑面积，m^2；

　　　K——生产不均衡系数，取 $1.3 \sim 1.5$；

　　　Q——加工总量，m^3 或 t 等；

　　　T——加工总工期，月；

　　　S——每平方米场地的月平均产量；

　　　α——场地或建筑面积利用系数，取 $0.6 \sim 0.7$。

②水泥混凝土搅拌站面积：

$$F = NA \tag{7.7}$$

式中　F——搅拌站面积，m^2；

　　　A——每台搅拌机所需的面积，m^2；

　　　N——搅拌机台数，台，按下式计算：

$$N = \frac{QK}{TR} \tag{7.8}$$

式中　Q——混凝土总需要量，m^3；

　　　T——混凝土工程施工总工作日；

　　　K——不均衡系数，取 1.5；

　　　R——混凝土搅拌机台班产量。

大型沥青混凝土拌和设备的场地面积，可根据设备说明书的要求确定。

上述建筑场地的结构形式应根据当地条件和使用期限而定，使用年限短的可用简易结构，使用年限长的宜采用砖木结构或活动房屋。

7.2.4　临时供水、供电、供热

工地临时供水、供电、供热应解决的主要问题是确定用量、选择供应来源、设计管线网络等。如需工地自行解决供应来源，还需确定相应的设备。

确定用量时应考虑施工生产、生活和特殊用途（消防、抗洪）的需要量。选择供应来源时首先考虑当地的水源、电源和供热，若无法满足工程需要时，则需自行设计解决。

1）工地临时供水

（1）用水量计算

施工期间的工地供水应满足施工工程用水（q_1）、施工机械用水（q_2）、施工现场生活用水（q_3）、生活区生活用水（q_4）和消防用水（q_5）5 个方面的需要量，其用水量计算公式如下所述。

①施工工程用水：

$$q_1 = K_1 \sum \frac{Q_1 N_1}{T_1 b} \times \frac{K_2}{8 \times 3\,600} \tag{7.9}$$

式中　q_1——施工工程用水量，L/s；

　　　K_1——施工用水系数，取 $1.05 \sim 1.15$；

　　　Q_1——年度或季度工程量（以实物计量单位表示）；

N_1——施工用水定额,见表7.1;

T_1——年度或季度有效作业日,d;

b——每天工作班数;

K_2——施工工程用水不均衡系数,见表7.2。

表 7.1　施工工程用水量定额表

序　号	用水对象	单　位	耗水量/L	备　注
1	浇筑混凝土的全部用水	m³	1 700~2 400	—
2	搅拌混凝土	m³	250~350	—
3	混凝土养生	m³	200~700	—
4	湿润、冲洗模板	m³	5~15	—
5	洗石子、砂	m³	600~1 000	—
6	砌砖工程全部用水	m³	150~250	—
7	砌石工程全部用水	m³	50~80	—
8	搅拌砂浆	m³	300	—
9	抹灰	m²	4~6	不包括调制用水
10	素土路面、路基	m²	0.2~0.3	—
11	消化生石灰	t	3 000	—
12	浇砖	千块	500	—

表 7.2　用水不均衡系数表

用水名称	不均衡系数值
施工工程用水 K_2	1.50
生产企业用水 K_2	1.25
施工机械、运输机具 K_3	2.00
动力设备 K_3	1.05~1.10
施工现场生活用水 K_4	1.30~1.50
居住区生活用水 K_5	2.00~2.50

②施工机械用水:

$$q_2 = K_1 \sum Q_2 N_2 \times \frac{K_3}{8 \times 3\,600} \tag{7.10}$$

式中　q_2——施工机械用水量,L/s;

K_1——施工用水系数,取 1.05~1.15;

Q_2——同一种机械台数,台;

N_2——施工机械台班用水定额,见表7.3;

K_3——施工机械用水不均衡系数,见表7.2。

表 7.3   施工机械用水量定额表

序 号	机械名称	单 位	耗水量	备 注
1	内燃挖掘机	L/(台班·m³)	200~300	以斗容量 m³ 计
2	内燃起重机	L/(台班·t)	15~18	以起重吨数计
3	蒸汽打桩机	L/(台班·t)	1 000~1 200	以锤重吨数计
4	内燃压路机	L/(台班·t)	12~15	以压路机吨数计
5	拖拉机	L/(昼夜·台)	200~300	—
6	汽车	L/(昼夜·台)	400~700	—
7	空气压缩机	L/(台班·m³·min⁻¹)	40~80	以压缩空气排气量计
8	内燃动力装置	L/(台班·kW)	160~480	直流水
9	内燃动力装置	L/(台班·kW)	35~55	循环水
10	锅炉	L/(h·t)	1 000	以小时蒸发量计
11	锅炉	L/(h·m²)	15~30	以受热面积计
12	电焊机	L/h	100~350	—
13	对焊机	L/h	300	—
14	冷拔机	L/h	300	—
15	凿岩机	L/min	8~12	—

③施工现场生活用水：

$$q_3 = \frac{P_1 N_3 K_4}{8 \times 3\,600} \times b \tag{7.11}$$

式中 q_3——施工现场生活用水量，L/s；

P_1——施工现场高峰人数，人；

N_3——施工现场生活用水定额，一般为 20~60 L/(人·班)；

b——每天工作班数；

K_4——施工现场生活用水不均衡系数，见表 7.2。

④生活区生活用水：

$$q_4 = \frac{P_2 N_4 K_5}{24 \times 3\,600} \tag{7.12}$$

式中 q_4——生活区生活用水量，L/s；

P_2——生活区居住人数，人；

N_4——生活区生活用水定额，见表 7.4；

K_5——生活区生活用水不均衡系数，见表 7.2。

⑤消防用水 q_5 见表 7.5。

表 7.4　生活区用水量定额表

序　号	用水名称	单　位	耗水量	备　注
1	生活用水	L/(人·日)	20~30	盥洗、饮用
2	食堂	L/(人·日)	15~20	—
3	淋浴	L/(人·次)	50	按出勤人数的 30% 计
4	洗衣	L/人	30~35	—
5	理发室	L/(人·次)	15	—
6	工地医院	L/(病床·次)	100~150	—
7	家属	L/(人·日)	50~60	有卫生设备
8	家属	L/(人·日)	25~30	无卫生设备

表 7.5　消防用水量参考表

序号	用水区域	用水情况	火灾同时发生次数	用水量/(L·s^{-1})
1	生活区	5 000 人以内	1	10
		10 000 人以内	2	10~15
		25 000 人以内	2	15~20
2	施工现场	$25×10^4$ m^2 以内	1	10~15
		每增加 $25×10^4$ m^2	1	5

⑥总用水量计算。由于生活用水是经常性的,施工用水是间断性的,而消防用水又是偶然性的,因此,工地的总用水量 Q 并不是所有用水量的总和,而应按以下公式分情况计算:

当 $(q_1+q_2+q_3+q_4) \leqslant q_5$ 时:

$$Q=q_5+0.5(q_1+q_2+q_3+q_4) \tag{7.13}$$

当 $(q_1+q_2+q_3+q_4) > q_5$ 时:

$$Q=q_1+q_2+q_3+q_4 \tag{7.14}$$

当工地面积小于 $5×10^4$ m^2,且 $(q_1+q_2+q_3+q_4) < q_5$ 时:

$$Q=q_5 \tag{7.15}$$

式中　Q——总用水量,L/s;

其余符号含义同前。

（2）水源选择

水源选择应考虑当地自来水作水源,如不可能才另选天然水源。天然水源有河水、湖水、水库蓄水等地面水和泉水、井水等地下水。临时水源应满足水量充足稳定,能保证最大需水量供应,符合生活饮用和生产用水的水质标准,取水、输水、净水设施安全可靠,施工安装、运转、管理和维护方便等方面的要求。

（3）临时供水系统

供水系统由取水设施、净水设施、储水构造物、输水管网 4 部分组成。

取水设施由取水口、进水管及水泵站组成。取水口距河底(或井底)不得小于 0.25 m,距冰层下部边缘的距离也不得小于 0.25 m。水泵要有足够的抽水能力和扬程。

当水泵不能连续工作时,应设置储水构造物,其容量以每小时消防用水量确定,一般不小于 $10\sim20$ m^3。

输水管网应合理布局,干管一般为钢管或铸铁管,支管为钢管。输水管的直径必须满足输水量的需要。

2)工地临时供电

(1)工地总用电量

工地用电可分为动力用电和照明用电两类,用电量按下式计算:

$$P = (1.05 \sim 1.10) \times \left(K_1 \frac{\sum P_1}{\cos \varphi} + K_2 \sum P_2 + K_3 \sum P_3 + K_4 \sum P_4 \right) \quad (7.16)$$

式中　P——工地总用电量,kV·A;

　　　P_1,K_1——电动机额定功率(kW)及需要系数,$K_1 = 0.5 \sim 0.7$,电动机 10 台以下取 0.7,超过 30 台取 0.5;

　　　P_2,K_2——电焊机额定容量(kV·A)及需要系数,$K_2 = 0.5 \sim 0.6$,电焊机 10 台以下取 0.6;

　　　P_3,K_3——室内照明容量(kW)及需要系数,$K_3 = 0.8$;

　　　P_4,K_4——室外照明容量(kW)及需要系数,$K_4 = 1.0$;

　　　$\cos \varphi$——电动机的平均功率因数,根据用电量和负荷情况而定,最高为 0.75~0.78,一般为 0.65~0.75。

(2)选择电源及确定变压器

无论由当地电网供电还是在工地设临时电站解决,或者各供给一部分,选择电源都应在考虑以下因素后,根据工程具体情况经过比较确定:当地电源是否满足施工期间最高负荷;电源距离较远时是否经济;设临时电站,供电能力应满足需要,避免造成浪费或供电不足;电源位置应设在设备集中、负荷最大而输电距离又最短的地方。

一般首先考虑将附近的高压电通过工地的变压器引入。变压器的功率按下式计算:

$$P = K \left(\frac{\sum P_{max}}{\cos \varphi} \right) \quad (7.17)$$

式中　P——变压器的功率,kV·A;

　　　K——考虑功率损失的系数,取 1.05;

　　　$\sum P_{max}$——各施工区的最大计算负荷,kW;

　　　$\cos \varphi$——功率因数。

(3)选择导线截面

合理的导线截面应满足 3 个方面的要求:第一要有足够的机械强度,即在各种不同的敷设方式下,确保导线不致因一般机械损伤而折断;第二应满足通过一定的电流强度,即导线必须能承受负载电流长时间通过所引起的温度升高;第三是导线上引起的电压必须限制在容许限度之内。按这 3 项要求,选其截面最大者。

（4）配电线路的布置要点

线路宜架设在道路的一侧，并尽可能选择平坦路线。线路距建筑物的水平距离应大于 1.5 m。在 380/220 V 低压线路中，木杆间距为 25~40 m。分支线及引入线均应从电杆处接出。

临时布线一般都用架空线，因为架空线工程简单、经济、便于检修。电杆及线路的交叉跨越要符合有关输变电规范。配电箱要设置在便于操作的地方，并有防雨、防晒设施。各种施工用电机具必须单机单闸，绝不可一闸多用。闸刀的容量按最高负荷选用。

3）工地临时供热

工地临时供热的主要对象是临时房屋，如办公室、宿舍、食堂等内部的冬季采暖；冬季施工供热，如施工用水和材料加热等；预制场供热，如钢筋混凝土构件的蒸汽养生等。

建筑物内部采暖耗热量，按有关建筑设计手册计算。

临时供热的热源，一般都设立临时性的锅炉房或个别分散设备（如火炉），如有条件，也可利用当地的现有热力管网。

临时供热的蒸汽用量按下式计算：

$$W = \frac{Q}{IH} \tag{7.18}$$

式中　W——蒸汽用量，kg/h；

　　　Q——所需总热量，按建筑采暖设计手册计算，J/h；

　　　I——在一定压力下蒸汽的含热量，查有关热工手册可得，J/kg；

　　　H——有效利用系数，一般为 0.4~0.5。

蒸汽压力根据供热距离确定：供热距离在 300 m 以内时，蒸汽压力为 30~50 kPa 即可；在 1 000 m 以内时，则需要 200 kPa。确定了蒸汽压力后，可根据式（7.18）计算得到蒸汽用量，也可查阅锅炉手册，选定锅炉的型号。

7.2.5　办公生活临时用房

此类临时建筑的建筑面积主要取决于建筑工地的人数，包括职工和家属人数，建筑面积按式（7.19）计算。

$$S = NP \tag{7.19}$$

式中　S——建筑面积，m²；

　　　N——工地人数，人；

　　　P——建筑面积指标，见表 7.6。

编制施工组织设计时，应尽量利用工地附近的现有建筑物，或提前修建能利用的永久房屋（如道班房、加油站等），不足部分再修建临时建筑。

临时建筑按节约、适用、拆装方便的原则设计，其结构形式按当地气候、材料来源和工期长短确定。

表 7.6 临时房屋建筑面积指标

序　号	项目名称	面积定额/($m^2 \cdot 人^{-1}$)	指标使用方法
1	办公室	2.1~2.5	按使用人数
2	单层通铺宿舍	2.5~3.0	按高峰年(季)平均人数
3	单层床宿舍	3.5~4.0	按工地住宿实有人数
4	双层床宿舍	2.0~2.5	按工地住宿实有人数
5	食堂	0.5~0.8	按高峰年平均人数
6	食堂兼礼堂	0.6~0.9	按高峰年平均人数
7	医务室、招待所	0.06	包括家属招待所
8	浴室	0.07~0.1	按高峰年平均人数
9	理发室	0.01~0.03	按高峰年平均人数
10	会议室、文娱室	0.1	按高峰年平均人数
11	商店	0.05	按高峰年平均人数
12	其他公用设施	0.05~0.1	按高峰年平均人数
13	厕所	0.02~0.07	按工地平均人数
14	锅炉房	10~40	总面积

7.2.6 其他临时设施

在施工组织设计中,会遇到其他临时工程设施,如便道、便桥、临时车站、码头、堆场、通信设施等。对于新建道路工程,这些临时工程设施更多。

各种临时工程设施的数量视工地具体情况而定,因它们的使用期限一般都很短,所以通常都采用简易结构。全部临时建筑及临时工程设施都应在设计完成后,再编制临时工程表。临时工程表是施工组织设计规定的文件之一,其内容及格式如表 7.7 所示。

表 7.7 临时工程表格式

序号	设置地点	工程名称	说明	单位	数量	工程数量										备注
1	2	3	4	5	6	7	8	9	10	11	12	13	14	15	16	17

思考练习题

1.施工平面图布置的基本原则是什么?

2.施工平面图的布置依据是什么?

3.简述施工平面图的类型及形式。

4.工地运输组织的主要任务是什么？

5.工地需要运输有哪些物资？主要运输方式有哪些？

6.工地临时仓库有哪些？任务是什么？

7.工地临时供水、供电、供热的主要任务是什么？

8.施工期间的工地供水应满足哪几个方面的需求？

9.施工组织设计的临时设施设计包括哪些内容？

10.临时总用水量的确定方法是什么？

11.某桥梁工程按施工进度图规定本年度施工 280 天,年计划分别需要钢筋 200 t,水泥 1 000 t,碎石 2 000 m³,砂子 800 m³,参数如习题表 7.1 所示,试分别计算所需仓库的面积。

习题表 7.1

材料名称	单位	仓库类型	T_e/d	K	q	a
钢筋	t	棚	60	1.3	0.6	0.6
水泥	t	仓库	40	1.3	2	0.65
碎石	m³	露天	30	1.3	1.2	0.7
砂子	m³	露天	30	1.3	1.2	0.7

注:T_e—备期;K—材料使用不均衡系数;q—每 1 m² 材料存放数量;a—仓库面积利用系数。

项目 8 施工管理计划的编制

施工管理计划应包括进度管理计划、质量管理计划、安全管理计划、环境管理计划、成本管理计划以及其他管理计划等内容。各项管理计划的制订,应根据项目的特点有所侧重。

目前,施工管理计划多作为管理和技术措施编制在施工组织设计中,这是施工组织设计必不可少的内容。施工管理计划涵盖很多方面的内容,可根据工程的具体情况加以取舍。在编制施工组织设计时,各项管理计划可单独成章,也可穿插在施工组织设计的相应章节中。

8.1 进度管理计划

项目施工进度管理应按照项目施工的技术规律和合理的施工顺序,保证各工序在时间和空间上的顺利衔接。不同的工程项目,其施工技术规律和施工顺序不同。即使是同一类工程项目,其施工顺序也难以做到完全相同。因此必须根据工程特点,按照施工的技术规律和合理的组织关系,解决各工序在时间和空间上的先后顺序和搭接问题,以达到保证质量、安全施工、充分利用空间、争取时间、实现经济合理安排进度的目的。

8.1.1 进度管理计划的规定

进度管理计划应包括下列内容:

①对项目施工进度计划进行逐级分解,通过阶段性目标的实现保证最终工期目标的完成。在施工活动中,通常是通过对最基础的分部(分项)工程的施工进度控制来保证各个单项(单位)工程或阶段工程进度控制目标的完成,进而实现项目施工进度控制总体目标;因而需要将总体进度计划进行一系列从总体到细部、从高层次到基础层次的层层分解,一直分解到在施工现场可以直接调度控制的分部(分项)工程或施工作业过程为止。

②建立施工进度管理的组织机构并明确职责,制定相应管理制度。施工进度管理的组织机构是实现进度计划的组织保证。它既是施工进度计划的实施组织,又是施工进度计划的控制组织;既要承担进度计划实施赋予的生产管理和施工任务,又要承担进度控制目标,对进度控制负责,因此需要严格落实有关管理制度和职责。

③针对不同施工阶段的特点,制订进度管理的相应措施,包括施工组织措施、技术措施和合同措施等。

④建立施工进度动态管理机制,及时纠正施工过程中的进度偏差,并制订特殊情况下的赶工措施。面对不断变化的客观条件,施工进度往往会产生偏差;当发生实际进度比计划进度超前或落后时,控制系统就要做出应有的反应:分析偏差产生的原因,采取相应的措施,调整原来

的计划,使施工活动在新的起点上按调整后的计划继续运行,如此循环往复,直至预期计划目标的实现。

⑤根据项目周边环境特点,制订相应的协调措施,减少外部因素对施工进度的影响。项目周边环境是影响施工进度的重要因素之一,其不可控性大,必须重视。诸如环境扰民、交通组织和偶发意外等因素,采取相应的协调措施。

8.1.2 加快施工进度的技术组织措施

按期完成交付使用的工程,不但标志着投资方的投资见效,而且也标志着投资资金开始回收。未按期完成的工程,不但会增加工程的费用,甚至还会影响工程质量,因此制订措施保证工程进度就显得十分必要。制订施工进度技术组织措施首先要明白影响施工进度的因素,这样才能制订出有效的措施。

1)影响施工进度的主要因素

①施工计划的贯彻与实施情况。施工计划是将施工进度计划进行细化,因此,施工计划的实施情况将直接影响工程的进展情况。

②物资供应情况。物资供应不足或供应不及时,都会造成施工的中断,影响整个工程的进度。

③机械设备状况。机械在施工过程中因保养不善、未及时维修,造成机械设备损坏、停机,或机械设备陈旧、状况不佳都会造成施工的中断,影响施工进度。

④组织协调因素。施工单位未按施工方案中的顺序执行或现场施工协调不及时,造成施工单位互相干扰;重点、难点工程的工期安排不当造成工期延误;延误拖后工程的进度调整不及时造成局部工程施工不到位,都会减缓施工进度,甚至停工,从而影响施工进度。

⑤其他因素。气候条件、地质条件、政治原因等,都会影响工程进度目标的实现。

2)施工进度技术组织措施的主要内容

针对影响施工进度的因素,可采取以下的技术组织措施:

①实行施工进度的控制及动态管理。利用网络计划编制施工进度,优化施工安排,制订最优的关键线路,确定出关键工作。充分利用工程的空间关系,在互不干扰的前提下,可以同步安排多个工程进行立体交叉的平行流水作业。由于施工组织在施工前已安排好,所以施工过程中应结合实际情况对网络计划进行及时调整和优化。

②正确处理质量和进度的关系。在施工过程中,当质量和进度关系发生矛盾时,应将质量放在第一位,在保证质量的前提下加快进度。

③建立物资保障机构。根据工程进展情况,制订详细的材料供应计划,保证物资采购渠道的畅通,并做好材料的检测试验,把好质量关,这样才能为工程的顺利实施提供充足、合格的物资保障。

④机械设备的组织。为加快施工进程,尽量使用先进的机械设备,合理调度,开展高效率的机械化生产,现场设立机械维修养护站,备足机械所需的机械配件,做好机械设备的日常养护及施工前检修,检查统计机械设备的完好率、出勤率和利用率。

⑤做好施工现场的组织与协调工作。加强施工现场的调度工作,对于现场出现的影响施工

进度的情况,可通过调度协调解决;对于控制工期的重点工程,优先保证物资的供应和机械的使用,加强施工管理和控制,根据地域气候特点,尽可能在最有利季节加快施工进度。

⑥积极开展劳动竞赛,实时掀起施工高潮。在施工中采取层层责任承包、重奖重罚等行政手段,调动职工生产积极性,必要时可发挥政治动员作用,做到施工进度日保旬、旬保月,从而达到按期完工或提前完工的目标。

⑦实行施工进度的岗位责任制及管理制度。为保证和加快施工进程,建立目标管理制度,每阶段的进度目标落实到人,明确责任实行严格的考核奖惩制度;实行技术保证制度,严格执行技术交底制度,使每个人在施工前都明确每项工程、每道工序的结构、质量要求及施工要领等,从而尽可能地避免误工、返工等现象的发生。

8.2 质量管理计划

质量管理计划可参照《质量管理体系 要求》(GB/T 19001—2016),在施工单位质量管理体系的框架内编制。

施工单位应按照《质量管理体系 要求》(GB/T 19001—2016)建立本单位的质量管理体系文件,可以独立编制质量计划,也可以在施工组织设计中合并编制质量计划的内容。质量管理应按照 PDCA 循环模式,加强过程控制,通过持续改进来提高工程质量。

8.2.1 质量管理计划的规定

质量管理计划应包括下列内容:

①按照项目具体要求确定质量目标并进行目标分解,质量指标应具有可测量性。应制订具体的项目质量目标,质量目标应不低于工程合同明示的要求;质量目标应尽可能地量化和层层分解到基层,建立阶段性目标。

②建立项目质量管理的组织机构并明确职责。应明确质量管理组织机构中各重要岗位的职责,与质量有关的各岗位人员应具备与职责要求匹配的相应知识、能力和经验。

③制订符合项目特点的技术保障和资源保障措施,通过可靠的预防控制措施,保证质量目标的实现。应采取各种有效措施,确保项目质量目标的实现。这些措施包含但不局限于原材料、构配件、机具的要求和检验,主要的施工工艺、主要的质量标准和检验方法,夏期、冬期和雨期施工的技术措施,关键过程、特殊过程、重点工序的质量保证措施,成品、半成品的保护措施,工作场所环境以及劳动力和资金保障措施等。

④建立质量过程检查制度,并对质量事故的处理作出相应规定。按质量管理八项原则中的过程方法要求,将各项活动和相关资源作为过程进行管理,建立质量过程检查、验收以及质量责任制等相关制度,对质量检查和验收标准作出规定,采取有效的纠正和预防措施,保障各工序和过程的质量。

8.2.2 确保工程质量的技术组织措施

公路工程建设中,质量是关键,任何一个环节或部位出现质量问题,都会给工程建设带来严重的后果,直接影响公路的使用年限,甚至会造成巨大的经济损失。因此,公路工程项目建设必须把工程质量放在第一位,进行"全方位、全过程"的施工质量控制,始终把"百年大计、质量第一"作为指导施工的思想,以提高项目全员的质量意识,加强和保证工程建设施工质量。

1)影响工程质量的主要因素

影响工程质量的主要因素有两个方面,即人为因素和自然因素。

（1）人为因素

人员是影响工程质量的主要因素,往往也是容易克服的。人为因素主要体现在人员的素质不高、责任心不强、思想不重视、文化技术水平偏低等,主要表现如下:

①人员素质不高,主要体现在思想、文化、技术、身体等方面。

②管理人员责任心不强或管理水平较低(如不认真执行和落实各项管理制度)。

③技术人员责任心不强或技术水平较低。在施工的每一个环节上可能都会出现问题,影响工程质量(如测量放线时出现偏差、现场试验时不按规程操作)。

④工人的责任心不强或技术水平较低,施工中不严格按规范要求去做,生产质量会大大降低,达不到验收标准(如土基压实时未按操作要领进行,压实度不够)。

（2）自然因素

自然因素主要包括气候、水文、地质等因素的影响,主要表现如下:

①气候的影响。例如,同一等级的公路因所在不同自然区划的气候条件不同,其质量控制和要求也会不同。即使是同一区划不同海拔,气候条件也有所差异,如不区别对待,就会造成质量事故。

②水文的影响。例如,潜水层水位较高会影响路基工作区,这时就必须设置相应的排水设施,把路基范围内的地下水引排到较深的潜水层或透水层中,以免对路基质量造成影响。

③地质的影响。公路沿线岩土的种类、成因、岩层走向、倾向和倾角、风化程度等,都会影响工程构造物的稳定性,从而影响工程质量。

2)施工质量技术组织措施的主要内容

（1）建立和完善质量保证体系

①质量体系。建立与 ISO 9000 系列相一致的质量保证体系。项目设质检部和工程部,作业班组设质检员,实行分级质量管理制度。每道工序都必须经过作业班组质检员自检,班组间质检员互检,工程部、质检工程师联检。在自检、互检、联检的基础上,交监理工程师检查、签证后,方可进入下一道工序施工。

②试验体系。施工现场设立试验室,为试验室配备与工程任务相适应的仪器、设备与专业技术人员,以保证满足工程试验需要。试验室必须严把工程材料进场关,任何结构用材进场前必须携带厂家出具的产品合格证及其主要技术指标文件,经试验室在现场按有关试验规程规定抽检合格并得到签证批准后,方准进场使用。同时应严格执行试验规程,确保每项工程开工前有标准试验,施工中有试验检查,完工后有真实、准确、完整的试验资料,以充分反映结构物实体内部质量状况。

③测量体系。施工单位设立测量队,配备 GPS 全站仪、经纬仪、水准仪等测量仪器,以满足工程所需。测量队负责本工程控制测量和施工放样工作。测量工作自始至终必须严格按测量规程进行操作和控制,做到施工前有控制性测量和施工放样,施工中有测量校核,完工后有成品

测量检查,确保施工全过程的测量资料真实、准确、完整地反映结构物空间几何尺寸。

（2）实行全员工程质量岗位责任制

成立以项目经理、项目技术负责人和质检工程师为核心的领导小组,建立严格的质量承包责任制,明确每个员工自己工作范围以及在工程质量方面的责任,确保每个员工的工程质量,以此来保证工程质量。

（3）严格进行工程施工过程质量控制,确保工程质量

组织有关人员认真学习、会审设计图纸,充分理解设计意图。严格按设计图纸、招标文件、施工技术规范、施工工艺、施工操作规程的要求组织施工,做到工程项目开工前有详细的施工方案、方法和技术交底,施工操作有施工工艺和施工操作规程作指导,技术、质量、指标有图纸、规范、招标文件等的具体要求,施工过程中有完整的检查签证表格、施工日记及施工总结等记录,确保每一施工过程质量控制来保证项目工程质量。

（4）加强施工人员的技术培训

根据工程特点,适时组织各种技术培训和技术考核工作,做到关键技术工种必须持证上岗,并选派经验丰富、年富力强、技术水平高的工人、技师担当带头人。在提高技术水平的基础上,促进工程质量的提高。

（5）积极采用新技术

结合工程实际积极开展 QC（Quality Control）小组技术、质量攻关活动。采用新的施工技术、新的施工方法、新设备、新材料、新工艺,推进技术进步,确保工程质量优良。

（6）加强质量防范

实行质量一票否决权制度,坚持预防为主,把质量事故、隐患消灭在萌芽状态中,一旦发生质量事故,坚决做到"四不放过",即事故原因分析不清不放过、事故责任者和群众没有受到教育不放过、没有采取切实可行的防范措施不放过、事故责任者没有受到严肃处理不放过。

（7）严格实行质量检查制度及奖罚办法

施工管理部门定期组织大检查,并不定期随时抽查,施工人员应及时对已完成单项工程进行检查,发现问题及时整改。对质量工作做出突出贡献的个人和集体给予适当奖励,出现质量问题的严惩不贷,并与经济处罚挂钩。

（8）充分发挥技术监控机构对工程质量的控制作用

积极配合监理工程师的工作,服从监理工程师的监督,维护监理工程师的权威。每道工序完成转入下一道工序之前,必须请监理工程师签证,确保各工序质量合格。

8.3　安全管理计划

安全管理计划可参照《职业健康安全管理体系规范》（GB/T 28001—2001）,在施工单位安全管理体系的框架内编制。

目前,大多数施工单位基于《职业健康安全管理体系规范》（GB/T 28001—2001）通过了职业健康安全管理体系的认证,建立了企业内部的安全管理体系。安全管理计划应在企业安全管理体系的框架内,针对项目的实际情况,参照《建设工程安全生产管理条例》（国务院令第 393号）、《公路水运工程安全生产监督管理办法》（交通运输部令 2017 年第 25 号）、《危险性较大的

分部分项工程安全管理办法》(建质〔2009〕87 号)和《建设工程高大模板支撑系统施工安全监督管理导则》(建质〔2009〕254 号)的要求编制。

现场安全管理应符合国家和地方政府部门的要求。

8.3.1　安全管理计划的规定

公路施工安全事故(危害)通常分为九大类:坍塌倒塌、高处坠落、起重事故、触电、机械伤害、物体打击、爆破事故、窒息中毒、拆除工程。安全管理计划应针对项目具体情况,建立安全管理组织,制订相应的管理目标、管理制度、管理控制措施和应急预案等。

安全管理计划应包括下列内容:

①确定项目重要危险源,制订项目职业健康安全管理目标。

②建立有管理层次的项目安全管理组织机构并明确职责。

③根据项目特点,进行职业健康安全方面的资源配置。

④建立具有针对性的安全生产管理制度和职工安全教育培训制度。

⑤针对项目重要危险源,制订相应的安全技术措施;对达到一定规模的危险性较大的分部(分项)工程和特殊工种的作业应制订专项安全技术措施的编制计划。

⑥根据季节、气候的变化制订相应的季节性安全施工措施。

⑦建立现场安全检查制度,并对安全事故的处理作出相应规定。

8.3.2　保证施工安全的技术组织措施

工程项目的施工往往会存在高空、露天、爆破等危险作业,因此安全生产占有很重要的位置,施工安全的好与坏直接影响企业的效益和发展。安全生产是指生产过程处于避免人身伤害、设备损坏及其他不可接受的损害风险的状态。工程项目在施工时必须采取一定的措施减少甚至消除事故隐患,尽量把事故消灭在萌芽状态,保证施工人员的健康、安全,避免财产损失。

1)安全控制的方针与目标

(1)安全控制的方针

"安全第一,预防为主,综合治理"是安全控制的方针。安全第一,就是在生产过程中把安全放在第一位,切实保护劳动者的生命安全和身体健康。要求所有参与工程建设的人员,包括管理者、操作人员以及对工程建设进行监督管理的人员都必须树立安全的观念,不能一味追求经济利益而牺牲安全。预防为主,就是把安全生产工作的关口前移,超前防范,建立预教、预测、预想、预报、预警、预防的递进式、立体化事故隐患预防体系,改善安全状况,预防安全事故。综合治理,就是综合运用经济、法律、行政等手段,人管、法治、技防多管齐下,并充分发挥社会、职工、舆论的监督作用,有效解决安全生产问题。

(2)安全控制的目标

安全控制是以减少或消除不安全行为为目标,以减少或消除设备、材料的不安全状态为目标,以改善生产环境和保护生态环境为目标,以实现安全管理为目标。安全控制的目标旨在减少或消除生产中不安全的因素(如人的不安全行为和物的不安全状态),确保施工人员的人身健康安全和财产安全。

2) 影响施工安全的主要因素

①对安全施工的宣传力度不到位,施工人员安全意识淡薄,对可能出现的安全隐患意识不够。

②安全保证体系不健全或虽然健全但落实不到位。

③施工人员技术水平较低或违反操作规程。

④施工安全技术交底工作落实不到位。

3) 施工安全控制措施

(1)开展安全教育,强化安全意识

广泛开展安全施工的宣传教育,组织学习有关安全施工的规则及要求,学习安全操作规范,使每个施工人员从思想上认识到安全的重要性和必要性,从技能上实行规范化操作。并且要体现"管生产必须管安全"的原则,使施工人员时刻保持安全意识,杜绝一切可能发生的不安全因素,防止事故的发生。

(2)建立健全安全保证体系

按照综合治理、从严治理、标准化管理、管施工必须管安全、一票否决等原则建立健全安全保证体系,强化安全领导机构,充实安全管理人员,从组织上落实安全工作。

(3)实行安全责任制

建立和完善安全岗位责任制,明确各部门在各自的职责范围内应承担的安全责任,严格执行奖惩制度。集思广益,勇于揭露问题、处理问题,把事故消灭在萌芽状态。

(4)实施安全检查

随时检查施工人员对安全施工的重视程度,检查安全施工管理是否到位,检查安全设施是否完好等。对已经发生的事故,应查明其原因,明确责任并作出处理,同时要采取切实可行的措施。

(5)安全技术措施应满足的要求

①对易燃、易爆、强腐蚀等危险品,要严格执行保存与发放制度。对其来源、用途、用量做好详细的记录,确保不发生意外。

②现场防火设施的设置应满足消防距离和消防用水量的要求,但也要避免设置不必要的防火设施。

③现场临时用电线路的架设应符合《施工现场临时用电安全技术规范》(JGJ 46—2005)的要求,架设前应对架设的位置、高度进行设计,避免对其他工程的施工造成影响。注意用电安全,非专业电气操作人员不得触动电气设备。

④各种机械必须有专人负责维修、保养、操作、安装,并经常对其关键部位进行检查,避免机械故障产生安全事故。

⑤夜间施工必须配备足够的照明设备,施工人员必须严格遵守作息时间,提高夜间施工的安全意识,避免因人员夜间精力不足而造成事故。严禁在大风、大雨等不利天气的夜间施工。

⑥对达到一定规模的危险性较大的分部(分项)工程编制专项施工方案。《公路水运工程安全生产监督管理办法》(交通运输部令 2017 年第 25 号)规定,施工单位应当对下列危险性较大的工程编制专项施工方案,并附安全验算结果,经施工单位技术负责人、监理工程师审查同意

签字后实施,由专职安全生产管理人员进行现场监督:

a.不良地质条件下有潜在危险性的土方、石方开挖。

b.滑坡和高边坡处理。

c.桩基础、挡墙基础、深水基础及围堰工程。

d.桥梁工程中的梁、拱、柱等构件施工等。

e.隧道工程中的不良地质隧道、高瓦斯隧道、水底海底隧道等。

f.水上工程中的打桩船作业、施工船作业、外海孤岛作业、边通航边施工作业等。

g.水下工程中的水下焊接、混凝土浇筑、爆破工程等。

h.爆破工程。

i.大型临时工程中的大型支架、模板、便桥的架设与拆除;桥梁、码头的加固与拆除。

j.其他危险性较大的工程。

必要时,施工单位应当组织专家对专项施工方案进行论证、审查。

8.4　环境管理计划

环境管理计划可参照《环境管理体系　要求及使用指南》(GB/T 24001—2016),在施工单位环境管理体系的框架内编制。

施工现场环境管理越来越受到建设单位和社会各界的重视,同时各地方政府也不断出台新的环境监管措施,环境管理计划已成为施工组织设计的重要组成部分。对通过了环境管理体系认证的施工单位,环境管理计划应在企业环境管理体系的框架内,针对项目的实际情况进行编制。现场环境管理应符合国家和地方政府部门的要求。

8.4.1　环境管理计划的规定

一般来讲,公路工程常见的环境因素包括大气污染、垃圾污染、公路施工机械发出的噪声和强烈的振动、光污染、放射性污染,以及生产、生活污水排放。

环境管理计划应根据公路工程各阶段的特点,依据分部(分项)工程进行环境因素的识别和评价,并制订相应的管理目标、控制措施和应急预案等。环境管理计划应包括下列内容:

①确定项目重要环境因素,制订项目环境管理目标。

②建立项目环境管理的组织机构并明确职责。

③根据项目特点进行环境保护方面的资源配置。

④制订现场环境保护的控制措施。

⑤建立现场环境检查制度,并对环境事故的处理作出相应的规定。

8.4.2　施工环境保护的技术组织措施

随着社会进步、经济的发展,施工环境保护日益显得重要。施工环境保护直接影响施工的进展。施工环境保护就是按照法律法规、各级主管部门和企业的要求,保护和改善作业现场环境,控制现场的各种粉尘、废弃物、噪声、振动等对环境的污染和危害。

1) 施工环境保护的意义

(1) 施工环境保护是保证人们身体健康和体现文明进步的需要

采取专项措施防止粉尘、噪声和水源污染,保护好现场和周边环境,是保证施工人员和周边居民身体健康、体现以人为本和社会文明进步的表现。

(2) 施工环境保护是现代化生产的要求

现代施工生产过程中广泛应用新技术、新设备,对环境的质量要求很高,尤其是一些精密仪器。超标的粉尘、振动都有可能损坏设备,影响其效率。

(3) 施工环境保护是消除外部干扰和保证施工顺利进行的需要

随着人们法治观念和自我保护意识的增强,施工扰民问题越来越突出。减少施工对环境的污染和对居民的干扰,不但可减少因施工造成的与当地居民的矛盾,而且可以保证施工生产的顺利进行。

(4) 节约能源、保护人类生存环境,是保证社会和企业可持续发展的需要

现代社会化大生产给人们带来诸多方便的同时,环境污染和能源紧缺等问题也凸显出来。为保护子孙后代赖以生存的环境条件,每个公民和企业都有义务和责任保护环境、节约能源。所以,保护环境和节约能源不仅造福子孙,也有利于社会和企业的可持续发展。

2) 施工环境保护的技术组织措施

施工环境保护的技术组织措施包括对空气污染、水污染、噪声污染、固体废弃物污染的处理。

(1) 空气污染防治措施

①易于引起粉尘的细料或松散料应予覆盖或适当洒水润湿,运输时注意遮盖,施工便道应随时洒水润湿。

②混凝土搅拌站应封闭严密,进料仓应安装除尘装置,且距居民区不宜小于 300 m,同时应设在居民区主要风向的下风处。

③禁止在施工场地焚烧能产生有害气体或烟尘的物质(如焚烧油毡、橡胶、枯草树叶等)。

④拆除建筑物时,为了防止产生扬尘,应适当洒水。

(2) 水污染防治措施

①施工废水、生活污水不得直接排入农田、耕地、灌溉渠和水库,不得排入饮用水源。

②对于施工区域砂石料场,在施工期间和完工以后应妥善处理,以减少对河道、溪流的侵蚀,防止成渣进入河道或溪流。

③冲洗集料或含有沉积物的操作用水,应采取过滤、沉淀池处理或其他措施,实际做到达标排放。

④施工期间,施工材料(如沥青、水泥、油料、化学品等)应堆放管理严格,防止在雨季物料随雨水径流排入地表及附近水域造成污染。

⑤施工机械应防止严重漏油,禁止机械在运转中产生的油污水未经处理就直接排放,或维修施工机械时油污水直接排放。

(3) 噪声污染防治措施

①尽量采用低噪声设备和工艺,在声源适当位置安装消声设备,这是防止噪声污染最根本

的措施。

②在距居民区较近的施工现场,应严格控制强噪声的作业时间,设置声屏障等设施。

③处于噪声中的施工人员,应佩戴耳塞、耳罩等防护用品,减少人员在噪声环境中的滞留时间,减少噪声对人体的危害。

④严格控制人为噪声,不得无故摔打模板,尽量减少使用高音喇叭,最大限度地减少噪声扰民。

⑤在人口密集区进行强噪声施工时,必须严格控制施工时间,一般晚上 10 点到次日早上 6 点停止强噪声作业。尽可能不采取夜间施工,如特殊情况必须夜间施工时,应采取措施最大限度地减少噪声,并与周边居民做好协调。

(4)固体废弃物污染防治措施

①妥善处理废土,应尽量避免破坏或掩埋路基下侧的林木、农田及其他工程设施;沿河弃土应避免堵塞河道、改变水流方向和因抬高水位而掩埋或冲毁农田、房屋;应重视弃土堆的整修,尽可能地绿化弃土堆。

②弃土场弃土前,先挖出耕植土,弃土后回填耕植土复耕。

③弃渣场按设计要求进行防护,防止水土流失。填方路段属农田段时,将耕植土挖出后集中堆放,在荒坡处造田,并进行防护。

④制订废渣、泥浆的处理、处置方案,选择有资质的运输单位,采取登记制度,确保运输到指定地点。

⑤生活垃圾不得随意堆放,应协助环卫部门定时清理、清运或经集中收集后运至环保部门指定的地点掩埋。

(5)文物保护

施工期间如发现文物古迹,不得移动和收藏。施工人员应保护好现场,防止文物流失,并暂时停止作业,立即上报业主及有关部门来进行处理。

8.5　成本管理计划

成本管理是与进度管理、质量管理、安全管理和环境管理等同时进行的,是针对整体施工目标系统所实施的管理活动的一个组成部分。在成本管理中,要协调好与进度、质量、安全和环境等的关系,不能片面强调成本节约。

8.5.1　成本管理计划的规定

成本管理计划应以项目施工预算和施工进度计划为依据编制。成本管理计划应包括下列内容:

①根据项目施工预算,制订项目施工成本目标。

②根据施工进度计划,对项目施工成本目标进行阶段分解。

③建立施工成本管理的组织机构并明确职责,制订相应管理制度。

④采取合理的技术、组织和合同等措施,控制施工成本。

⑤确定科学的成本分析方法,制订必要的纠偏措施和风险控制措施。

8.5.2　控制施工成本的技术组织措施

1）影响施工成本的因素

工程建设进入施工阶段后,其成本要素逐步投入工程实体,其成本控制涉及方方面面的因素,做好系统管理,统筹协调好各因素,对降本增效至关重要。下面是影响施工阶段成本的主要因素:

(1)工程材料

材料费占建筑安装费的65%~70%,是施工阶段重点控制的对象。

(2)工程质量和进度

在规定的工程造价内,按规定的工期,保质保量地完成工程项目是一项系统工程,必须从技术、管理、经济各个方面采取措施。

(3)工程变更

工程变更一般是指在施工过程中,根据合同的约定对施工的程序、工程的数量、质量要求及标准作出变更。

(4)工程索赔

索赔是指在工程合同履行中,当事人一方因另一方未履行合同所规定的义务,在遭受损失时向另一方提出要求补偿损失的权利。

2）控制施工成本的技术组织措施

为了取得施工成本管理的理想成果,应从多方面采取措施实施管理。通常可以将这些措施归纳为组织措施、技术措施、经济措施、合同措施4个方面。

(1)组织措施

组织措施是从施工成本管理的组织方面采取的措施,如实行项目经理责任制,落实施工成本管理的组织机构和人员,明确各级施工成本管理人员的任务和职能分工、权利和责任,编制本阶段施工成本控制工作计划和详细的工作流程图等。施工成本管理不仅是专业成本管理人员的工作,各级项目管理人员也负有成本控制责任。组织措施是其他各类措施的前提和保障,而且一般不需要增加什么费用,运用得当可以收到良好的效果。

(2)技术措施

技术措施不仅对解决施工成本管理过程中的技术问题不可缺少,而且对纠正施工成本管理目标偏差也有相当重要的作用。因此,运用技术纠偏措施的关键,一是要能提出多个不同的技术方案,二是要对不同的技术方案进行技术经济分析。在实践中,要避免仅从技术角度选定方案而忽视对其经济效果的分析论证。

(3)经济措施

经济措施是最易为人接受和采用的措施。管理人员应编制资金使用计划,确定、分解施工成本管理目标。对施工成本管理目标进行风险分析,并制订防范性对策。通过偏差原因分析和未完工程施工成本预测,可发现一些潜在的问题将引起未完工程施工成本的增加,对这些问题应以主动控制为出发点,及时采取预防措施。由此可见,经济措施的运用绝不仅仅是财务人员的事情。

（4）合同措施

成本管理要以合同为依据,因此合同措施就显得尤为重要。对于合同措施从广义上理解,除了参加合同谈判、修订合同条款、处理合同执行过程中的索赔问题、防止和处理好与业主和分包商之间的索赔之外,还应分析不同合同之间的相互联系和影响,对每一个合同做总体和具体分析等。

8.6 其他管理计划

其他管理计划包括文明施工,项目风险预测与防范、事故应急预案,季节性施工组织计划,组织协调管理计划以及对施工现场人力资源、施工机具、材料设备等生产要素的管理计划等。其他管理计划可根据项目的特点和复杂程度加以取舍。

各项管理计划的内容应有目标、组织机构、资源配置、管理制度和技术、组织措施等。

8.6.1 文明施工的技术组织措施

文明施工就是在施工场地能保持良好的作业环境、卫生环境和施工次序。具体表现为施工现场整洁卫生、施工生产科学有序、对周边居民和环境的影响最小、施工人员的健康和安全得以保证等。

1）文明施工的意义

（1）文明施工有利于企业树立良好形象

文明施工不仅涉及工程沿线人民群众的切身利益,同时又是企业取信于民、维护企业声誉的大事。施工企业只有建立良好的施工环境和施工秩序,才可以得到社会的信任和支持,进而可以树立起企业的形象,提高企业知名度,增强企业的市场竞争力。

（2）文明施工是适应现代化施工的客观要求

现代化施工需要采用先进的工艺、技术、材料、设备和科学的施工方案,需要严密的组织、严格的要求、标准化的管理和较好的职工素质等,文明施工能适应现代化施工的需要,是实现优质、高效、安全、低耗、清洁、卫生的有效手段。

（3）文明施工能体现施工单位综合管理水平

保持良好的施工环境和施工秩序对促进安全生产、加快施工进度、保证工程质量、降低工程成本、提高经济效益和社会效益有较大的作用。文明施工涉及人、财、物等方面,贯穿施工全过程,体现了企业施工项目的综合管理水平。

（4）文明施工有利于员工身心健康,有利于提高施工队伍的整体素质

文明施工可以提高施工队伍的文化和思想素质,培养员工尊重科学、遵守纪律、团结协作的生产意识,促进企业精神文明建设,从而有利于施工队伍整体素质的提高。

2）文明施工的技术组织措施

（1）建立文明施工的组织与管理体制

成立文明施工组织管理机构,制订文明施工的相关规定,加强和落实文明施工的检查、考核、奖惩制度。

（2）加强文明施工的宣传、教育

利用多种形式进行文明施工的宣传与教育工作，尤其是对新工作人员和临时工的岗前教育；专业管理人员应熟悉和掌握文明施工的制度和规定。

（3）文明施工的基本要求

①在项目部设置公告牌，标明工程项目的名称、概况、技术等级、质量标准、安全重点及建设、设计、施工、监理单位的名称与负责人等。

②施工现场管理与施工人员要佩戴证卡，对工作热情投入、对人尊敬有礼貌。

③加强施工现场安全管理，在施工现场设置"六牌一图"，即单位名称牌、工程概况牌、安全措施牌、警卫制度牌、安全质量宣传牌、安全记录牌和现场总平面图，实现现场文明管理。

④施工机械操作人员必须建立机组责任制，并按照有关规定持证上岗，禁止无证人员上岗操作。

⑤场地布置要整齐，材料、成品、半成品和机具要分类管理、标示明确，保持施工现场清洁卫生。

⑥驻地周边要种植适当的花草，加强绿化，美化环境。

⑦加强与业主及当地政府部门的联系，加强与当地群众的沟通，共创文明。

⑧施工现场应当设置各类必要的职工生活设施，并符合卫生、通风、照明等要求。职工的膳食、饮水供应应符合卫生标准。

⑨健全管理制度，把文明施工列入经济承包责任制中，并采取相应的奖罚制度，严格管理，以达到文明施工。

8.6.2 项目风险预测与防范

1）工程项目风险预测

公路工程项目建设是一个建设周期长、投资额大、技术要求高、系统复杂的生产过程。在该过程中存在大量不确定因素、随机因素和模糊因素，并不断变化，由此造成的风险会直接威胁工程项目的顺利实施。

通过公路工程项目的分类，公路工程项目管理人员可以快速、准确、全面地找出公路工程项目中存在的风险。常见的公路工程项目风险有：

①工期风险：会出现局部或整个施工工期延长，不能按期交工，带来不能按期履行合同的风险。

②费用风险：包括财务风险、成本超支、投资增加、报价风险、投入减少、投资回收期延长无法收回、回报率低等风险。

③质量风险：包括原材料、工艺、工程不能验收、工程试验不合格、经过评价工程质量未达到标准，甚至出现严重的质量事故。

④生产能力风险：施工过程中由于施工机械设备陈旧及生产原材料、能源、水、电供应不到位，会出现项目建成后不能达到计划生产能力的风险。

⑤信誉风险：公路工程施工单位在未按合同完成工程情况下，施工单位形象、信誉等遭受损害的风险。

2) 工程项目风险预防措施

①减轻风险:通过缓和和预知手段来减轻风险,降低风险发生的可能性和带来的不利后果,以达到减小风险的目的。减轻风险是风险存在优势时使用的一种风险决策,其有效性在很大程度上要看风险是已知风险、可预测风险还是不可预测风险。

②回避风险:主要包括预防风险和完全放弃两种,主动预防风险是从风险源入手,将风险来源彻底消除。

③转移风险:将风险转移至该项目的其他人或其他组织,所以又称为合伙分担风险,其目的不是降低风险发生的概率和减轻不利后果,而是借用合同和协议,在风险事故一旦发生时将损失的一部分转移到有能力承受的个人或组织。

④接受风险:是应对风险策略之一,指有意识地选择承担风险后果。接受风险可以是被动的,也可以是主动的,由于风险规划阶段对一些风险做了准备,所以当风险发生时马上执行应急计划,这是主动风险。而被动风险是指风险事件造成损失数额不大,不影响项目大局时,项目管理者将损失列为项目的一种费用。

3) 事故应急预案

①按照政府的统一部署,有计划、有目的、有针对性地开展预防建设工程重大质量安全事故及有关知识的宣传,增加预防事故的常识和防范意识,提高防范能力和应急反应能力。

②要充分认识到处理公路突发事件的重要性,在做好预防工作的同时,坚守岗位,努力工作,认真遵守公路建设质量安全管理规范,采取有效措施确保公路的安全和畅通。

③要成立公路抢险预备队,并结合实际准备好必备的车辆、人员和铅丝、草袋、片石、木材等物资,配备抢险机械和抢险工具。要做到明确分工,落实职责,行动迅速,措施得当,抢险工作快捷有序。

④加强质量管理意识,对存在危险隐患、容易造成突发事件的路段要采取设置警示标志、控制交通,有针对性地制订应急预案等措施。

⑤建立健全值班制度,做到 24 小时有人值班,不得间断,确保信息畅通。

8.6.3 季节性施工技术组织措施

公路工程项目施工大部分为野外露天作业,因此受季节变化的影响比较大,尤其是雨季、冬季。为减少这些自然条件给施工带来的影响,需要从技术措施、进度安排等方面来保证施工不受或少受其影响。

1) 冬季施工技术组织措施

当气温达到冬季施工条件,即昼夜平均气温低于 5 ℃ 和最低气温低于-3 ℃ 时,应采取必要的防护措施,严格控制温度的测量,加强外加剂等材料的试验管理。冬季施工可以采取以下措施:

①结合工程所在地的气象资料,由技术人员制订工程所在地的冬季施工方案,经业主和监理工程师审核同意后方可实施。

②水源和消防栓提前做好保温工作,防止受冻;暂时的工程水管、供热管在入冬前做好保温工作,保证冬季施工时能正常供水、供热。备足冬季施工生产、生活所需的物资,确保冬季施工

的顺利进行。

③生活和施工取暖要采取安全防火措施,实施安全防火巡检制度,并配备足够的消防器材;室内取暖要采取措施防止一氧化碳中毒。

④做好机械的防冻保温工作,保证各种机械保持正常的工作状态。

⑤施工现场在入冬前建立测温组织,每日对大气温度、混凝土温度、砂浆温度等进行观测。测温时间和所测温度值应详细记录,整理归档。每天、每施工段停止测温后,由技术员审阅测温记录签字后交技术负责人审查。技术员定期将测温记录归入档案,以备存查。

⑥测温人员保持与供热、保温人员联系,如发现供热故障或保温措施不当使温度急剧变化或降温过快等情况,立即向技术负责人报告并进行处理。

⑦混凝土施工。

a.冬季施工的外加剂,其技术指标必须符合相应的标准,并有产品合格证。新品种外加剂,应进行外加剂掺加前后的强度对比试验及其他有关外加剂的对比试验。

b.当原材料的温度不能满足要求时,可考虑对混凝土搅拌用水进行加热。水加热的温度控制在 60~80 ℃,避免温度超过 80 ℃的水与水泥直接接触。混凝土的出料温度一般不低于 20 ℃,并应根据其运输方式和运输距离适当调整拌和点的位置。

c.在混凝土运输过程中,应注意保温,防止运输过程中热量损失太快,保证混凝土的入模温度。

d.浇筑好的混凝土要经常进行洒水养护,温度太低时应覆盖保温保水薄膜养生。未达到受冻临界强度前不得拆除保温实施。重点及特殊要求的部位要进行拆模前的强度验算。

⑧运输沥青混合料的车辆要采用覆盖设备保温,以保证混合料到达工地时的温度不能过低;做到快卸料、快摊铺、快碾压;摊铺机的熨平板及其他与沥青混合料接触的机具要经常加热;摊铺前应对已压实的沥青层进行预热,摊铺后在接茬处用热夯夯料,热烙铁熨平,并用压路机沿接缝加强碾压。

2) 雨季施工技术组织措施

①成立雨季施工领导小组,加强雨季前的设备维修、材料供应以及相关人员的培训工作。

②注意收听天气预报,做好汛前和暴风雨来临前的检查工作,及时认真整改存在的隐患,做到防患于未然。汛期和暴风雨期间要组织昼夜值班,做好记录。

③保证现场排水设施畅通,做好防护与排水工作。例如,钢筋、水泥等物资的存放要注意防潮、防雨。

④做好雨季施工工程材料和必备物资的储备工作。对水泥库要重点加固并做好防潮处理。

⑤路基在施工过程中,在路基两侧应挖排水沟,及时将路基的雨水顺排水沟排出。及时做好梁板预制场地的排水工作。

⑥基坑周围应挖排水沟,防止地表雨水直接汇入基坑、冲刷边坡;基坑底应修建集水沟和集水坑并及时排水,配备足够的水泵及时抽水。

⑦雨量较大时应立即停止大面积作业,并对新作业段采取塑料薄膜或篷布等进行保护;较小面积施工时应使用篷布等遮雨设施。

⑧注意边坡防护,防止塌方,发现问题应立即停止施工,隐患排除之前不得继续施工。

思考练习题

1.施工管理计划应包括哪些内容？

2.简述影响施工进度的主要因素。

3.质量管理计划应包括哪些内容？

4.简述影响工程质量的主要因素。

5.安全控制的方针和目标分别是什么？

6.施工安全控制措施主要有哪些？

7.公路工程常见的环境因素包括哪些？

8.成本管理计划应包括哪些内容？

9.工程项目风险预防的措施有哪些？

项目9 指导性公路工程施工组织设计构成及编制

9.1 公路工程施工组织设计文字表述

《公路工程标准施工招标文件》(2018年版)要求:针对不同的投标报价法有不同的文字表述要求。

(1)适用于合理低价法和经评审的最低投标价法

投标人应按以下要点编制施工组织设计(文字宜精练、内容具有针对性)。

①总体施工组织布置及规划。

②重点、关键和难点工程的施工方案。

③工期关键线路图及保证措施。

④关键工程质量保证措施。

⑤安全保证措施。

⑥环境保护、水土保持、文明施工、文物保护保证措施。

⑦项目风险预测与防范,事故应急预案。

⑧其他应说明的事项。

(2)适用于技术评分最低标价法和综合评分法

投标人应按以下要点编制施工组织设计(文字宜精练、内容具有针对性)。

①总体施工组织布置及规划。

②主要工程项目的施工方案、方法与技术措施(尤其对重点、关键和难点工程的施工方案、方法及措施)。

③工期保证体系及保证措施。

④工程质量管理体系及保证措施。

⑤安全生产管理体系及保证措施。

⑥环境保护、水土保持保证体系及保证措施。

⑦文明施工、文物保护保证体系及保证措施。

⑧项目风险预测与防范、事故应急预案。

⑨其他应说明的事项。

施工组织设计除采用文字表述外可附下列图表,图表及格式要求见9.2公路工程施工组织设计各附表编制。

9.1.1　总体施工组织布置及规划

总体施工组织布置及规划如案例 9.1 所示。

【案例 9.1】

1）工程概况

（1）项目名称：××××

（2）建设地点：××××

（3）招标范围：施工图设计文件及招标文件工程量清单所示范围

（4）计划工期：××××

（5）质量要求：标段工程交工验收的质量评定合格

竣工验收质量评定：合格及以上（含合格）

2）施工准备工作

做好施工前的准备工作，对整个施工过程具有深远的意义。针对工程特点，施工准备工作主要从技术准备、现场准备、物资准备、劳动力准备及地方协调 5 个方面入手。

（1）技术准备

①由技术负责人组织施工技术人员进一步熟悉、会审施工图、设计资料、招标文件、施工验收规范，做好施工技术交底准备和编制实施性施工组织设计。

②进一步踏勘施工现场，熟悉地形、地貌和地质条件，设计勘察所定的里程与施工定位桩，测量定位，做好施工临时设施布置工作。制订工程建筑材料的抽样试验及不同等级混凝土级配试验计划及准备工作。

（2）现场准备

①在施工总平面布置的基础上，迅速落实项目部、生活设施、用电设施及生产设施。

②首先做好施工现场的控制网测量及复核工作。

③根据施工总平面布置，迅速搞好"三通一平"，即保证路、水、电三通，场地平整。

④生活设施的搭建：根据施工现场条件及现场实际情况迅速落实项目部、生活设施的选址与搭建。

⑤材料堆放地：在施工范围内迅速建设施工临时设施，设立材料堆场。各种材料按总进度计划要求，分批逐步进场。

（3）物资准备

①迅速落实临时设施搭建材料、水电配套设施。

②落实工程施工机具及周转材料、工艺制备的计划。

③落实需加工的结构配件计划。

（4）劳动力准备

①以工程项目部为核心，建立精干专业施工队伍，组织劳动力进场。

②向施工队、班组、主要工程技术人员进行施工技术交底。

③迅速建立、健全各项管理制度，做好上墙、考核工作。

（5）地方协调

地方协调是指在投标阶段与当地村办进行初步接触，以确保在中标后可以立即解决一系列的前期问题。在此基础上,进场后进一步和地方村办联系,做好借房、借地、用电、用水等前期协调工作。

施工前期准备工作是保证工程顺利进行的关键,具有阶段性和连贯性的特点,必须在项目部的组织下,地方政府和施工区附近居民的配合下有计划、有步骤地进行。

3)施工总平面布置

施工总平面布置具体参见附表五:施工总平面图。进场前先确定临时施工场地、施工道路、工地临时供电、供水等。

(1)临时设施区域

临时生活、办公设施用地在投标阶段应该落实。拟租用附近村民房为临时生活、办公设施用地的应协商解决好;区内设置项目部办公室及监理工程师办公室,进场后应实施规范管理。

(2)施工用电、用水

在开工前应确定是由甲方提供接入点还是乙方自行解决。另外,为保证工程的用电,现场是否需自备发电机机组。

(3)现场排水

为确保工地环境整洁,达到文明、标准化的要求,在工地上应建立有效的排水系统,并与指挥部对标段范围及整体工程的排水系统进行沟通。

(4)通信

施工队管理班子成员和项目部管理人员应配备移动电话,确保信息的畅通。

9.1.2 主要工程项目的施工方案、方法与技术措施

"技术规范"由招标人根据《公路工程标准施工招标文件》(2018年版)、招标项目具体特点和实际需要编制。"技术规范"中的各项技术标准应符合国家强制性标准,不得要求或标明某一特定的专利、商标、名称、设计、原产地或生产供应者,不得含有倾向或者排斥潜在投标人的其他内容。如果必须引用某一生产供应者的技术标准才能准确或清楚地说明拟招标项目的技术标准,则应当在参照后面加上"或相当于"字样。

施工组织设计中主要工程项目的施工方案、方法与技术措施的编制依据如下:

①工程招投标文件、施工合同、设计文件;工程施工技术规范、上级主管部门或业主的详细要求。

②国家及地方有关的标准、规范、操作规程、法律法规等,以及行业、企业的标准、规范、操作规程、作业指导书等。

③工程勘察资料(包括由项目部组织的现场踏勘):包括水源的位置、供水能力、道路及电源情况、工程地质、水文地质、气象资料、地形地貌,以及地上、地下障碍物等。

④施工单位的自我筹划:工期、质量目标、资源配备、安全生产、经济效益指标、重要及大宗工程材料资源供应状况等。

⑤新技术、新工艺、新材料、新设备的使用手册,产品说明和管理方案。

⑥多年项目的施工组织设计编制经验和有关总结资料。

有关工程中出现的专项工程按照国务院安全管理条例的规定,单独制订编写,有关的专项方案如有必要还需要请专家进行方案论证,方案经过修改后经论证专家签署意见后才能执行。

否则工程不准开工。不能以施工组织设计代替专项方案,但施工组织中应明确哪些部位的工程属于需要编制专项方案的工程,这些工程大约在什么时候开工等,而不应将专项方案的内容一并写到施工组织设计中。

【案例9.2】

第一节　路基土方工程

一、总体施工方案

根据现场实际情况,综合考虑工程量和施工便道,并结合工期要求,划分2个路基施工段担负路基施工任务,每个施工段辖2个路基土石方机械化施工队,按合理距离展开作业面。路基施工队进场后首先突击线内施工便道和路基处理,计划用3.5个月时间完成全部路基土石方工程。

路基施工全部采用机械化施工。土方开挖以推土机、挖掘机为主,并配以装载机及自卸汽车装运。

正式开工前,针对不同填料选择200 m长路基试验段进行填筑工艺试验。通过土工试验和现场试验,确定适用于路基填筑的材料、合适的压实机械、填料的松铺厚度、最佳含水量、碾压遍数、碾压速度等,为施工提供依据。

土方调配遵照"移挖作填,减少运距"的原则,采取合理运输方法,做到综合平衡、经济合理。废弃土方按分段集中弃土原则,利用沿线冲沟、坡地设置弃土场,采用浆砌片石护坡、护脚墙及排水沟和植树绿化等措施,满足环保要求,节约用地。

二、具体施工方法

(一)路堑开挖方法

土方开挖采用横挖法和纵挖法两种。左右分段分级开挖,开挖一级防护一级。

(1)横挖法

以路堑整个横断面的宽度和深度,从一端或两端向前开挖。横挖法适用于短而深的路堑。

①采用挖掘机按横挖法挖路堑且弃土运距较远时,用挖掘机配合自卸汽车进行。

②若弃土或移挖作填运距超过推土机的经济运距时,用推土机积土,再用装载机配合自卸汽车运土。

③机械开挖路堑时,边坡配以人工修刮平整。

(2)纵挖法

沿路堑全宽以深度不大的纵向分层进行开挖。纵挖法适用于较长的路堑开挖。

①当采用分层纵挖法挖掘的路堑长度较短(不超100 m),开挖深度不大于3 m,地面坡度较陡时,优先采用推土机作业。

②当采用分层纵挖法挖掘的路堑长度较长(超过100 m)时,采用挖掘机配合自卸车汽车作业。

③路堑开挖接近设计标高后,预留合理厚度土层,以弥补路基压实后的沉降量。

(二)路堤填筑方法

填方施工按"三阶段、四区段、八流程"方法施工。

三阶段:准备阶段、施工阶段、竣工阶段。

四区段:填土区→平整区→碾压区→检验区。

八流程:施工准备→基底处理→分层填筑→摊铺平整→机械碾压→检验签证→路基整形→边坡整修。

填土路堤:采用水平分层填筑、分层压实的方法施工,每层压实厚度不超过30 cm。每填完一层后,采用推土机初平,重型振动压路机静压,然后平地机精平,再用20 t以上重型振动压路机和60~85 t羊足碾配合光轮压路机碾压,直到其压实度达到招标文件要求为止。填筑宽度每侧应宽于设计宽度,以确保路基压实宽度不小于设计宽度。当路基填筑至路床顶面最后一层时,最小压实厚度不小于8 cm,填挖交界处适当超挖回填,设置台阶。当填土高度大于8 m时,应将路堤底平整处理并在填筑前进行碾压,保证压实度不小于90%。零填挖路床顶面以下0~80 cm范围内压实度确保不小于96%。

(三)特殊地段路基处理

换填:将原路基一定深度和范围内的淤泥挖除,换填规定要求的材料。换填时,分层铺筑,每层虚铺厚度30 cm,逐层压实,使之达到路基施工规定的压实度。

(四)三背回填

桥梁台背、锥坡、护坡以及挡墙背、涵台台背填土采用透水性好的填料,基坑必须用天然砂砾回填到水面1 m和原地面50 cm以上两者取高者,分层回填,每层松铺厚度不超过15 cm,最大粒径不得超过规定值。采用振动冲击夯夯实;涵洞两侧的填土与压实、桥台背后与锥坡的填土与压实对称同时进行。桥涵填土的范围和压实度标准按招标文件要求确定,并须有全过程的录像资料。

第二节 路面工程

一、水泥稳定碎石基层工程

(一)总体施工方案

水泥稳定碎石基层采用厂拌法施工,现场使用摊铺机摊铺混合料,使用20 t以上振动压路机以及总重不小于30 t的胶轮压路机碾压。每层的压实厚度不超过20 cm,每层最小压实厚度不小于10 cm。

根据现场实际情况,综合考虑工程量和工期要求,每个站内分别配备1套拌和设备同时供应混合料。

(二)具体施工方法

1.准备工作

施工前应对下承层表面进行清理,使表面清洁,无任何松散石料,遇有局部发软或松散的表层应将其剔除,然后填以混合料并压实,对所需的各类机械设备进行调试,以满足工程需要。

2.混合料配合比设计

根据招标文件要求对进场材料进行各项技术指标试验,进行配合比设计。根据设计的配合比确定最佳含水量及水泥剂量。

3.铺筑试验路段

在监理工程师指定路段内并在其监督下,铺筑不少于2 000 m²的试验路面。通过铺筑试验路检验设计配合比的可行性,各种机械设备、人员的合理配置,确定松铺系数、碾压方法等。试验路铺筑完成后,按设计图纸和质量评定标准要求进行压实度、平整度、厚度、高程等各项指标的检验。编制试验路情况报告,并报监理工程师批准,以指导大面积施工。

4.施工工序

水泥稳定碎石基层可按以下工序进行：

（1）测量放样

用全站仪每10 m准确放出路线中桩及边桩，并做好标志并加以保护。在摊铺宽度两侧各30 cm设置导线桩，敷设导线；导线桩应稳固，钢丝导线应张紧，不得松弛；对敷设的导线每10 m进行水平测量，测量误差控制在允许范围以内。

（2）混合料的生产

首先，采用专用拌和设备按设计的配合比进行调试，确定拌和楼皮带轮转速控制水泥剂量及各规格料用量；其次，再用调试好的拌和楼拌制混合料，应严格控制混合料的含水量，水泥应均匀分布，无离析、结块等现象。厂拌混合料应随时进行筛分、含水量和水泥用量试验，以指导施工，确保混合料的质量，同时拌和加水时间及加水量应做好记录，以提交监理工程师检验。

（3）混合料的运输

混合料拌和完成后，用自卸汽车尽快运送到摊铺现场。运输车辆的数量应根据拌和楼生产能力及摊铺机的摊铺能力配备；一般按照每千米一辆车另加两辆车来配备。当摊铺现场距拌和厂较远时，混合料在运输中应覆盖，以防水分蒸发。

（4）混合料的摊铺

采用具有自动调平功能的摊铺机摊铺，单幅一次摊铺成型并一起碾压，摊铺时由钢丝引导纵断高程。

①起始摊铺厚度的确定。在摊铺前，将事先准备好厚度等于设计松铺厚度的木块垫在熨平板下面，调整摊铺机起始工作仰角，在摊铺过程中经常检测摊铺的平整度和标高，并随时手动调整，使摊铺厚度符合设计要求。

②找平装置的运用。将传感器的接触件置于测量完成后的钢丝导线上，并调节基准高度以保证摊铺层达到松铺设计高程。在摊铺过程中用水平尺及钢尺跟踪测量，以确保标高、平整度符合要求。

③摊铺机行驶速度。根据拌和楼及运输车辆的能力，经计算确定摊铺速度，一般为3~6 m/min。摊铺速度一经确定，不得随意变动，以保证能连续不间断地摊铺，并使摊铺室内料堆高度平齐或略高于螺旋摊铺器的轴心线。

（5）混合料的碾压

混合料摊铺完成后应及时碾压，从混合料自加水拌和至碾压完成，应在2~3 h完成，不得超过水泥初凝时间。

碾压应遵循先轻后重、先慢后快的原则。在碾压过程中，单钢轮碾压完成后，用胶轮压路机终压，压至无轮迹为止。每个作业点配备不少于2台22 t以上振动轮压路机和1台总质量不小于30 t的轮胎压路机。具体碾压遍数应以试验路确定的为准。

（6）横向施工缝处理

①用摊铺机摊铺混合料时，不宜中断，如因故中断时间超过2 h，应设置横向接缝，摊铺机应驶离混合料末端。

②人工将末端含水量合适的混合料弄整齐，紧靠混合料放两根方木，方木的高度应与混合料的压实厚度相同；整平紧靠方木的混合料。

③方木的另一侧用砂砾或碎石回填约 3 m 长,其高度应高出方木数厘米。

④将混合料碾压密实。

⑤在重新开始摊铺混合料之前,将砂砾或碎石和方木除去,并将下承层顶面清扫干净。

⑥摊铺机返回到已压实层的末端,重新开始摊铺混合料。

（7）养护

基层摊铺碾压并经压实度检查合格后,应及时养护。基层分层施工的下层采用洒水车洒水养护,以保持其表面湿润为度,养护时间不宜少于 7 d;基层顶面采用洒透层油和封层的措施养护。养护期间应封闭交通,安排专人设置隔离设施。

（8）开放交通

基层养护后经监理工程师批准方可开放交通。未经批准,除养护车辆限速行驶外,其他车辆不得通行。

二、粘层、透层和封层工程

（一）总体施工方案

根据设计要求,各沥青面层之间设置粘层,水稳基层之间设置下封层和透层。各连接层根据实际情况,采用不同类型的乳化沥青。拟自备沥青乳化设备,确保乳化沥青的生产与供应。各路段的透层油在水稳基层碾压成型、表面稍变干燥而又尚未硬化的情况下洒布,沥青结构层间的粘层在上层沥青混合料铺筑前 24 h 内洒布。按招标文件要求,沥青洒布均使用自动智能沥青洒布车,石屑洒布使用自动石屑洒布车。

（二）具体施工方法

1.施工前的准备

原材料、乳化沥青等报监理工程师审批,符合要求。乳化设备、沥青洒布车等设备运行状态良好。清理下承层,对喷洒区附近的构造物、树木等用报纸、塑料布等进行保护,以防污染。

2.透层施工

透层油宜紧接在水稳基层碾压成型后表面稍变干燥而又尚未硬化的情况下喷洒。喷洒透层油前,先用洒水车喷洒少量水,待稍干后再喷洒透层油。均匀喷洒乳化沥青,表面不得淌流或形成油膜。未洒到处用人工补洒,喷量过多的乳化沥青要刮除。透层油施工完毕后,立即检查乳化沥青渗透效果。

3.封层施工

封层集料洒布要在乳化沥青破乳前完成,集料采用 3~5 mm 石灰岩,洒布均匀。集料洒布后,用胶轮压路机均匀碾压,使压实厚度达到设计值。局部露黑处发生粘轮时,补洒少量集料。碾压完毕后,封闭交通 3 d,水分蒸发后方可允许施工车辆限速通行。宜在铺设下封层后的 10~30 d 内开始铺筑沥青稳定碎石上基层,以免让基层长期暴晒,导致开裂。

4.粘层施工

在沥青混凝土面层之间、构造物上浇洒粘层乳化沥青,浇洒工作面上事先清洗干净,表面干燥后均匀浇洒。浇洒粘层乳化沥青后,应立即铺筑沥青上层,严禁除施工车辆外的任何车辆通行。

三、热铺沥青混合料施工

（一）总体施工方案

全部沥青混合料采取厂拌法施工,投入一套进口间歇式沥青混合料拌和设备进行集中拌和,投入1台 ABG-423 摊铺机进行摊铺。

(二)具体施工方法

1.准备工作

(1)材料准备

材料堆放场地按照要求进行场地硬化,防止泥土污染材料,各种材料要求堆放整齐,界限清楚。

①集料。中、下面层和上基层所用集料在承包人备料场进行加工。各种碎石要符合规范要求,集料色泽基本一致,压碎值、针片状含量等指标满足规范及设计要求。细集料拟采用加工粗集料所得之粒径小于2.36 mm 的石屑或机制砂(采用1~3 cm 石灰岩规格料并用机制砂生产设备在拌和站现场生产加工)。对于上面层使用的细集料,必须采用1~3 cm 石灰岩规格料并用机制砂设备在拌和站现场生产加工,并搭设防雨棚堆放,确保细集料不受雨淋。石屑采用与沥青黏附性好的石灰岩石屑。

②填料。填料必须采用石灰岩磨细得到的矿粉,应清除原石料中的泥土杂质。矿粉应干燥、洁净,能自由地从矿粉仓流出。回收的粉尘不得用作沥青混合料的填料,各沥青混合料面层都应采用矿料总量的1%~1.5%的水泥代替填料。

③沥青。对进场沥青,每批到货均应检验生产厂家所附的试验报告,检查装运数量、装运日期、订货数量、试验结果等。对每批沥青进行抽样检验,试验中如有一项达不到规定要求,应加倍抽样做试验,如仍不合格,则退货。

(2)设备准备

应对以下设备进行调试:沥青拌和站的主要机械设备包括沥青混凝土拌和及其主要配套设备,如矿料冷料仓、装有温度监测系统及保温的成品储料仓、二次除尘装置、皮带输送机,烘干筒、沥青储存罐、桶装沥青的脱桶装置、导热油加热装置和乳化沥青生产设备等,其中贮料仓不小于160 t,冷料仓不少于5个,且每台拌和机都应配备回收粉尘排处理器以及添加纤维、消石灰等外加剂的设备。

现场施工用的主要机械设备包括运输、摊铺、碾压设备。

各类设备应能在额定生产能力范围内工作并相互配套:一是能力匹配,如沥青混凝土拌和机的产量应该与摊铺机的摊铺速度和摊铺层厚度相匹配;二是状况匹配,状况指机械完好率的充分保证。同时,对特别关键的机械设备,投标人应认真考虑备用和完善养护维修体系。

2.混合料配合比设计

按沥青路面施工技术规范要求,应分3个阶段进行混合料配合比设计,以确定沥青混合料的材料品种、矿料级配及沥青用量。沥青混合料的配合比设计用马歇尔试验进行。

(1)目标配合比设计阶段

首先计算出各种矿料的用量比例,掺配后混合料符合规范要求的矿料级配范围,然后按照试验规程以6个不同沥青用量(间隔0.5%),采用试验室小型沥青混合料拌和机与矿料进行拌和。通过马歇尔试验确定最佳沥青用量。根据目标配合比设计,供拌和机确定各冷料仓的供料比例、进料速度及试拌使用,同时向监理工程师提交拟用的沥青混合料级配、沥青结合料用量及沥青混合料稳定度、流值、空隙率、残留稳定度等各项技术指标的书面详细说明。在目标配合比未经监理工程师批准前,不得进入生产配合比设计,目标配合比设计步骤如图9.1所示。

```
┌─────────────┐
│  混合料类型  │
└──────┬──────┘
       ↓
┌─────────────┐
│ 材料选定和试验 │
└──────┬──────┘
```

图中各框图：

个数　锤击次数　拌和温度　制件温度　—→ 制作马歇尔试件

矿料配比计算　沥青用量范围

OAC₁　OAC₂　OAC —→ 确定沥青用量

制作马歇尔试件 → 马歇尔试件 → 与标准对比 → 确定沥青用量

密度max　稳定度max　空隙率　流值　饱和度　残留稳定度

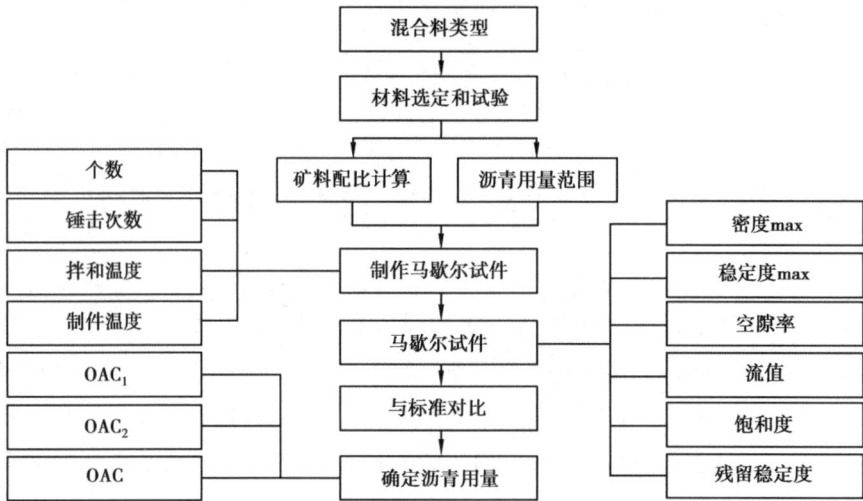

图 9.1　目标配合比设计步骤

（2）生产配合比设计阶段

按照目标配合比进行试拌，从进入拌和机内冷料仓、热料仓的各种矿料进行取样筛分试验，并做出相应调整，使生产时材料级配满足目标配合比的要求，以确定各热料仓的材料比例，供拌和机控制室使用。同时反复调整冷料仓进料比例，以达到供料平衡，并取目标配合比设计的最佳沥青用量及最佳沥青用量±0.3%这 3 个沥青用量进行马歇尔试验，确定生产配合比的最佳沥青用量，生产配合比设计步骤如图 9.2 所示。

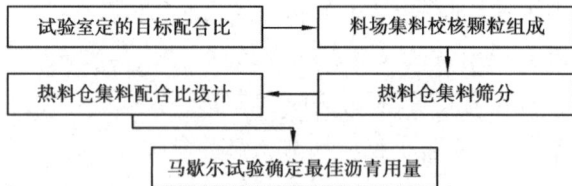

试验室定的目标配合比 → 料场集料校核颗粒组成

热料仓集料配合比设计 ← 热料仓集料筛分

热料仓集料配合比设计 → 马歇尔试验确定最佳沥青用量

图 9.2　生产配合比设计步骤

（3）生产配合比验证阶段

拌和机按生产配合比结果进行试拌、铺筑试验段，并取样进行马歇尔试验，同时从路上钻取芯样观察空隙率的大小，由此确定生产用的标准配合比，生产配合比验证步骤如图 9.3 所示。

（4）确定施工级配允许波动范围

根据标准配合比及规范要求的各筛孔的允许波动范围，制订施工用的级配控制范围，用以检查沥青混合料的生产质量。生产配合比作为生产控制的依据和质量检验标准，施工过程中不得随意更改，保证各项指标符合要求并相对稳定。

3.试验路铺筑

试验路的长度计划为 200 m 单幅，选择在直线段。对上基层和各层面层均铺筑试验路段。试验路施工应确定的工艺内容如下：

①根据具体沥青混凝土类型与施工机械相匹配原则，确定合理的机械、机械数量及组合方式。

②确定拌和机的上料速度、拌和数量、拌和温度、机械组成方式、生产能力。

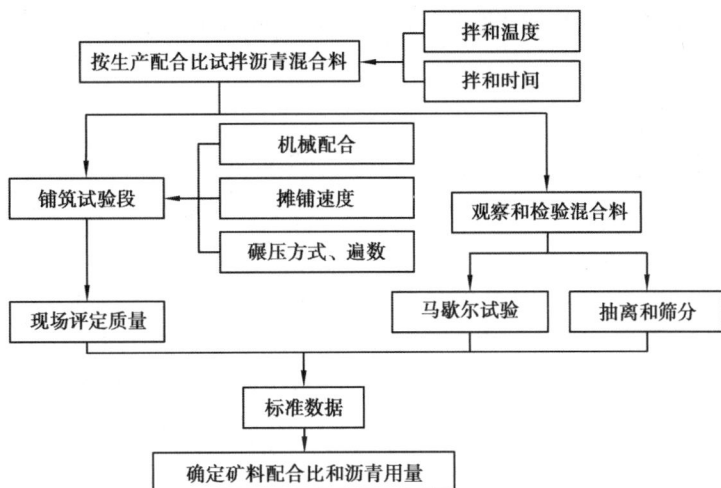

图 9.3　生产配合比验证步骤

③确定摊铺的操作方式、摊铺温度、摊铺速度、自动找平方式等。

④确定沥青混凝土松铺系数、接缝方法等。

⑤验证沥青混合料配合比设计结果,提出实际生产用的矿料配比和沥青用量。

⑥全面检查原材料及施工质量是否符合各项要求。

⑦确定施工组织及管理体系。

4.施工温度控制

①普通沥青混合料的施工温度通过在 135 ℃及 175 ℃条件下测定的黏度-温度曲线并在规范允许范围内确定。改性沥青混合料的施工温度根据实践经验并在规范允许范围内确定,通常宜较普通沥青混合料的施工温度提高 10~20 ℃。

②应严格控制沥青加热温度、矿料温度、混合料出厂温度、混合料运输到现场温度、摊铺温度、开始碾压温度、碾压终了温度在规范允许之内。

③沥青混合料的施工温度采用具有金属探测针的插入式数显温度计测量。表面温度采用表面接触式温度计测定。

5.施工工序

(1)沥青混合料的拌和

计划投入使用的沥青混合料拌和设备为间歇式拌和机,二级除尘,冷料仓在 5 个以上,并配备有计算机设备。拌和过程中能逐盘采集并打印各个传感器测定的材料用量和沥青混合料拌和量、拌和温度等各种参数。

(2)沥青混合料的运输

①使用自卸汽车运输,每部车均备有双层篷布覆盖以保温、防雨、防污染。

②运输前,用经监理工程师批准的油水混合物涂抹车厢四壁(车厢内没有积液),以防止混合料粘到底板上。从贮料仓装上运料车后,运料车应前后移动不少于 3 次,即分几次卸装混合料,避免一次卸装,导致沥青混凝土发生离析。

③自卸汽车运输能力比拌和能力和摊铺速度有所富余,开始摊铺时,排在施工现场等候卸料的运料车应有 5 辆;施工过程中,摊铺机前方安排 3~5 台运料车等候卸料。

④运输时,混合料用篷布或其他覆盖物加以覆盖,以防止热量损失,保证到达现场时混合料温度不低于规范要求。

⑤在摊铺现场附近设置洗车设备,运料车进入摊铺现场时,轮胎上不得沾有泥土等可能污染路面的脏物,否则宜洗净轮胎后进入工程现场。沥青混合料在摊铺地点凭运料单接收,若混合料不符合施工温度要求,或已经结成团块、已遭雨淋的不得铺筑。

(3)沥青混合料的摊铺

①摊铺机摊铺速度。根据拌和机的拌和能力,施工机械配套情况及摊铺层厚度、宽度,经计算确定摊铺速度。在安排汽车运量有所富余的前提下,保证摊铺机缓慢、均匀、连续摊铺。在摊铺沥青混合料过程中,不应随意变更摊铺机的摊铺速度,更应避免中途停顿。摊铺机应匀速、连续摊铺混合料。应将每天必需的停机中断摊铺位置选放在构造物一端,预定做收缩缝的位置。

②自动找平方式:

中、上面层采用非接触平衡梁法。利用超声波测距原理,在路面以上一定距离处使用多个声呐传感器,并以地面为基准连续、精确地测出距离平均值,控制摊铺机大臂的升降高度,从而达到更好的光滑平整的摊铺效果。

上基层采用基准钢丝法。即在整幅宽度两侧,根据各层的设计标高和横坡度,敷设 2 条直径为 2.5~3 mm 钢丝,将摊铺机的自动找平感应装置放在钢丝上,铺筑时在钢丝上移动,使铺出面层的标高、纵坡与钢丝一致,平整度符合规范要求。

(4)沥青混合料的碾压成型

①混合料摊铺后立即通过试验路铺筑选择合理的压路机组合方式进行碾压,压实分初压、复压、终压(包括成型)3 个阶段,以达到最佳碾压效果。

②施工时,工作面上配备 2 台以上双钢轮双振动压路机(每台总质量大于 12 t)、2 台轮胎压路机(每台总质量大于 26 t),压路机总数不少于 4 台。当施工气温低、风大、碾压层薄时,压路机数量应适当增加。

③压路机应以慢而均匀的速度碾压,压路机的碾压速度应符合规范要求。压路机的碾压路线及碾压方向不应突然改变而导致混合料推移。碾压区的长度应大体稳定,两端的折返位置应随摊铺机前进而推进,横向不得在相同的断面上。

④混合料的压实按初压、复压、终压(包括成型)3 个阶段进行。初压用振动压路机紧跟摊铺机后进行,以便稳定混合料。复压用振动压路机和轮胎压路机紧接在初压后进行,使混合料稳定、密实。终压用轮胎压路机和钢轮压路机紧接在复压后进行,消除轮迹,压实成型。

(5)接缝处理

在施工缝及构造物两端的连接处仔细操作,保证接缝处沥青混合料紧密、线形平顺。

纵缝:摊铺时采用梯队作业,纵缝采用热接缝,将已铺部分留下 100~200 mm 宽暂不碾压,作为后续部分的基准面,然后跨缝碾压以消除缝迹。

横缝:采用垂直平接缝,横缝在相邻的层次和相邻的行程间均错开 1 m(至少)。横缝有一条垂直、用切割机切割良好的边缘,在下次摊铺前,在上次行程的末端涂刷适量黏层沥青,并注意预留熨平板的高度,为碾压留有适当的预留量。碾压时,用振动压路机沿着接缝碾压至合格。

（6）开放交通

热拌沥青混合料路面应待摊铺层完全自然冷却，混合料表面温度低于 50 ℃后，方可开放交通。

第三节　桥梁工程

一、总体施工方案

明挖扩大基础和承台的上层土方及其下的风化岩采用挖掘机开挖，人工配合，底层岩层采用人工爆破进行开挖；钻孔灌注桩采用回旋钻成孔，导管法灌注混凝土。

所有桥梁结构混凝土模板均采用新加工的拼装式整体钢模施工，外模每块面积大于 1.0 m²，T 梁的模板钢板厚度不小于 6 mm。盖梁及系梁施工时，低墩采用钢管支架上安装盖梁模板，较高墩采用抱箍支撑施工法浇筑盖梁和系梁。

混凝土均采用集中拌和，拌制混凝土采用电子计量控制的强制式拌和设备，并有 3 个料仓，不低于 60 m³/h 自动计量的混凝土拌和楼，运距超过 500 m，使用混凝土专用运输车运输。

预制梁均在桥位附近红线范围以外设置预制场内集中预制，预制全部采用定型钢模，采用双导梁架桥机或起重机架设。

二、具体施工方法

（一）施工准备

首先，根据设计施工图纸及现场的详细勘察情况，按总体施工规划，做好"三通一平"，复测出控制点，布设好控制网，保证施工前的一切准备工作就绪。同时，编制完成实施性施工组织设计，掌握桥梁结构物各部位尺寸，由试验室出具各部位施工配合比，做原材料试验及相关试验，报监理工程师审批。

（二）扩大基础施工

采用明挖法施工，根据开挖深度、边坡土质、渗水情况及施工场地、开挖方式，拟采用放坡开挖的施工方法。

1.测量放线

用全站仪测出墩、台基础纵、横向中心线，放出上口开挖边线桩，边坡放坡率为（1∶0.3）~（1∶1.0）。

2.开挖作业方式以机械作业为主，辅以人工清槽

挖基土应外运或远离基坑边缘卸土，以免塌方和影响施工。水中基坑采用编织袋装土围堰，高度高于施工水位 0.5~1.0 m。搭设施工便桥。

3.基坑开挖前，采用集水坑排水方法

集水坑底应比基坑底面标高低 50~100 cm，在施工过程中不断抽水，使基坑保持干燥无水。

4.基坑开挖

基坑开挖应连续施工，避免晾槽，一次开挖距基坑底面以上要预留 20~30 cm，待验槽前人工一次清除至标高，以保证基坑顶面坚实。如有石方基坑，采用浅眼松动爆破，施工时注意控制爆破参数和人员安全距离。

5.基底检验与处理

基底的平面位置尺寸及高度、基底地质、承载力等应符合设计要求。

6.基础水泥混凝土浇筑

①基础施工时,应加强排水,保持在无水的条件下进行基础钢筋绑扎、模板安装。

②基础水泥混凝土浇筑前,干土基要洒水湿润,湿土基要铺以碎石垫层或水泥砂浆层,石质地基要清除松散粒料,方可浇筑基础混凝土。

③水泥混凝土必须分层浇筑,分层捣实。根据基础不同情况,浇筑方案可采用一次整体浇筑、分段分层等水泥混凝土浇筑方法。

一次整体浇筑:采用全面分层法,即第一层全面浇筑完毕后再浇筑第二层,每层的间隔时间以片石混凝土未初凝为准,如此逐层进行。施工时从短边开始,沿长边进行,必要时也可以从中间或两边向中央进行。除此之外还可以选用分段分层和斜面分导的水泥混凝土浇筑方法。施工前,根据基础尺寸、混凝土数量、初凝时间、分层厚度,选择浇筑方法及相应的搅拌混凝土设备能力。

④水泥混凝土的振捣使用插入式振捣器,振捣方式可以垂直于片石混凝土面插入振捣棒,或与水泥混凝土面成40°~50°倾角斜向插入振捣棒。振捣棒的使用要"快插慢拔",每一个插点振捣时间以20~30 s为宜,为保证水泥混凝土质量最好采用复振措施。

⑤水泥混凝土的养护:水泥混凝土达到初凝后即开始进行覆盖,为防止混凝土脱水开裂,应覆盖草袋,达到规定要求拆模后,及时回填覆盖。

(三)钻孔灌注桩

钻孔桩采用回旋钻钻孔(并配备冲击钻备用),采用性能合格的黏土或膨润土制作泥浆,孔口埋设钢护筒,清孔采用两次清孔的办法,钢筋笼在钢筋加工厂预制,汽车吊整体吊装入孔就位;混凝土在集中混凝土拌和站生产,混凝土运输车运输,混凝土输送泵灌注,配合导管法灌注水下混凝土。

1.埋设护筒

护筒采用厚度均匀的钢板制作,护筒内径比桩径大300 mm,采用人工挖孔埋设。埋设护筒时,护筒顶面比地面高出0.4 m左右,在孔口下0.2 m左右开0.2 m×0.2 m方形孔,以便孔内排放泥浆。护筒内水位比地下水或施工水位高出1.5 m左右,护筒底部埋设在密实的土层中。

2.泥浆拌制

选用水化快、造浆能力强、黏度大的黏土制浆。

3.钻孔施工

开钻时,为防止堵塞钻头吸渣口,将钻头提高距孔底20~30 cm,将真空泵加足清水,关紧出水控制阀和沉淀室放水阀使管路封闭,打开真空管路阀门使气水畅通,然后启动真空泵,抽出管路内的气体,产生负压,把水引到泥石泵,通过沉淀室的观察室看到泥石泵充满水时关闭真空泵,立即启动泥石泵。

当泥石泵出口真空压力达到0.2 MPa以上时,打开出水控制阀,把管路中的泥水混合物排到沉淀池,形成反循环后,启动钻机慢速钻进。

当一节钻杆钻完后,先停止钻盘转动,并使反循环系统继续工作至孔底沉渣基本排净,然后关闭泥石泵接长钻杆;在接头法兰盘之间垫3~5 mm厚的橡皮圈,并拧紧螺栓,以防漏气、漏水;然后如上工序,一切正常钻进。

4.清孔

清孔分两次进行,第一次在成孔完成后,第二次在钢筋笼与导管放置后。当钻孔达到设计深度后即停止钻进,从孔口注入清水,开动泥水泵抽出沉渣。清孔时保持孔口液面高过泥浆。当孔内泥浆比重大时,可往泥浆池中注入清水进行循环清孔,直到泥浆比重符合规范要求。

第一次清孔结束,立即吊装钢筋笼和拼接导管。导管拼装完成,利用导管对孔桩进行第二次清孔。

第二次采用抽浆法清孔,清孔时必须保证孔内水头、提管时避免碰撞孔壁。

5.钢筋笼制作及吊装

钢筋笼制作采用箍筋成型法制作。按设计图纸制作加强箍筋后,在加强箍筋内圈将主筋位置做上记号,依次将主筋与它们焊牢,然后再焊其他箍筋和加强箍筋。钢筋笼每间隔2 m处于同一截面对称设置4个钢筋"耳环",耳环钢筋直径为12 mm,以此控制孔壁与钢筋笼保护层厚度。

钢筋笼采用汽车吊吊装入孔,起吊钢筋笼时,吊点设在加强箍筋处。钢筋笼全部入孔后,在顶端处将接长主钢筋与钻机平台型钢焊接,使其定位牢固,在灌注水下混凝土过程中钢筋笼不会下落或被混凝土顶托上升。

控制钢筋笼入孔定位标高,并使钢筋笼底部处于悬吊状态,然后灌注水下混凝土。

桩基混凝土灌注完毕后,即解除钢筋笼的固定措施,以使钢筋笼随同混凝土收缩,避免黏结力的损失。

6.灌注水下混凝土

灌注混凝土导管每节长2 m,另分别配2节1 m和0.5 m长上部导管以及1节4 m长底部导管。导管使用前进行水密性试验,下导管时防止碰撞钢筋笼。导管支撑架用型钢制作,支撑架支垫在钻孔平台上,用于支撑悬吊导管。

导管顶部漏斗容积满足技术规范对首批混凝土的灌注要求,首批混凝土入孔后,导管埋入混凝土的深度不能小于1 m。

混凝土灌注面高出桩顶设计0.5~1.0 m,待桩基混凝土达到一定强度后将多余混凝土凿除,桩顶预留0.1 m,待施工承台接桩时再用人工凿除,确保桩顶混凝土质量。

7.桩基检测

桩基检测严格按招标文件要求进行。

8.工艺措施

①钻机就位后,设置测量控制标志,及时测量,认真做好记录。钻孔桩钻进施工时,应及时填写钻孔记录表。钻孔记录表由专人负责填写,交接班时有交接记录。

②根据钻孔钻进速度的变化和土层取样认真做好地质情况记录,绘制孔桩地质剖面图,每处孔桩必须备有土层地质样品盒,在盒内标明各样品在孔桩所处的位置和取样时间。孔桩地质剖面图与设计不符时及时报告监理工程师和设计单位。

③钻孔中随时用取样罐放到需测深度,取得泥浆进行试验,根据试验结果向孔内灌注泥浆或投放黏土或补水,以保持孔内泥浆浓度满足要求。

④水下混凝土坍落度以18~22 cm为宜,并有良好的流动度,保持坍落度降低至15 cm的时间不少于1 h。水下混凝土一次灌注完成,灌注时间控制在6 h之内,中途不得停顿。

（四）承台（系梁）施工

1.施工放样

桩基础检测合格后，对承台进行放样。

2.承台开挖

根据地质情况，按照规范规定选择放坡坡度及超挖宽度进行开挖。基坑开挖后，要注意排水。

3.封底混凝土浇筑

承台开挖至要求的高程后进行封底混凝土浇筑，封底混凝土的顶标高与承台的设计底标高相同。

4.二次放样及钢筋绑扎

在封底混凝土面上精确放出承台的位置，然后按照设计图纸绑扎承台钢筋，严格控制墩柱钢筋的预埋长度及位置。

5.模板工程

采用拼装式整体钢模，模板使用前应涂专用脱模剂，模板底部四周保持严密，防止在浇筑混凝土时漏浆等。钢筋检查合格后，支立模板，设置对穿拉杆，确保模板的几何尺寸、密封性及支护牢固。

6.混凝土浇筑

模板支立完毕后，清除模板内的杂物，征得监理工程师的认可后进行混凝土浇筑，浇筑完成后进行水养护。

7.承台回填

承台混凝土达到强度后拆除模板，并将承台与墩柱的结合面凿毛处理，然后按设计要求回填承台。

（五）墩台

1.做试验墩和样板墩

在墩柱施工前先进行试验墩施工，试验墩高1.2 m，素混凝土。通过试验墩，检验模板和施工工艺能否保证墩身外观；试验墩通过后，进行样板墩的施工，取得下一步规模施工所需要的各项工艺数据。

2.钢筋

在加工场内集中下料，统一弯制成型，墩位处绑扎，与基础混凝土施工时的预埋筋相接。

3.模板

模板采用专业厂家生产的拼装式整体钢模板。模板应在使用前进行整修除锈，并按顺序编号。拼装成整体后，用腻子将模板缝填塞、挤满、刮平，并用砂纸打光。然后用脱模剂自上而下均匀涂刷两遍以上，达到摸之有油、视之无油的程度。立模时采用吊车吊装，立模后在四面设缆风绳以校正墩位。

4.混凝土

混凝土集中拌和，混凝土运输车运送，泵送布料，串筒下料，插入式振动棒振捣，分层布料厚度不大于30 cm。

5.养生

拆除模板后及时覆盖塑料薄膜包裹封闭养生,15 d后拆除。

(六)台帽、盖梁

台帽在肋身及台背回填完成后施工。盖梁施工时,低墩采用钢管支架上安装盖梁模板,较高墩可采用抱箍支撑施工法浇筑盖梁,施工时要求抱箍应有足够的安全系数。先在抱箍上安放横梁、纵梁,然后搭设底模,安装加工成半成品的盖梁钢筋(注意预埋支撑垫石钢筋)。然后立侧模、搭设浇筑平台,检查验收后浇筑盖梁混凝土。混凝土在混凝土拌和站拌和,混凝土搅拌车运输,泵送布料,振动棒捣固。捣固时要密实,不得过捣和漏捣。

模板采用拼装式整体钢模板,侧模、端模用螺栓拉杆固定,板缝夹海绵条防止漏浆,板面刷脱模剂,以确保混凝土质量内实外美。混凝土浇筑时必须严格控制标高,以防梁底标高超出或低于设计标高。盖梁顶面如有纵坡,施工时应注意纵坡对标高的控制。

(七)空心板梁预制及安装

1.施工方案

预制台座均采用混凝土固定台座,台面采用水磨石。梁的成型采用厂制大块定型钢模,振捣以附着式振动器振动为主,插入式振动器振动为辅。

施工期间,模板和底座数量根据预制进展情况随时增加,确保每月出梁计划。

空心板利用运梁平车运输至桥位处,采用起重机架设。

2.施工方法和措施

(1)梁体预制

①准备工作。首先规划预制场地,平整压实,处理好场地地基,按设计图纸铺设板梁底模。

②钢筋、模板。由钢筋班按图纸下料,制作钢筋,运到现场,在底板上按设计位置绑扎。波纹管用机械卷制,按设计长度连接,接头处用胶带缠牢,防止漏浆,按设计位置安放并固定牢靠。模板采用大型钢模板整体拼装,模板侧模应支撑牢固,尺寸准确,保证顺直,上、下都要用螺栓拉牢,保证不变形、不漏浆。

③混凝土浇筑。由集中搅拌站供应混凝土,将质量合格的混凝土运至模内,浇筑采用从梁的一端向另一端,水平分层,先底板捣实后再腹板,浇至接近另一端时改从另一端向相反方向顺序下料,在距梁端3~4 cm处浇筑合龙,一次整体浇筑成型。空心板必须采用可靠措施防止因内模上浮导致顶板厚度不够,施工时每片梁板均在跨中预留圆形检测孔,孔径2~3 mm。

(2)桥梁架设及安装

架梁采用起重机架设,在架设前要经过验算,同时要进行架梁顺序及试架方案设计。

(3)桥梁湿接缝施工

梁体安装完毕后,现浇湿接缝,浇筑前注意梁体间补长钢筋的衔接,并在梁体安装前对有关部位混凝土进行凿毛,然后架设模板浇筑湿接缝,在浇筑混凝土前应清整干净。

(八)桥面系

根据设计图纸绑扎钢筋,连续段钢筋要和预埋钢筋焊接在一起,现浇桥面铺装必须在铰缝施工前完成。桥面铺装完成后,现浇防撞护栏、预埋交通工程的预埋件,最后做桥面排水、安装栏杆。搭板、栏杆等严格按设计施工,确保线形美观。

第四节 涵洞(通道)工程

为控制挖填方的顺利展开,涵洞由桥梁工段下面3个涵洞施工队按各自管段负责施工,每个施工队平均按30人安排,施工中本着"尽早开工,尽早完工,以利后序"的原则。按要求设置集中拌和站,采用混凝土运输车运输,泵送入模。

一、盖板涵(通道、拱涵)施工

1.施工准备

施工前认真放线,平整场地,做好临时排水,并规划好进料道路,选定料源和砂浆及混凝土施工配合比。

2.基础、涵身施工

采用人工、小型机具开挖,挖至设计标高后,对基底进行应力、整平检查,经监理工程师检查合格后,尽快封闭基底。

混凝土墙身施工时,需严格按设计尺寸支模,注意模板的支护及浇筑后的养护。基础、涵身采用大面积钢模板、钢管、方木支架固定,按混凝土浇筑规范施工。混凝土由附近搅拌站集中供应,插入式振动棒捣固。

3.盖板、拱圈施工

盖板在预制厂统一预制,吊车吊装。盖板预制时严格控制几何尺寸,或采用现浇施工。拱圈采用现浇施工,根据现场情况和监理工程师要求确定方案。

4.回填

盖板涵涵身混凝土达到规定强度后,方可进行填土。回填范围和质量标准按招标文件要求,应水平分层对称填筑。

二、圆管涵施工

1.施工准备

施工前认真放线,平整场地,做好临时排水及混凝土施工配合比。

2.基础施工

采用人工、小型机具开挖,挖至设计标高后,对基底进行应力、整平检查,经监理工程师检查合格后,尽快封闭基底。对于基础有换填要求的基底,开挖后按设计要求进行换填处理并压实,压实度达到规定值。

3.管基施工

基础施工完毕后,在基础上测量放样,定出管涵轴线及管基边线,架设钢模板,由集中搅拌站供应混凝土。

4.管节安放

管涵一般采用200 cm长的标准管节,管涵管节预制应采用离心式旋转钢模施工,成品经监理工程师认可后,现场用汽车吊装安放。

5.回填

回填土必须在强度达到规定要求后,方可进行填土。回填范围和质量标准应符合招标文件要求。

第五节　路基防护及排水工程

一、防护工程施工

(一)喷播草籽施工

1.边坡修整

按设计边坡自上而下清除坡面松土、碎石以及风化岩层。

2.选种、浸种

选种,将杂草种子以及不饱满的种子用人工筛选扬净,以获得籽粒饱满、纯净度高的种子。浸种,根据不同的草种采用不同的浸种时间,且换水2~4次,浸种后置阴凉处,待种子麦皮风干后,再进行播种。

3.草籽混合料拌制

根据坡面面积计算黏土、草籽、肥料的用量。

4.草籽混合料喷播

首先检查机械是否运转正常,调整好进料阀门,向机组料斗中加料,打开进风管阀门,开启喷头水阀,先湿润坡面,利于泥浆黏结。开动搅拌机,使拌和料进入喷射机的料斗中,开动喷射机,使拌和料进入输送管,从喷射口喷出;调整供水阀门,使拌和料湿润成浆状,以喷到坡面上泥浆光泽而不流动为佳;同时使喷射枪垂直于坡面,以减少回弹量;喷浆采用从上往下的顺序,且反复喷射3~4次,直至喷射厚度达到要求为止。

5.覆盖

在喷好浆的边坡上用塑料网覆盖,每2 m锚固,防止泥浆晒干成块脱落。

6.养护

用洒水车洒水养护,防止泥浆干裂脱落,也防止草籽因缺水死亡。

(二)铺草皮护坡施工

①准备工作经监理工程师认可后,即铺设表土,铺设厚度符合图纸要求。当表土过分潮湿或不利于铺设时,不进行铺设。

②表土铺设达到要求厚度后,其完成的工程符合所要求的线形、坡度、边坡。铺设表土的材料及施工要求按图纸及绿化工程的规定执行。

③播种方法及用量按图纸及绿化工程要求的规定执行。

④植草皮的材料及施工要求按图纸及绿化工程有关规定执行。

(三)挂网喷播植草

1.边坡整修

用全站仪放样后,应先清理石头杂物再铺设。

2.洒水

网垫铺设前先用洒水车将坡面湿润。

3.铺设网垫

将网垫沿坡面顺势铺下,用U形钉将网垫自上而下进行固定。

4.网垫加固

网垫之间相互搭接,用U形钉固定并填土夯实,坡面培土30 cm厚,U形钉纵横间距均为100 cm。

5.网垫埋压

在坡顶及坡底将网垫埋压固定,埋压宽度为 50 cm。

6.播撒草种

人工均匀撒播草籽。

7.覆盖

撒种后人工将松土填满植被网,覆盖草籽。

8.洒水养护

用洒水车洒水养护,直至草开始均匀生长。

(四)浆砌片石骨架护坡

①施工前,对该工程所处位置进行复测,以核对标高是否与实际相符,并报请监理工程师批准。

②基础底面做 1:5 向内倾斜坡度,基础为坚石时挖成台阶。

③施工时必须将边坡整修平整,然后开挖坑槽砌筑浆砌片石骨架,骨架表面及 C15 拦水埂表面用 M12.5 水泥砂浆抹面。

④砌体砌筑时,每层应大致找平,上下层应错缝。

⑤护坡在坡脚按要求深度嵌入基槽,砌体的外露面和坡顶、边口选用较大而平整的石块,并稍加修凿。砌体边坡表面平整,里层码砌填实,勾缝采用平缝压槽工艺。

⑥骨架内侧用 C15 混凝土筑成拦水埂,将坡面水汇集引出,流入边沟或排水沟。骨架内满铺草皮或喷播草籽。

(五)混凝土预制块护坡

1.平整边坡

施工前,人工平整边坡,清除坡面浮土、碎石,填补坑凹。

2.预制混凝土骨架预制块

混凝土预制块在预制场成批预制,用混凝土搅拌机将料拌好后,用手推车将拌和料运至预制现场,人工摊铺并振捣。人工洒水养护,养护至设计强度的 70% 后,将预制块堆码存放,待施工时用汽车运至施工现场。

3.安装混凝土预制块

人工挂线,挖槽后,将预制块嵌入槽内用水泥砂浆将预制块拼接好后,人工洒水养护。

4.铺植草皮

预先培育草皮后用起皮机将草皮按混凝土预制块骨架尺寸切割好,人工将草皮铺置于骨架内。

5.固定草皮

在每个骨架的 4 个角上各钉 1 个竹钉将草皮固定,并使草皮与坡面密贴。

6.养护

草皮铺种以后及时用洒水车洒水养护,至草皮成活为止。

二、排水工程施工

①排水沟的线形要平顺,尽可能采用直线形,转弯处宜做成弧形,其半径不宜小于 10 m;排水沟长度根据实际需要而定,通常不超过 500 m。

②排水沟沿路线布设时,离路基尽可能远一些,距路基坡脚不宜小于3~4 m。

③当排水沟、截水沟因纵坡过大致水流速度大于沟底、沟壁土的容许冲刷流速时,应采用边沟表面加固措施。

④边沟按图纸规定施工,边沟和涵洞接合处应与涵洞洞口建筑配合,以便水流通畅进入涵洞。

⑤平曲线处边沟施工时,沟底纵坡应与曲线前后沟底纵坡平顺衔接,不允许曲线内侧有积水或外溢现象发生。曲线外侧边沟应适当加深,其增加值等于超高值,但曲线在坡顶时可不加深边沟。

9.1.3 工期保证体系及保证措施

工期保证体系及保证措施必须根据工程特点,按照施工的技术规律和合理的组织关系,解决各工序在时间和空间上的先后顺序和搭接问题,以达到保证工期、保证质量、降低成本、安全施工、保护环境的目的。具体工期保证体系和保证措施的制订以本书8.1节进度管理计划为依据。

【案例9.3】

计划开工日期为×××年×月×日,交工日期为×××年×月×日。投标人将完全响应该要求,在规定时间内达到整体交验要求。工期保证体系示意图如图9.4所示。

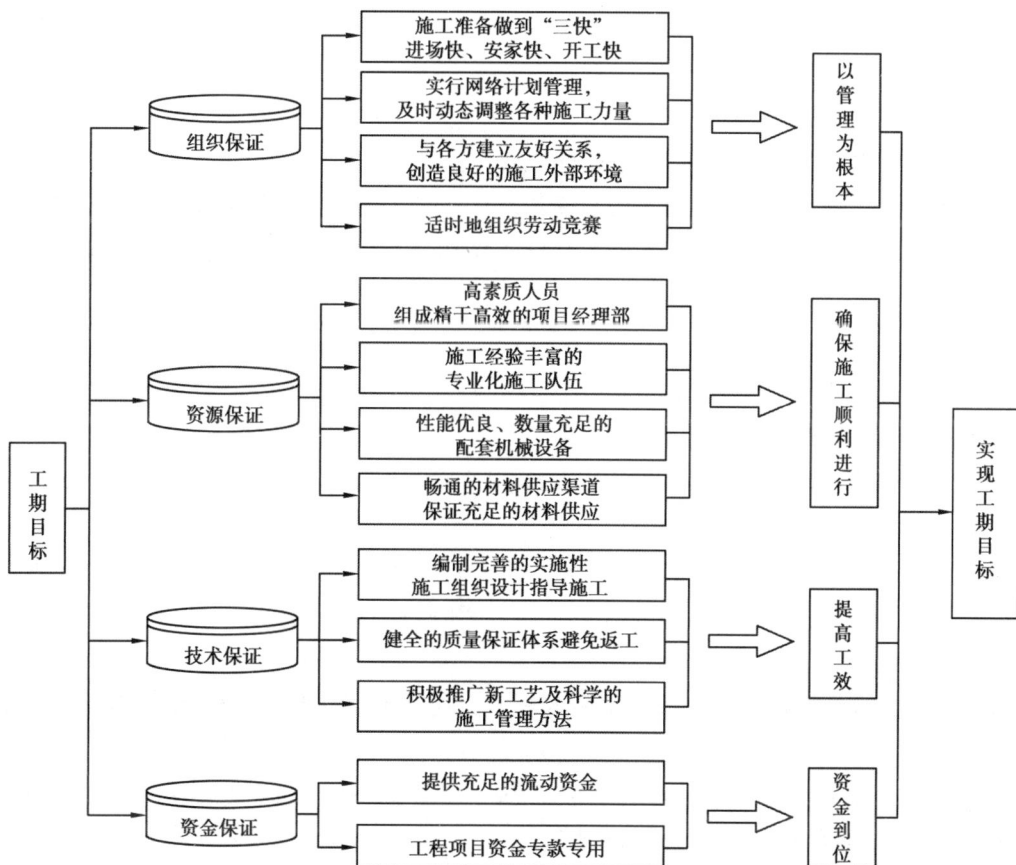

图9.4 工期保证体系示意图

（一）从组织机构和管理力量上保证

①根据合同和工程管理需要，配备强有力的项目管理班子；建立以项目管理为核心的责、权、利体系，明确项目内部岗位责任，按"以事定岗，以岗定责，以责定人"的原则，确定项目管理层与作业层责任人员名单，定岗定员，各负其责，各司其职。

②树立正确的安全质量意识，以"质量出信誉，安全出速度"为施工原则，以质量为核心，抓安全促生产，保证施工顺利进行。

③根据安全、质量、进度工作目标确立内部奖罚标准。建立严格的奖惩制度，做到奖罚分明，并按月兑现奖罚以充分调动员工积极性，达到提高效率、加快施工进度的目的。

④及时进行进度计划的全面交底，使有关人员都明确各项计划的目标、任务、实施方案和具体措施，使管理层和作业层协调一致，将计划变成全体员工的自觉行动，充分发挥员工的干劲和创造精神。

（二）从编制施工组织设计和制订施工计划上保证

①一旦中标，将根据合同要求，在指导性施工组织设计的基础上，结合现场深入细致的施工调查，编制科学合理的实施性施工组织设计，制订切实可行的施工方案和施工计划，以全面指导施工生产。

②编制具体的年度施工作业计划，并将施工任务下达到月、旬、日，实行施工任务定期考核，奖优罚劣。

③做好施工调度工作。施工调度作为和施工各环节互相配合、计划协调的指挥核心，随时掌握计划实施情况，协调各方面关系，采取有力措施，排除各种矛盾，加强各薄弱环节，实现动态平衡，以确保工期计划的实现。

（三）从材料物资供应、机械设备调配上保证

按施工进度计划编制材料采购计划和设备调配计划。由生产资源部合理组织、调配，保证物资、材料的采购和设备调配正常，尤其是关键工程、重点和难点工程所需材料、设备做到优先保证。

（四）从施工技术管理上保证

①本工程的项目总工程师由施工经验丰富的高级工程师担任，负责本工程的施工技术方案的制订和全面技术管理，做好技术交底工作。

②由工程部负责编制各分项工程施工方案，以方案指导施工，及时解决施工中出现的问题，防止出现返工现象以致影响工期。

③实行图纸会审制度。工程开工前，由项目总工程师组织有关技术人员进行设计图纸会审，及时解决施工图纸、技术规范和其他技术文件中的问题。

（五）从安全生产上保证

①安全生产从第一线员工抓起，使他们树立良好的施工安全意识。上岗前必须进行岗前培训，尤其是特殊工种必须经专业培训、考核合格、持证后方准上岗。

②制订各项安全操作规程，如防触电伤人、防交通事故、防火，以及防高空坠落等方面的具体规定，使员工明确什么该做，什么不该做。

③加强公司、项目经理部两级安全生产管理，成立安全生产小组。执行施工设计中有关安全规定，定期进行专项安全检查和安全稽查，确保工程万无一失。

④安排专职安全员负责本工程全过程安全检查、监督和整改工作,防止出现事故以致影响施工进度。

⑤落实"八抓八保证",落实"两项达标""四项严禁""五项制度",抓好安全生产隐患排查和治理。

（六）从后勤供应和服务上保证

加强机械设备和车辆保养、维修,保障施工正常运转。搞好员工伙食,防病治病,保障员工身体健康,保证正常的出勤率。

（七）从外部环境协调方面保证

①加强与业主、监理工程师的工作联系,处理好与当地政府有关部门和群众的关系,取得他们对工程建设的支持,使工程施工顺利进行。

②做好与相邻施工单位的合作与协调工作,尤其是在有互相干扰的地段,共同利用、维护好施工场地、临时道路及其他临时设施,发扬互助合作精神,以利施工正常进行。

（八）从关键工程的施工进度控制保证

①由项目经理部、工程部制订关键工程的控制措施,对关键工程的质量、进度进行总控制,从人力、物力、财力上全面保证,并及时协调各种施工中存在的问题。

②将工程任务按项目队、班、组科学合理地分解,编制详细的日、周、旬、月、季进度计划,以日保周,以周保旬,以旬保月,以月保季,保证计划的按期完成,并在施工过程中逐项兑现,重奖重罚。

③施工过程中,如出现意外有可能导致任务滞后的情况下,随时增加设备和队伍,做到科学管理又有储备,确保计划按期完成。

9.1.4　工程质量管理体系及保证措施

施工单位应按照《质量管理体系　要求》(GB/T 19001—2016)建立本单位的质量管理体系文件,依据单位的质量管理文件编制项目的质量管理计划,制订确保工程质量的技术组织措施,以本书8.2节质量管理计划为依据。

【案例9.4】

一、质量保证体系

（一）质量目标

本标段工程交工验收的质量评定:合格;竣工验收的质量评定:合格。

（二）质量组织机构

项目经理为质量保证体系第一责任人和工程质量终身制第一责任人,项目总工程师为质量保证体系执行责任人和工程质量终身制第二责任人,质检部和中心试验室为项目经理部内质检职能部门,各工区(段)设专职质检工程师,负责各分项工程的质量管理,各施工队、班组设质检员,负责各工序、部位的质量检测,把住现场自检关。工程技术部及各专业工程师配合质检部门和质检工程师的工作。

（三）质量保证体系运行方案（图9.5）

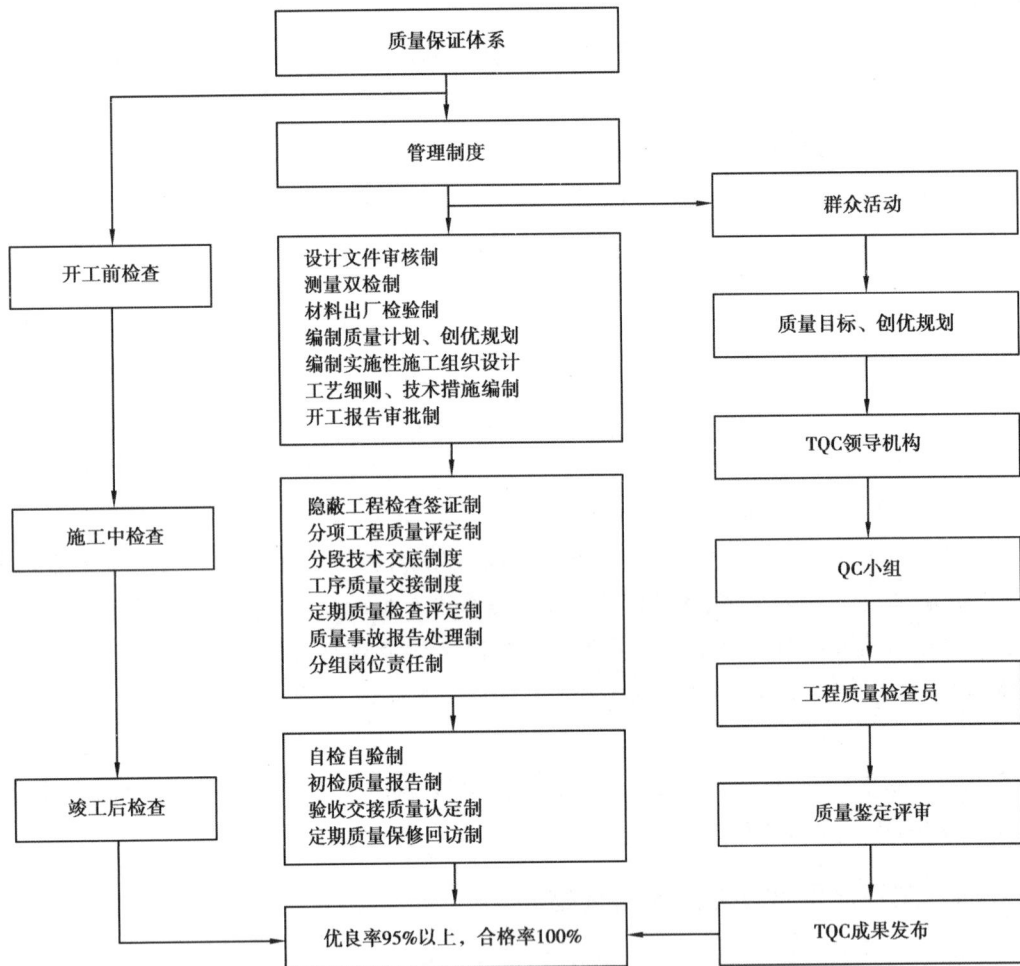

图9.5 质量保证体系框图

二、确保工程质量措施

（一）组织保证措施

①建立项目经理部中心试验室，仪器须由地市级计量部门标定，并取得临时试验资质，负责对所有工程施工质量进行试验检测。

②组织各类工程质量方面的培训班，全面提高员工队伍的质量意识，共同创造出优质的工程产品。

③开展TQC全面质量管理活动，成立QC小组，制订创优规划，定期进行QC小组成果发布，巩固和扩大QC小组活动成果。

（二）制度保证措施

①建立健全质量申报、质量会议和质量奖惩等管理制度。

②工程技术部门建立以下技术管理制度：技术图纸复核制度，技术交底制度，测量复核制度，隐蔽工程检查制度，试验检验制度，技术资料管理制度，质量承包责任制度，工程质量检查制度。

(三)技术保证措施

1.路基工程技术保证措施

①严格按有关国家标准及本工程招标文件要求进行路基填筑施工。将施工技术规范发放到各队,由队传达到各施工工点,确保规范化操作。

②施工前由中心试验室做好路基填筑材料的试验工作,取得各种填料的填筑参数,并根据试验成果指导大面积路基填筑的施工,以指导土石方填筑施工。

③工段设立试验室,每层填筑压实完毕后均选择最薄弱的地方进行压实检测,保证检测准确性和提高压实度的可信度,进而使填筑质量得到控制。

④施工中高填方路堤按填土高度和土质情况预留竣工后的下沉量,按规定设置沉降观测点,保证路基的标高符合设计要求。

⑤填方土含水量过小时,采用洒水车洒水调整含水量后进行碾压。如果含水量过大,则翻松晾晒至最佳含水量时进行碾压,或采用掺入适量石灰等措施降低含水量。

2.桥涵工程技术保证措施

①开工前进行定位复测,准确确定桥位,并埋设必要的护桩,设置水准基点。施工期间定期进行中线及水平测量,确保桥位中线、跨度及各部位标高准确无误。

②所有材料均进行检测。水泥、钢筋、钢绞线等厂供材料必须有出厂合格证,其质量和规格应满足规范和施工要求。砂石料进行性质、强度试验,其粒径、含泥量和级配等指标满足要求。

③混凝土所用粗集料使用洗料设备清洗。结构混凝土用粗集料采用反击式破碎机加工的碎石,分档掺配使用。用于生产碎石的破碎机采用带除尘装置的反击式破碎机并有与之配套的联合筛分设备。

用于混凝土施工的各种粗细集料均按不同的规格粒径分仓堆放,进行标记。储料仓用厚度不少于36 cm片石或砖砌而成,隔墙高度不低于2 m。

④桥梁施工中,混凝土的模板全部采用钢模。为减少模板的拼缝,对于外露面的混凝土,均应采用每块模板面积不小于 1.0 m^2 的新钢模。

⑤钻孔桩在施工中经常测斜,应及时纠偏,使钻孔垂直和平面位置精度达到招标文件要求。钻孔桩灌注前先按规定检查孔深垂直度、孔底岩层情况及钢筋笼埋设质量,签证认可后备足首批混凝土。

⑥钻孔桩的每根桩均进行超声波无破损检验,并按规定频率进行钻芯取样试验。一旦发现问题,及时找出原因,采取解决问题的措施,确保钻孔桩桩基质量。

⑦所有混凝土拌制时采用不少750 L强制式搅拌机或搅拌站,配三仓配料斗,并在路基红线外设置。

⑧所有混凝土在施工时,派专人现场监督,保证混凝土密实、不离析。

3.防护、排水工程技术保证措施

①路基防护砌石工程:安排具有多年砌石经验和混凝土施工经验的专业化施工队伍进行施工。浆砌工程采用挤浆法施工,做到砂浆饱满,丁顺交错,大面平顺,杜绝通缝。

②精选片石:片石厚度不小于15 cm,且具有较平整的表面,并要稍加粗凿,其强度不小于30 MPa,且能满足耐久要求。

③砂浆配合比通过现场试验而定,控制好水灰比。当所用材料变化时,配合比也要重新确

定,确保砂浆标号正确。

④不得在路基、路面上现场拌制混凝土和砂浆,砂浆拌和采用拌和机,严格计量制度,严禁人工拌和,且随拌随用,使砂浆保持良好的和易性和适宜的稠度。

⑤在砌石前,每块片石用净水洗净润湿,其垫层应干净、湿润,所有石块均坐于新拌砂浆之上。在砂浆凝固前,所有缝要满浆,沉降缝要压入凹缝条。

4.内业资料的整理

内业资料严格按招标文件要求执行。

9.1.5 安全生产管理体系及保证措施

施工单位应基于《职业健康安全管理体系规范》(GB/T 28001—2001)建立企业内部的安全管理体系,并在企业安全管理体系的框架内,针对项目的实际情况,参照《建设工程安全生产管理条例》(国务院令第393号)、《公路水运工程安全生产监督管理办法》(交通运输部令2017年第25号)、《危险性较大的分部分项工程安全管理办法》(建质〔2009〕87号)和《建设工程高大模板支撑系统施工安全监督管理导则》(建质〔2009〕254号)等的要求编制安全管理计划,制订保证施工安全的技术组织措施。具体规定参见本书8.3节安全管理计划。

【案例9.5】

一、安全保证体系

(一)安全目标

①"三无":无工伤死亡和重伤事故,无交通死亡事故,无火灾、水灾事故。

②"一控":年负伤频率控制在2‰以下。

③"三消灭":消灭违章指挥、消灭违章操作、消灭惯性事故。

(二)安全管理组织机构

成立以项目经理为组长的安全生产领导小组,项目经理为安全生产第一责任人,全面负责并领导本项目的安全生产工作。主管安全生产的项目副经理为安全生产的第二责任人,项目总工程师为安全生产的技术负责人。项目经理部设安全环保部门和专职安全员,施工工区(段)设安全室,配置专职安全员,各施工队、班组配置兼职安全员。

(三)安全保证体系

安全保证体系如图9.6所示。

二、安全生产保证措施

(一)路基工程施工安全保证措施

①路基工程施工应做好前期准备,进行全面安排,正确选用施工方法,编制实施细则。施工前应详细调查并掌握地质、洪水资料,检查易于发生水害地段的施工安全,做好施工中的临时防护工作。

②施工现场设立安全标志。危险地区必须悬挂"危险""禁止通行""严禁烟火"等标志,夜间设红灯示警。

③路堤自下而上分层填筑,土方运、卸与填筑压实的工作面错开进行。

④机械填筑路堤时,为保证机械运行的安全,场地必须平整,并在填土边缘设置安全标杆。

⑤路基支挡工程在施工前应详细调查地形地貌,查清裂缝、滑动面、地表及地下水源情况。

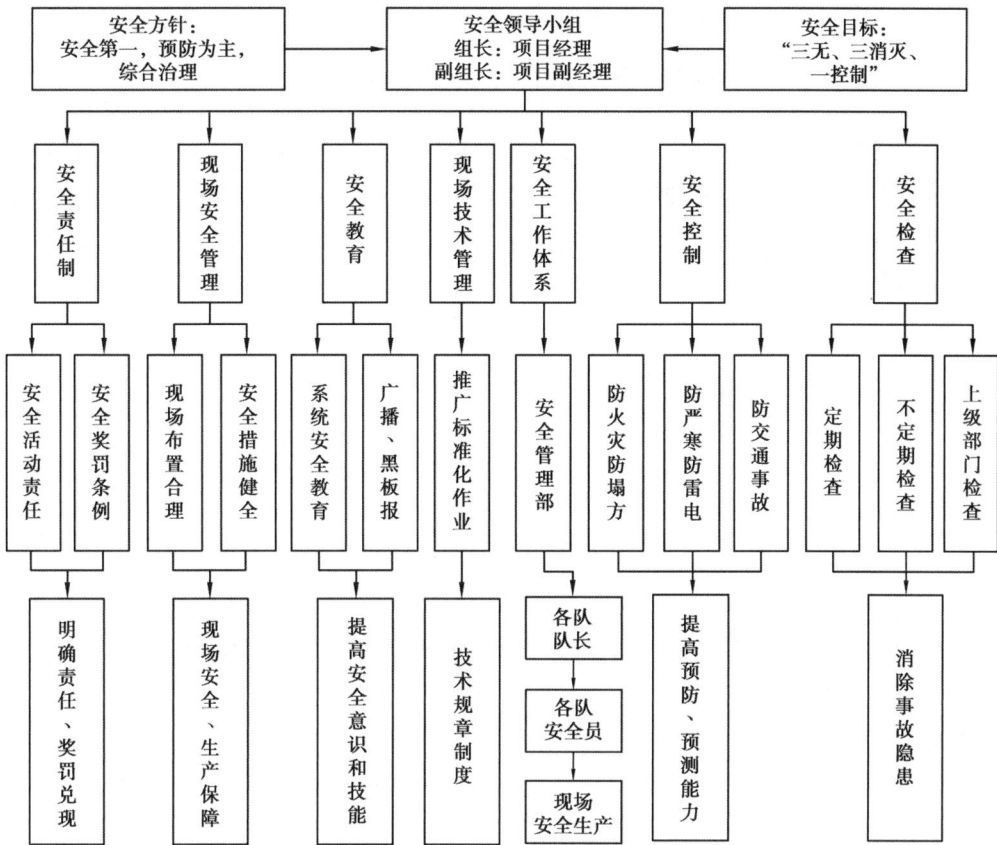

图 9.6　安全保证体系框图

在既有公路附近施工时,调查行车密度、线路坡度、原填方土质情况,并制订出安全措施后方能施工。

(二)桥涵工程施工安全保证措施

①桥梁施工做好施工前期准备工作,正确选用施工方法,并结合施工具体实际,编制安全技术措施计划,制订操作细则,并向施工人员进行技术交底。

②对桥梁施工中的辅助结构、临时工程(如脚手架、索道、地笼等)进行安全验算,考虑采取相应的安全措施。

③工地内设安全标志,夜间施工作业有照明设施,且不得擅自拆除。

④开挖基坑时,根据规定的基坑边坡开挖,分层下挖到符合基底承载力要求的设计高程为止。严禁采用局部开挖深坑、从底层向四周掏土的方法施工。

⑤灌注混凝土基础时,搭设灌注平台及运料走道,并设置防护栏杆。当漏斗孔挪移时,漏斗外边空隙封闭严密。基础的模板、钢筋安装以及混凝土灌注。

⑥桥梁墩台模板就位后,立即用撑木等固定位置,以防倾倒伤人。当借助吊机吊模板合缝时,模板底端用撬棍等工具拔移。每节模板立好后,上好连接器和上下两道箍筋,打好内撑,方可暂停作业,以保持稳定。

⑦起吊设备起吊时,严禁起吊超过规定质量的物件,不得用来运送人员。经常检查起重吊装用的钢丝绳,发现破损,及时更新。

⑧与公路交会施工时,更要设置牢固的安全措施,并且加强联系,取得合理的施工方案。

9.1.6　环境保护、水土保持保证体系及保证措施

施工单位应参照《环境管理体系　要求及使用指南》(GB/T 24001—2016)建立企业内部的环境管理体系,并在企业环境管理体系的框架内,针对项目的实际情况制订保证施工环境保护的技术组织措施。具体规定参见本书8.4节环境管理计划。

【案例9.6】

一、管理体系及组织机构

(一)建立专门机构、配齐专业人员

承包人将竭力使本合同段建成生态环保样板路段,设专职管理部门,配备专职环境保护工程师,负责施工期间的环境保护工作,并协调、检查、督促各施工队依法保护生态系统的平衡,杜绝污染。

(二)建立管理体系

进场后,积极与当地环保部门取得联系,了解有关环境保护、水土保持的规定和要求,制订合理的环保、水保措施和方案,并在施工中严格执行。建立环保、水保管理体系。

(三)建立各种环境保护制度

1.环境保护检查制度

定期、不定期地进行环保及水保检查。采取群众与领导相结合,自查与互查相结合,定期与经常相结合,专业与综合检查相结合。

2.环境保护奖罚制度

采取严格的奖罚措施,通过强制的经济手段,对违反环境保护的单位和个人进行处罚,不断促进广大干部职工的环境保护意识提高。

3.环境保护责任追究制度

施工中实行环境保护责任追究制度,对任何违反环境保护和水土保持有关规定的行为,都要严格追究责任,一查到底。

二、主要的环境保护及水土保持措施

(一)大工程的环境保护和水土保持措施

①大工程设置科学布局,少占耕地,少破坏植被,减少水土流失。

②施工便道尽量利用原有道路,对新修道路的泥土和砂石不倒入河流、沟渠,防止沟渠、河流阻塞。钻孔或其他施工产生的泥浆和淤泥应采用封闭的专用车辆运输,并废弃至指定地点。

③对因工程施工而堵塞的沟渠、河道要予以疏浚,以防止水土流失和保持流水畅通。便道所经过的沟、河修建永久临时结合的桥、涵,防止山洪暴发时影响排洪。

④在工程施工中,将揭除地表草皮和腐殖土集中堆放,以备将来地表回填,恢复植被,做到"最小限度地破坏、最大限度地保护"。

⑤在施工过程中和缺陷责任期内,由于雨水造成的路基边坡水土流失对农田、旱地、菜地及农作物的损害,承包人将及时采取补救措施。

⑥桩基施工产生的泥浆,未经沉淀不得排入河流。废浆和淤泥使用封闭的专用车辆运至指定地点废弃。

（二）弃渣、取土场的保持措施

①弃渣场、挡渣（土）墙、排水工序先行，并安排在开工之初或雨季之前全部竣工，保证施工质量创优，满足挡护、排洪的要求。

②弃土场按"先挡后弃，分级防护"的原则整治，监理工程师验收合格后，立即回填种植土进行场地绿化，按要求种草或铺植草皮和种植树木，并须符合水土保持及环境保护的有关规定。

③取土场在取土结束后，采用整治或覆土措施，加以改造利用，并根据整治后土地的位置、坡度、质量条件等因素确定其用途。取土场开挖形成的开挖边坡，应根据取土场的位置、坡高、土地质量和取土场整治后的土地利用方向，结合土地开挖进行削坡。取土场开挖时边坡坡高小于等于 3 m 时，边坡坡度控制在 1∶1.5 以下。取土场开挖边坡坡度大于 3 m 时，边坡坡度控制在 1∶2 以下，当其高度小于或等于 5 m 时，采用满铺草皮护坡。

（三）临时占用农田、耕地平整复耕的措施

采取可靠措施，保证原有交通的正常通行和维持沿线村镇的居民饮水、农田灌溉、生产生活管线的正常使用。对必须占用的农田、耕地，先将表层种植土铲运指定位置堆放。占用结束后全面清理干净所占场地，并将清理物运往指定地点。平整场地后，将原表层种植土重新拉回，撒播草籽，种植草皮。

（四）居民区噪声控制措施

①机械车辆通过闹市、居民区时减速慢行，不鸣喇叭。

②合理安排施工程序，夜间避免安排大马力、高噪声的施工机具在人群密集区运转，减少机械车辆出入的频率。对无法避开的设置降噪或隔音设施，减少噪声干扰。

③为保护施工现场附近居民的夜间休息，对居民区 200 m 以内的施工现场，不在夜间安排噪声很大（55 dB 以上）的机械施工。

9.1.7　文明施工、文物保护保证体系及保证措施

施工单位应确定文明施工、文物保护的目标，组建保证文明施工、文物保护的组织机构，并针对项目的实际情况，制订文明施工、文物保护的技术组织措施。具体规定参见本书 8.6 节文明施工的技术组织措施。

【案例 9.7】

一、文明施工措施

①在编制施工组织设计时，把文明施工列为主要内容之一，制订出以"安全、卫生、环境、爱民"为主要内容的文明施工措施。

②工程建设全面开展创建文明工地活动，切实做到施工现场人行道畅通、施工工地沿线单位和居民出入通道畅通。施工区域与非施工区按招标文件要求必须严格分隔，施工现场按招标文件要求挂牌施工，现场工作人员佩卡上岗，工地现场施工材料摆放整齐合理。

③施工中，严格按照业主方和承包公司总部审定的施工组织设计实施各道工序，工人操作要求达到标准化、规范化、制度化，做到工完料清，保持整洁，场地无淤泥、积水，天晴无灰尘，施工道路平整畅通，实现文明施工。

④项目经理部、施工队设文明施工负责人，定期与不定期检查文明施工措施落实情况，组织班组开展"创文明班组竞赛"活动，经常征求业主方和施工监理对文明施工的批评意见，及时采

取整改措施,切实搞好文明施工。

⑤项目经理部组织机构的设置应与本项目工程任务的特点相适应,并符合业主方有关项目机构设置的要求,确保本项目质量、安全、进度、环保和投资等得以顺利实现。

二、文物保护保证体系及保证措施

(一)文物保护保证体系

项目经理为文物保护保证体系第一责任人,项目总工程师为文物保护保证体系第二责任人,现场管理部各职能部门、各工区(段)设负责各分项工程的文物保护组,各施工队、班组把控现场。

(二)文物保护措施

在工程现场发掘出的所有文物、古迹以及具有地质研究或考古价值的其他遗迹、化石、钱币或物品,均属于国家财产。因此,在施工中,应采取以下措施进行文物保护工作:

①加强教育、提高全员的文物保护意识。开工前组织全体施工人员进行文物保护重大意义、文物保护知识方面的教育,增强全体职工保护文物的自觉性和责任感。

②开工前主动和地方文物保护部门进行联系,与当地群众进行文物保护方面的调查,对地上、地下是否有文物初步做到心中有数,以便超前、有针对性地做好工作。

③一旦发现文物,遵守国际咨询工程师联合会的有关规定,并采取必要的防护措施:

a.已开工的要立即停工保护现场,防止任何人员移动或损坏任何该类物品。

b.尽快向工程师、业主和文物保护部门汇报。

c.按照工程师、业主和文物保护部门的指令,积极协助处理。

d.文物保护部门处理完现场,并接到业主、工程师和文物保护部门可以继续施工的通知后才能重新开工。

④不准随意乱刻、乱画、破坏文物,坚决打击、抵制贩卖文物活动。

⑤临时设计、施工用地不占用文物保护控制区。凡属施工影响区域内的古树、古建筑,要加以安全围护。

9.1.8 项目风险预测与防范

首先要进行工程项目风险预测,然后根据不同类别、不同等级的风险制订工程项目风险预防措施,编制事故应急预案。

【案例 9.8】

一、项目施工的风险预测

(一)技术与环境方面的风险

1.地质地基条件

工程招标人提供相应的地质资料和地基技术要求,但这些资料有时与实际出入很大(特别是土石成分在桥梁桩基勘测时不可能100%钻探,以及不良地质地段等),处理异常地质情况或遇到其他障碍物都会增加工作量和延长工期。

2.水文气象条件

水文气象条件方面的风险主要表现在异常天气的出现,如暴风雨、雪、洪水、泥石流、塌方等不可抗力的自然现象和其他影响施工的自然条件,都会造成工期的拖延和财产的损失。

3.施工准备

由于业主提供的施工现场存在周边环境等方面自然与人为的障碍或"三通一平"等准备工作不足,导致不能做好施工前期的准备工作,给工程施工正常运行带来困难。

4.施工技术及管理

主要指工程施工过程出现与自身技术专业能力不相适应的工程技术问题,各专业间又存在不能及时协调的困难等。如质量与安全风险,项目施工过程中有时由于工程本身规模较大、技术难度及要求高,管理上难免顾此失彼而造成项目施工管理风险;项目经理任用风险,项目经理作为施工项目全面负责人,其素质、能力往往是项目目标实现的关键所在。

(二)经济政策方面的风险

1.招标文件

招标文件是招标的主要依据,特别是投标者须知、设计图纸、工程质量要求、合同条款及工程量清单等,都存在着潜在的经济风险,必须仔细分析研究。

2.要素市场价格

要素市场包括劳动力市场、材料市场、设备市场等,这些市场价格的变化,特别是价格的上涨,直接影响着工程承包价格。

3.金融市场因素

金融市场因素包括存贷款利率变动、货币贬值等,也影响着工程项目的经济效益。

4.国家政策调整

国家对工资、税种和税率、环保、水利、土地等政策的调整,都会给投标人带来一定风险。

5.社会环境风险

社会环境风险是指项目所在地社会环境发生变化产生的风险,有社会治安、宗教信仰、文化素质、受损者补偿等。

(三)合同签订和履行方面的风险

①合同条款不全面、不完善,文字不细致、不严密,致使合同存在漏洞。

②履约方面。合同履行过程中,由于发包人派驻工地代表或监理工程师的工作效率低,不能及时解决遇到的问题,甚至发出错误指令等。

二、项目施工风险防范

(一)控制风险

①该项目正位于我公司所在的××市境内,公司能更好熟悉和掌握工程施工地的有关法律法规。只有熟悉和掌握这些法律法规,依据法律法规办事,才能增强用法律保护自己利益的意识,有效地依法控制工程风险,而且融入当地社会,社会环境风险大大减小。

②深入研究和全面分析招标文件。公司取得招标文件后,应当深入研究和分析,正确理解招标文件,理解招标人意图及要求;全面分析招标人须知,详细审查图纸,复核工程量,分析合同文本,研究投标策略,以减少中标及合同签订后的风险。

③中标后签订完善的施工合同。通过合同谈判,对合同条款查漏补缺,尽量完善,防止不必要的风险;通过合同谈判,使合同能体现双方责权利关系的平衡和公平,对不可避免的风险,应有相应的策划和对策。

④掌握要素市场价格动态。公司对该合同段要素市场价格变动非常了解,在投标报价时,

必须及时掌握要素市场价格,使报价准确合理,减少风险的潜在因素。

⑤加强处理异常地质情况以及水文气象条件的管理,加快施工准备工作,加强技术质量安全管理。

⑥加强履约管理,分析工程风险。施工合同履行过程都要加强合同管理,分析不可避免的风险。如果不能及时透彻地分析出风险,就不可能对风险有充分的准备,在合同履行中就很难有效控制,特别是对风险较大的工程项目更要强化合同分析,及时进行工程结(决)算。项目在本市境内,公司总部也会对项目有更大的支持和帮助。

(二)转移风险

①执行索赔制度。由于不可预测的某些风险总是存在,风险事件的发生是造成经济损失或时间损失的根源,执行索赔制度。

②向第三方转移风险。进行工程保险。推行保险制度,办理建筑工程一切险、第三方责任保险、雇用职工安全事故保险和施工机械设备保险。为雇用人员和民工投保不少于每人每年10万元人民币的人身意外伤害险。

(三)保留风险

采取设立风险基金的办法,在损失发生后用基金弥补。一旦出现风险,发生经济损失,由风险基金支付。

三、事故应急预案

为积极应对可能发生的公路工程施工质量安全生产事故,迅速、有效地组织和实施救援,防止事故蔓延、扩大,最大限度地减少人员伤亡和财产损失及不利环境影响,按照"快速反应,科学应对"的原则,建立处置施工质量安全生产事故的快速反应机制,保证人力、物力、财力的储备。一旦出现危机,确保发现、报告、指挥、处置等环节的紧密衔接,及时应对。

(一)设立应急救援机构,成立项目经理部施工质量安全生产事故应急救援领导小组

组长:项目经理

副组长:项目副经理

成员:各工区长、各专职安全员

设置专门应急救援指挥电话,设置事故应急救援领导小组各成员联络电话。

(二)各组织机构及主要领导的职责

①领导小组:负责领导小组日常工作;组织制订应急预案,组织应急救援工作,配合上级部门进行事故调查处理工作;根据情况的变化,及时对应急预案进行调整、修订和补充;检查督促做好特大事故的预防措施和应急救援的各项准备工作;做好稳定社会秩序和伤亡人员的善后和安抚工作。负责发布和解除应急救援命令、信号;组织指挥救援队伍实施救援行动;在辖区内紧急调用抢险物资、设备、人员和占用场地;根据事故情况,组织人员和物资疏散工作;汇报和通报事故有关情况,组织事故现场调查取证,总结应急救援经验教训。

②组长:根据事故发生情况,统一组织应急救援预案的实施工作,并根据预案采取紧急处理措施;迅速组织有能力救援的组织和单位进行处置;迅速确定应急救援的实施方案、警戒区域,并组织实施。

③副组长:协助总指挥负责应急救援的具体指挥工作。

④事故单位(工区):事故发生后,迅速报警并发出警报信号;积极采取有效措施,全力组织

自救;配合应急救援指挥领导小组做好应急救援工作,提供事故现场情况、对周边环境可能造成的影响和事故可能发生的后果等有关信息;提供相应的救援装备,为伤亡人员的善后和安抚工作提供服务和保障。

(三)应急救援程序

如发生公路工程施工质量安全生产事故,立即上报,具体上报程序如下:现场第一发现人→事故单位(工区)→应急救援小组→常务副组长→组长→向上级部门报告。

事故单位(工区)发生事故后马上按照要求,将所发生的事故情况报告项目经理部事故应急救援领导小组,事故应急救援领导小组并立即启动应急预案,发出应急救援命令,并马上按照要求上报上级有关部门。在公安、消防、卫生等专业抢险力量到达现场前,进行必要的抢险救援,并全力协助开展事故应急处理工作,直至最后结束应急行动方案。

(四)保障措施

1.通信与信息保障

明确规定在施工的各施工单位(工区)均应安装工地应急电话,并配置移动电话。电话可安装在办公室、值班室、警卫室内。在室外附近张贴常用电话(如 110、119、120 等)的安全提示标志,以便现场人员都了解,在应急时能快捷地找到电话拨打报警求救。电话一般应放在室内临现场通道的窗扇附近,电话机旁应张贴常用紧急用查询电话和工地主要负责人及上级单位的联络电话,以便在节假日、夜间等使用。

2.应急支援

发生公路工程施工安全生产事故后,领导小组迅速根据应急救援方案,组织应急救援工作,并要求相关单位参与应急支援(如要求就近的医院组织人员进行现场急救,发生火灾则要求就近的消防队伍赶赴现场灭火等)。

3.技术储备与保障

公路工程施工质量安全生产事故与其他事故有所区别,很多时候处理公路工程施工质量安全生产事故需要较专业的公路技术,因此应成立相应的专家组,组织有关机构和单位开展应急处置技术研究,加强技术储备。

4.监督检查

由应急救援指挥中心担任监督主体,在平时检查督促存在重大危险源的各公路工程施工单位制订应急救援预案并评价其有效性;检查各施工单位配备的应急救援设备、器材是否符合相关规定,并对检查达不到规定的施工单位进行一定的处罚。

5.制订应急救援工作制度

应急救援工作制度包含值班、例会、应急救援设备管理,以及总结评比、学习培训等。对事故应急预案进行科学评价和实施审核,定期检查本单位建设工程重大质量安全事故应急预案的落实情况和危险源发生变化时,对救援器材、设备等应设专人进行维护,并组织演练,及时修订。

9.1.9　其他应说明的事项

施工组织设计中还应对其他应说明的事项进行描述,下面以对外协调及地方关系的处理为例。

【案例 9.9】

一、对外协调方面

①加强与地方政府部门联系,及时搞好弃土场、借土场等临时征地工作,尽快为生产创造条件。

②调查了解施工区内的当地通信、电力电缆、给排水管等地下管线分布情况,积极与相关部门取得联系,共商对策,及时进行改移或拆迁。

二、地方关系处理方面

①详细了解当地的民风民情,尊重当地习俗,发扬民族友爱和团结协作精神,建立良好的地方关系。

②对施工人员进行思想道德教育,提高道德素质,创造和谐的施工环境。

③积极联系当地政府部门,正确处理施工生产中与当地居民的各种矛盾,不故意制造事端,尽量避免各类纠纷的发生。

9.2 公路工程施工组织设计各附表编制

《公路工程标准施工招标文件》(2018 年版)提出适用于技术评分最低标价法和综合评分法的施工组织设计,除采用文字表述外可附下列图表(图表及格式要求见附录):

附表一 施工总体计划表。

附表二 分项工程进度率计划(斜率图)。

附表三 工程管理曲线。

附表四 分项工程生产率和施工周期表。

附表五 施工总平面图。

附表六 劳动力计划表。

附表七 临时占地计划表。

附表八 外供电力需求计划表。

附　录

附表一　施工总体计划表

年度	_____年												_____年												_____年				
月份 主要工程项目	1	2	3	4	5	6	7	8	9	10	11	12	1	2	3	4	5	6	7	8	9	10	11	12	1	2	3	4	…
1.施工准备																													
2.路基处理																													
3.路基填筑																													
4.涵洞																													
5.通道																													
6.防护及排水																													
7.路面基层																													
（1）底基层																													
（2）基层																													
8.路面铺筑																													
9.路面标志标线																													
10.桥梁工程																													
（1）基础工程																													
（2）墩台工程																													
（3）梁体工程																													
（4）梁体安装																													
（5）桥面铺装及人行道																													
11.隧道																													
12.其他																													

附表二 分项工程进度率计划（斜率图）

年　度									年							年				
季　度			一			二			三			四			一			二		三	四
月　份	1	2	3	4	5	6	7	8	9	10	11	12	1	2	3	4	5	6	7 8 9	10	…
100/%																					
90																					
80																					
70																					
60																					
50																					
40																					
30																					
20																					
10																					

图例：

施工准备
路基填筑
路面基层
路面面层
防护及排水
涵洞及通道
桥梁下部工程
桥梁上部工程
隧道

注：1. 应按各标段实际工程内容填写。
　　2. 各个项目的进度可用线条的长短来短来表示。

附表三　工程管理曲线

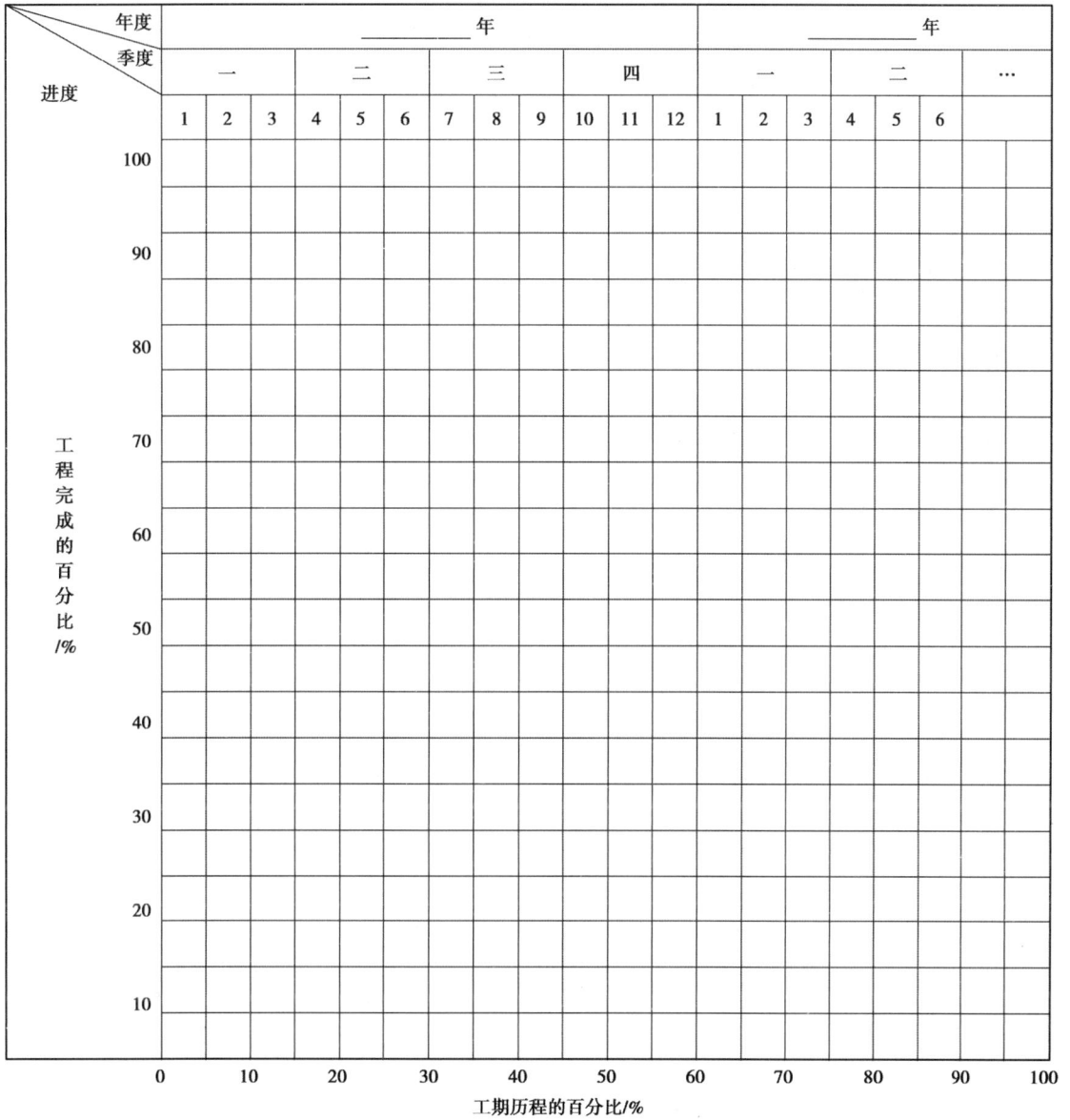

年度													_____年						_____年		

（注：此为工程管理曲线坐标网格图，纵轴为"工程完成的百分比/%"，刻度为10~100；横轴为"工期历程的百分比/%"，刻度为0~100。年度分两年，季度分一、二、三、四，月份为1~12及次年1~6，进度栏位于左上角。）

工程完成的百分比/%

工期历程的百分比/%

附表四 分项工程生产率和施工周期表

序号	工程项目	单位	数量	平均每个生产单位规模（＿＿人，＿＿台）各种机械	平均每个单位生产率（数量，每周）	每生产单位平均施工时间 /周	生产单位总数 /个
1	特殊路基处理	km					
2	路基填筑	万 m³					
3	路面基层	万 m²					
4	路面面层	万 m²					
5	路基防护及排水	km					
6	涵洞	道					
7	通道	道					
8	桥梁基桩	根					
9	桥梁墩台	座					
10	梁体预制安装	片					

注：互通立交、分离立交的匝道，匝道涵洞、通道、桥梁分别归入表中相关的项目内。

附表五　施工总平面图

　　投标人应递交一份施工总平面图,绘出现场临时设施布置图表并附文字说明,说明施工营地、料场、临时设施、加工车间、现场办公、设备及仓储、供电、供水、卫生、生活、道路、消防等设施的情况和布置。

附表六　劳动力计划表

单位:人

工种	按工程施工阶段投入劳动力情况						

附表七　临时占地计划表

用途	面积/m²					需用时间＿＿＿＿年＿＿＿＿月至＿＿＿＿年＿＿＿＿月	用地位置		
	菜地	水田	旱地	果园	荒地		桩号	左侧/m	右侧/m
一、临时工程									
1.便道									
2.便桥									
……									
二、生产及生活临时设施									
1.临时住房									
2.办公等公用房屋									
3.料库									
4.预制场									
……									
租用面积合计									

附表八 外供电力需求计划表

| 用电位置 | | 计划用电数量 /kW·h | 用途 | 需用时间 _____年_____月 至 _____年_____月 | 备注 |
桩号	左或右/m				

参考文献

[1] 中华人民共和国住房和城乡建设部.建筑施工组织设计规范(GB/T 50502—2009)[S].北京:中国建筑工业出版社,2009.

[2] 中华人民共和国住房和城乡建设部.建设工程项目管理规范(GB/T 50326—2017)[S].北京:中国建筑工业出版社,2017.

[3] 中华人民共和国住房和城乡建设部.建设项目工程总承包管理规范(GB/T 50358—2017)[S].北京:中国建筑工业出版社,2017.

[4] 中华人民共和国交通运输部.公路工程标准施工招标文件(2018 年版)[S].北京:人民交通出版社,2018.

[5] 中华人民共和国交通运输部.公路工程建设项目概算预算编制办法(JTG 3830—2018)[S].北京:人民交通出版社,2018.

[6] 中华人民共和国交通运输部.公路工程预算定额(JTG/T 3832—2018)[S].北京:人民交通出版社,2018.

[7] 中华人民共和国交通运输部.公路工程质量检验评定标准 第一册 土建工程(JTG F80/1—2017)[S].北京:人民交通出版社,2018.

[8] 中华人民共和国住房和城乡建设部.工程网络计划技术规程(JGJ/T 121—2015)[S].北京:中国建筑工业出版社,2015.

[9] 全国咨询工程师(投资)职业资格考试参考教材编写委员会.工程项目组织与管理[M].北京:中国统计出版社,2018.

[10] 全国一级建造师执业资格考试用书编写委员会.建设工程项目管理[M].北京:中国建筑工业出版社,2019.

[11] 武彦芳.公路施工组织设计[M].重庆:重庆大学出版社,2014.

[12] 曹胜语,马敬坤,宁金成.公路施工组织设计[M].北京:人民交通出版社,2018.